영유아 프로그램 개발과 평가

나은숙 · 곽향림 · 안경숙 · 오애순

창지사

머리말

영유아 프로그램은 주로 철학적, 심리학적 이론에 기초하여 개발되었으나 21세기 현대사회가 복잡해지고 다양해지면서 사회적 요구에 의한 프로그램의 내용과 방법이 발전을 거듭해 오고 있다. 산업발달에 따른 맞벌이 가정의 증가, 부모의 학력 증가 그리고 과학의 발달로 인한 영유아의 능력에 대한 새로운 발견, 나아가 4차 산업혁명에 따른 새로운 인재상의 요구 등이 프로그램의 내용과 방법에 영향을 주고 있다. 최근에는 포스트 코로나 시대에 접어들면서 건강교육, 개인위생관리, 안전교육, 지속가능한 환경보존교육, 생태교육 등이 더욱 강조되고 있다. 또한 선진국들은 국가수준의 교육과정 개발과 개선에 꾸준히 노력을 기울여 미래의 경쟁력 있는 인재를 양성하고자 한다. 우리나라 역시 2019 개정 누리과정과 4차 어린이집 표준보육과정을 개발하여 배부하였다.

이러한 측면에서 교사는 교육철학과 심리학적 이론은 물론 영유아를 둘러싸고 있는 사회문화적 배경에 대한 이해를 통해 영유아가 자신의 존재감을 인식하고 즐겁게 참여할 수 있는 프로그램을 개발하고 적용할 수 있는 능력을 지녀야 한다. 즉, 영유아를 둘러싸고 있는 사회 문화적 배경을 이해하여야 하며, 철학적, 심리학적, 사회적 기초를 토대로 유아교육 목적을 수립하고, 교육 목적에 적합한 교육 내용과 교육 방법을 체계적으로 구성함으로써 프로그램을 개발하고 완성할 수 있는 능력을 계발해야 한다.

이에 따라 본 책의 내용은 영유아 프로그램을 개발하고 평가하는 능력을 기르기 위해 모두 6개의 장으로 구성하였다. 1장에서는 영유아 프로그램의 개념과 필요성을 담고 있다. 2장에서는 영유아 프로그램의 최근 동향으로 구성주의 관점, 숲 생태학적 관점, 뇌 과학적 관점, 다문화교육의 관점으로 나누어 살펴보면서 미래를 살아갈 영유아를 위한 교육적 관점을 재고하여 영유아 프로그램을 개발하는 방향을 제시해 주고 있다. 3장에서는 예비교사의 국내외 영유아 프로그램에 대한 이해를 돕고자 국내외 프로그램들의 개념과 목적, 교육 내용과 교육 방법을 소개하였다. 이 장에서 제시하는 국내외 프로그램은 프로젝트 접근법, 레지오 에밀리아 접근법, 숲 교육 프로그램, 발도르프 프로그램, 몬테소리 프로그램, 뇌 과학적 접근의 유아교육 프로그램이다. 4장에서는 국가수준 교육과정의 내용을 담고 있다. 국가수준의 교육과정으로는 보건복지부에서 개발한 4차 어린이집 표준보육과정, 교육부와 보건복지부가 개발한 2019 개정 누리과정을 기술하였다. 5장에서는 영유아 프로그램을 개발하고 평가하는 능력을 기르는 데 중심을 두고 그에 기초가 되는 관련 지식뿐만 아니라 실제 프로그램 개발 기술, 평가 방법 등을 안내하고자 하였다. 6장에서는 실제 개발된 영아 프로그램과 유아 프로그램의 실제 사례를 담고 있다. 영아 프로그램의 실제는 0~1세 대상의 탐색과 놀이중심의 프로그램을 소개하였으며, 유아 프로그램의 실제는 교사와 유아가 함께 만들어 가는 구성주의 관점의 그림자놀이를 소개하였다.

이 책이 영유아 프로그램을 개발하고 적용하는 데 조금이나마 도움이 되기를 진심으로 바란다. 또한 영유아를 좋아하고 사랑하는 유아교육을 전공하는 학생과 유아교육전문가들께 유익한 교재가 되기를 희망한다. 아울러 출판에 힘써 주신 창지사 여러분께 진심으로 감사드린다.

2021년 7월

저자 일동

차례

CHAPTER

1

영유아 프로그램의 개념 및 필요성

1. 영유아 프로그램의 개념

유아교육 분야에서 영유아 프로그램이라는 용어가 사용되기 시작한 것은 미국의 헤드스타트 운동의 영향으로 유아교육의 중요성이 부각되면서부터라고 볼 수 있다. 교육학자와 심리학자, 유아교육자들은 유아들에게 적합한 교육 프로그램에 관심을 가지고, 자신들이 추구하는 교육 이론에 기초하여 다양한 프로그램들을 개발하였다. 이에 따라 우리나라도 1960년대 이후 외국 유아교육 프로그램의 영향을 받아 영유아를 위한 프로그램이라는 용어가 사용되기 시작하였고, 유아교육학자들은 자신들이 추구하는 이론에 기초하여 다양한 프로그램들을 개발하고 적용하였다. 대표적인 영유아교육 프로그램들로는 '구성주의 유아교육 프로그램', '발도르프 프로그램', '몬테소리 프로그램', '숲교육 프로그램', '뇌 과학적 접근 프로그램', 다문화교육 프로그램' 등을 들 수 있다. 이와 같은 다양한 프로그램들은 프로그램의 설립 취지와 목적, 대상 영유아의 연령, 유아교육에 대한 철학적, 심리학적, 사회적 기초와 재정지원 및 운영 형태 등에 따라 각각 자신들이 추구하는 이론 및 관점에서 개발되어 유아교육현장에서 적용 · 운영되고 있다.

현재 우리나라에서 주로 실행되고 있는 주요 영유아 프로그램들은 역사적으로 존 로크(John Locke), 장 자크 루소(J. J. Rousau), 마리아 몬테소리(Maria Montessori), 프레드리히 빌헬름 오거스트 프뢰벨(Friedrich Wilhelm August Frobel), 존 듀이(John Dewey) 등의 교육사상가들의 교육철학에서 영향을 받았다. 20세기 이후에는 심리학이 발달하면서 정신분석학자인 프로이트(Sigmund Freud)와 에릭슨(Erik Homburger Erison) 같은 심리학자들의 이론이 영향을 미치기도 하였다. 또한 사회가 점차 복잡해지고 다양해지면서 사회적 요구에 의해서 프로그램의 내용과 방법이 발전을 거듭해 왔다. 산업발달에 따른 맞벌이 가정의 증가, 부모의 학력 증가 그리고 과학의 발달로 인한 영유아의 능력에 대한 새로운 발견들 도출, 나아가 4차 산업혁명에 따른 새로운 인재상의 요구 등이 프로그램의 내용과 방법에 영향을 주었다. 최근에는 포스트 코로나 시대에 접어들면서 건강교육, 개인위생관리, 안전교육, 지속가능한 환경보존교육, 생태교육 등이 더욱 강조되고 있다. 이와 같이 영유아 프로그램은 철학적, 심리학적, 사회적 측면에서 점차적으로 개발되어 적용되어 왔다. 구체적인 영유아 프로그램을 살펴보기 전에 먼저 영유아 프로그램의 개념을 교육과정과 구별하여 정의해 보면 다음과 같다.

교육과정(curriculum)은 교육의 출발 단계에서 도달 단계에 이르는 순환적 과정으로 교육 대상을 위해 교육 목표를 세우고, 교육 목표에 적합한 교육 내용을 선정하며, 선정한 교육 내용을 어떻게 가르칠 것인지에 대한 교육 방법을 적용하고, 그 결과를 평가하는 순환적 과정을 의미한다(Schwaltz & Robinson, 1982). 이러한 개념에 비춰 볼 때 교육과정은 교육에 대한 좀 더 포괄적이고 일반적인 접근이라고 볼 수 있다. 이에 비해 프로그램(program)은 어떤 한 가지 이론이나 접근, 또는 특정 대상을 중심으로 한 교육 모델 유형이라고 볼 수 있다. 일반적으로 교육과정이 장기적이고 보편적인 특성을 가지고 있는 데 비해, 프로그램은 단기적이고 특수적인 성격을 가지고 있다. 때때로 유아교육학자들이 '프로젝트 접근'이나 '레지오 에밀리아 접근'과 같이 '유아교육에 대한 접근'이라는 용어를 사용하는데, 이와 같은 프로그램에 대한 '접근'은 영유아교육에 대한 철학적, 심리학적, 사회적 배경에 따른 구체적인 교육과정으로, 유아교육기관의 교육철학과 지역적 특성 등에 따라 다양하게 개발되어 운영될 수 있다.

이상에서 살펴본 내용을 토대로 영유아 프로그램의 개념을 정의해 보면, 영유아 프로그램은 다양한 교육 이론에 기초하여 0~5세 영유아기의 성장과 발달을 고려한 교육 활동과 교육 경험을 통해 교육의 효과를 기대하는 구체적이고 특수한 교육과정에 대한 활동이라고 볼 수 있다.

2. 영유아 프로그램 개발의 방향 및 필요성

오늘날 우리 사회는 포스트모더니즘 시대로 그 어느 때보다도 변화의 속도가 빠르며, 놀라운 첨단 과학의 발달로 인해 인간의 뇌 성장과 발달에 대한 과학적 증거들이 밝혀지면서 더욱 다양화되고 있다(안경숙, 2016). 이에 따라 과거에는 영유아교육 프로그램이 주로 철학적, 심리학적 이론에 기초하여 개발되었으나, 사회가 더욱 다양화되고 복잡해지면서 영유아 프로그램 개발에 대한 사회적 요구를 고려하게 되었다. 또한 첨단 과학기술의 발달로 인간의 뇌의 구조 및 기능이 밝혀지면서 뇌 과학자들의 연구 결과들이 유아교육 프로그램 개발에서 중요한 요인으로 작용하고 있다. 이에 따라 영유아교사는 자신이 추구하는 교육철학뿐만 아니라 심리학과 뇌 과학, 사회학을 모두 고려하여 바람직한 방향의 영유아 프로그램을 개발할 수 있는 능력을 갖도록 요구되고 있다. 특히 우리가 살고 있는 21세기 현대사회는 그 어느 때보다도 과학기술이 발달하고, 사회가 급격하게 변화되고 있어 유아교사는 현대사회의 특성과 요구를 반영하여 영유아 프로그램을 개발할 수 있어야 한다.

영유아교육은 17세기 코메니우스부터 18세기와 19세기의 루소와 페스탈로치, 20세기의 프뢰벨, 몬테소리, 피아제, 비고츠키와 같은 교육학자와 심리학자들에 의해 지속적으로 발전되어 온 오랜 역사를 가지고 있으며, 21세기 현대사회에서는 첨단 과학기술의 발달로 인해 인간의 뇌 기능과 발달을 기반으로 한 프로그램들도 개발되어 운영되고 있다. 이러한 측면에서 영유아교사는 무엇보다도 영유아를 위한 프로그램들이 어떻게 개발되어 적용되고 변화되어 왔는지를 이해해야 할 뿐만 아니라, 실제적으로 자신의 교육철학과 사회적 요구 등을 반영하여 바람직한 영유아 프로그램을 개발하고 적용할 수 있는 능력을 가지고 있어야 한다. 이에 따라 영유아교사는 교육철학과 심리학뿐만 아니라 영유아를 둘러싸고 있는 사회문화적 배경을 이해하여야 하며, 철학적, 심리학적, 사회적 기초를 토대로 유아교육 목적을 수립하고, 교육 목적에 적합한 교육 내용과 교육 방법을 체계적으로 구성함으로써 프로그램을 개발하고 완성할 수 있는 능력을 계발해야 한다. 이와 같은 측면에서 영유아 프로그램 개발을 위한 중요한 질문을 제시하면 다음과 같다.

첫째, 영유아의 성장과 발달, 학습과 관련된 이론이나 접근 중 어떤 이론 또는 접근에 기초하여 프로그램을 개발할 것인가?

둘째, 영유아 프로그램의 목표가 무엇인가?

셋째, 영유아 프로그램의 대상이라 할 수 있는 영유아의 연령과 특성이 무엇인가?

넷째, 영유아를 위한 프로그램을 개발할 때 교육 내용을 어떻게 구성할 것인가?

다섯째, 영유아 프로그램의 교육 내용에 적합한 교육 방법은 무엇인가?

여섯째, 영유아 프로그램의 평가를 어떻게 할 것인가?

일곱째, 영유아 프로그램 개발 및 적용 과정에서 부모의 요구와 역할을 어떻게 반영할 것인가?

이상에서 제시한 질문을 토대로 영유아교사는 자신이 지향하는 교육적 방향으로 프로그램을 개발하여 영유아들에게 적용한 후 프로그램의 효과를 검증하고, 교사로서의 자신의 역할을 반성적으로 평가함으로써 최적의 영유아 프로그램을 개발하고 적용하는 방향으로 나아갈 수 있어야 한다.

<의견 나누기>

1. 영유아 프로그램의 개념이 무엇인지 자신의 생각을 토대로 의견을 나누시오.
2. 영유아 프로그램이 왜 필요한지에 대해 이야기해 보시오.

CHAPTER

2

영유아 프로그램의 최근 동향

1. 구성주의 관점

1) 불확실성의 사회가 요구하는 구성주의

우리 사회는 최근 예측을 불허할 정도로 빠른 변화를 겪으면서 이에 따른 교육적 패러다임의 혁신을 요구하고 있다. 포스트모던 사회와 4차 산업혁명 시대에 제대로 적응하기도 전에 포스트 코로나 시대가 되었고, 미래사회는 또 어떻게 변화할지 불확실한 상황이 우리를 기다리고 있다. 이는 미래를 살아갈 영유아를 위한 교육적 관점을 재고하게 하는데, 구성주의 관점은 이를 위한 교육의 방향을 제시해 줄 수 있다고 본다.

구성주의는 교사주도적 교수에서 영유아주도적 학습으로의 전환을 가져오는 혁신적인 교육 패러다임(강인애, 1997)이다. 행동주의에 기반을 둔 교사주도적 교수는 기존에 발견된 불변의 절대적 진리를 가르침으로써 영유아가 이에 적응해 가도록 하는 데 중점을 두지만, 영유아주도적 학습은 영유아가 자신의 흥미와 관심으로 놀이를 시작하며 그 과정에서 만나는 사물이나 현상, 혹은 인간관계에 몰입하고 사고하면서 자발적으로 궁금증을 해결해 가고 놀이를 즐기도록 하는 데 중점을 둔다. 즉, 교사주도적 교수는 교사의 가르침에 초점을 두고 영유아가 수동적으로 살아가게 하는 반면, 영유아주도적 학습은 영유아의 배움에 초점을 두고 영유아가 창의적이고 능동적으로 삶을 살아가게 한다고 볼 수 있다.

이러한 구성주의 관점은 유아교육뿐 아니라 초 · 중등 과학교육 전반, 그리고 교육공학에 이르기까지 교육을 실천해 가는 방식에 지배적인 경향을 보인다. 또한, 최근 강조되는 혁신적 교육개혁 운동인 열린교육의 이론적 근거가 되고 있기도 하다(강인애, 1997). 이제 대다수의 유아교육자들은 구성주의를 수용하며, 이를 표방하면서 교육을 실행하고자 한다. 세계적으로는 구성주의교육 접근이나 프로젝트 접근에 이어 특히 이탈리아에서 실행된 레지오 에밀리아 접근이 구성주의를 바탕으로 개발되어(Goffin, 1994) 각광을 받고 전 세계적으로 확장되고 있음도 이를 증명하는 것이라고 할 수 있다. 국내에서도 국가수준의 유아교육과정을 통해 구성주의 관점은 지속적으로 대두되어 왔지만, 특히 2019 개정 누리과정(교육부, 2019)은 구성주의교육의 핵심이라고 할 수 있는 영유아중심, 놀이중심 패러다임의 혁신적인 전환을 강조함으로써 유아교육기관에서 누리과정의 실천을 위해 구성주의교육에 대한 이해가 더욱 필요함(곽향림, 2020)을 알 수 있게 해 준다.

2) 구성주의 이해를 위한 인식론

인식론은 인간이 어떻게 지능과 지식을 구성해 가는지를 보여주는 이론으로, 구성주의 관점을 위해서는 이러한 인식론에 대한 이해가 기본적으로 이루어져야 한다. 구성주의 인식론은 행동주의와 구별되고 대비되는 학습이론을 제공하는 근간이 되고 있기 때문이다.

구성주의는 인간이 이미 존재하는 절대적 진리와 지식을 발견해 가는 행동주의와는 달리 특정한 사회와 환경 안에서 자신의 흥미와 관심의 대상 혹은 현상에 대해 의미를 만들면서 알아가는 앎의 이론이다. 즉, 개인은 자신의 경험을 바탕으로 인지적 과정을 거쳐 지식을 구성하고 또다시 재구성하는 과정을 반복하면서 자신이 이미 구성한 지식을 발전적으로 변형시켜 간다. 그래서 구성주의 관점에서 지식은 보편적이고 객관적으로 존재하는 것이 아니라 상대적으로 변화해 가는 것이며, 이렇게 인간은 사회적 참여를 통해 자신에게 의미 있고 적합한 지식과 진리를 구성해가며 삶의 의미를 추구해 가는 것이다.

이러한 구성주의 이론은 크게 두 가지 접근으로 구분되는데, 하나는 인지적 구성주의이며 다른 하나는 사회적 구성주의이다. 인지적 구성주의는 피아제(Piaget) 이론에 근거하며 지식 구성 과정에서 개인의 인지적 과정을 강조하는 데 비해, 사회적 구성주의는 비고츠키(Vygotsky) 이론에 근거하며 지식 구성 과정을 사회적 상호작용의 내면화로 보고 있다(곽향림, 2015).

피아제(Piaget) 관점의 인지적 구성주의의 핵심이론은 개인 내면의 동화와 조절을 통해 지능과 지식이 구성된다는 것이다. 즉, 개인은 이미 알고 있는 경험을 바탕으로 새로운 사물이나 현상에 대해 해석하는 동화의 과정을 거치며 평형을 경험하지만, 이러한 해석이 기대한 결과로 나타나지 않았을 때 불평형을 경험하며 조절의 과정을 거치면서 지능과 지식을 구성해 간다는 것이다. 이러한 과정에서 개인은 초기에 자기중심적 사고로 인해 다른 관점을 보지 못하지만, 점차 탈중심화를 통해 사물을 다양한 관점에서 사고하게 되고 다른 사람의 관점에 대해서도 인지가 가능해진다고 본다. 이러한 연구는 후에 콜버그(Kohlberg, 1981)의 도덕성발달 연구와 샐만(Selman, 1980)의 조망수용능력에 관한 연구의 근거가 되었다. 이와 더불어 피아제(Piaget, 1932/1960)는 성인과 아동 간에 어떤 유형의 관계를 맺는지가 아동의 인지과정에 중요한 영향을 미친다고 보는데, 협동과 존중의 관계에서 아동은 지적으로나 도덕적으로 자율적인 사고가 가능해지는 데 반해 강요와 억압의 관계에서는 타율적인 사고가 증진된다고 보았다. 피아제는 이렇게 지식구성과정에서 사회적 상호작용의 중요성을 강조하지만(DeVries & Zan, 1997, 2012), 사회적 상호작용보다는 개인의 내면화과정을 더 관심 있게 연구했다고 볼 수 있다.

반면에 비고츠키(Vygotsky, 1978) 관점의 사회적 구성주의의 핵심이론은 사회적 경험과 사회적 상호교류가 개인의 인지구성과정에 가장 중요한 요소가 된다는 것이다. 그러나 비고츠키 역시 개인의 내면화를 강조하지 않은 것은 아니다. 그래서 모든 인지과정은 초기에는 개인 간에 존재하다가 개인 내 수준으로 내면화가 일어나는 것이라고 보았다. 비고츠키는 또한 근접발달지대라는 개념을 창출하였는데, 이는 학습자 개인은 학습을 도와줄 수 있는 사람들, 즉 부모나 교사 혹은 또래 학습자들에 의해 개인이 스스로 도달할 수 있는 발달 수준보다 더 높은 인지발달 수준에 도달하게 된다는 개념이다. 사실 이는 평가와 관련된 개념으로 비고츠키는 유아가 현재 무엇을 할 수 있는지가 아니라 성인에 의해 학습에 도움을 받았을 때 유아가 최대로 발달할 수 있는 잠재적 가능성을 평가해야 한다는 점에서 근접발달지대의 개념을 도출한 것이다(Wertsch,1997). 비고츠키는 이렇게 인지과정에서 내면화보다는 사회적 관계에 대해 보다 관심을 가지고 연구했다고 볼 수 있다.

그러나 지식 구성은 개인 내면의 인지작용과 사회적 상호작용의 결과라는 측면에서 볼 때 위의 두 이론을 이분법적으로 구분하기보다는 상호보완적으로 이해할 필요가 있다(강인애, 1997; Wertsch, 1989). 피아제와 비고츠키의 연구는 서로 배타적이 아니라 단지 강조하는 부분이 달랐던 것이다(Berk & Winsler, 1995). 따라서 구성주의 교육의 근간이 되는 이 두 학자의 연구는 교육적 적용에 있어 어느 하나가 아니라 상호보완적 측면에서 고려되어야 할 것이다(곽향림, 2015).

3) 구성주의 관점에 의한 교육접근

구성주의 관점에 의한 교육접근은 구성주의 이론에 따라 영유아가 살아가는 특정사회 안에서 사회적 상호교류를 통해 지식 구성의 내면화가 일어나도록 해야 한다. 따라서 구성주의교육을 위해서는 이러한 이론을 아는 것이 우선이지만 이를 어떻게 실제적으로 교육에 적용해 나가는지가 무엇보다 중요하다. 구성주의교육의 접근은 다음과 같은 특성에 따라 교수학습을 실행할 수 있다.

(1) 영유아와 교사는 함께 배우고 함께 가르친다.

구성주의 관점에서는 영유아와 교사가 모두 적극적인 역할을 한다. 이러한 접근에서 영유아는 자신의 관심과 흥미에 따라 배우고 싶은 주제나 대상을 선택하여 자기주도적으로 놀이하는 과정에서 또래 간에 가르침을 실행하기도 하고 때로는 교사에게 가르침을 주기도 한다. 실제로 특정한 내용에 대해 영유아가 교사보다 더 많은 지식을 소유하고 있는 경우도 있다. 또한 교사는 영유아의 흥미와 호기심에 영향을 받아 동료학습자가 되기도 한다. 교사는 세심한 관찰과 반성적 성찰을 통해 영유아가 사물이나 현상에 대해 무슨 생각을 하고 있는지 적절한 질문이나 개입을 하는 과정에서 적극적인 영유아의 자세에 힘입어 관련 자료를 함께 찾으며 함께 배우는 일이 일어난다. 이런 측면에서 구성주의 교실에서는 교사는 가르치고 영유아는 배우는 이분법적 역할이 아니라 교사 역시 때로 학습자가 될 수 있고 영유아도 교사가 될 수 있다.

그래서 함께 배우고 함께 가르치는 구성주의 교실에서 교사는 가능한 권위를 축소하고 영유아를 존중한다. 영유아를 존중한다는 것은 영유아의 인격과 아이디어를 존중하는 것이다. 이런 교사는 영유아의 놀이에서 실수를 수용하고 잘못된 아이디어도 인정함으로써 영유아가 자신의 생각을 자유롭게 표출하도록 돕는다. 또한 영유아와 함께 놀고 또래처럼 아이디어를 교환하면서 친밀한 놀이친구로서 영유아와 애착을 형성해 간다.

(2) 협동적인 관계 안에서 공동체의식을 증진한다.

구성주의교육은 나와 너, 그리고 우리가 있는 공동체 안에서 상호존중과 협동의 분위기가 조성된 가운데 함께 어우러져 살아가는 삶을 강조한다. 이는 또래 간에 함께하는 놀이와 삶 속에서 영유아가 갈등을 겪으며 문제를 해결하기 위한 노력을 하면서 연습해 가게 된다. 영유아는 흥미가 비슷한 놀이친구를 스스로 선택하여 구체적인 놀이주제와 놀이 목적을 의논하는 과정에서 의견 차이를 빚으며, 다른 사람의 생각에 직면하지만 자기 생각을 주장하고 설득하고, 좋아하는 친구와 함께 놀기 위해 때로는 친구의 생각에 따라 놀이 목적을 변형해 가기도 한다. 또한 이런 과정에서 유아는 때로 갈등을 빚기도 하지만 이는 다른 사람들의 관점을 배워가는 기회가 되며 동시에 교실에서 함께 살아가기 위해 갈등을 협동적으로 극복해 가며 공동체의식을 형성해 나간다.

교사 역시 영유아와 상호존중과 협동의 관계(DeVries & Zan, 1997; Piaget, 1932/1960)를 통해 교실공동체를 만들고, 더 나아가 동료 간에 학습공동체를 만들면서 우리 반뿐만 아니라 우리 기관의 모든 영유아를 함께 돌보고 교육하면서 유치원 혹은 어린이집 공동체를 만들어 가는 것이다. 그래서 영유아는 우리 교실에만 머무는 것이 아니라 때로는 형님반이나 동생반에 조사를 하거나 정보를 알아내기 위해 혹은 교구나 자료를 빌리기 위해 돌아다니면서 다른 반 영유아나 교사와 교류를 하게 된다. 또 바깥놀이 시에 영유아는 자연스럽게 다른 반과 교류를 하게 되는데, 이때 교사는 우리반뿐 아니라 모든 영유아를 만나게 된다. 이런 결과는 교사 간의 협의회나 학습공동체를 통해 공유하면서 기관 전체가 협동적인 관계 안에서 공동체의식을 증진하며 하나의 교육공동체를 만들어 간다. 이러한 공동체의식은 점차 지역사회, 국가, 세계, 우주, 그리고 자연과 더불어 살아가는 공동체의식으로 확장될 수 있는 것이다(곽향림, 2011).

(3) 반성적 사고를 통해 자기성찰이 일어난다.

구성주의 교실의 영유아는 놀이와 삶 속에서 어떤 사물이나 현상과 해결해야 할 과제나 갈등에 직면했을 때 반성적 사고를 통해 자기성찰이 가능해진다. 이는 또래 간 갈등에서도 마찬가지이다. 교사는 '무슨 일이 일어났는가?'와 같은 질문을 통해 유아가 해결해야 할 과제가 무엇인지를 생각해 보고 자신의 경험 속에서 지적 혹은 사회도덕적 관계를 만들어 보면서 자기성찰이 일어나도록 도울 수 있다. 예를 들어, 자신이 또래에게 무슨 일을 했더니 어떤 결과가 나타났는지를 생각해 보고 어떻게 친구와 다시 즐겁게 놀이할 수 있는지 방안을 찾도록 할 수 있다.

때로는 영유아가 직접 반성적 평가모임을 갖기도 한다. 예를 들어, 반 전체가 참여하는 전시회나 공연에 다른 반을 초대하는 프로젝트를 실행하면서 영유아는 성공과 실패를 경험하며 자발적으로 평가모임을 갖기도 한다. 영유아는 이러한 공동경험의 놀이 맥락에서 무슨 일을 했고 어떤 결과가 나타났는지에 대해 또래 간에 반성적 사고를 나누는 토론에 참여하게 된다. 이때 교사는 또래의 입장에서 적절한 질문을 던지면서 도울 수 있다. 이러한 또래 간의 반성적 사고는 영유아가 공동의 경험을 성공적으로 해내기 위해 아이디어를 내고, 이를 시도하고, 문제가 생기면 새로운 아이디어를 내면서 다시 시도하는 가운데 자신들의 경험을 발전적으로 변형시켜 가게 하는 힘이 된다.

교사 역시 끊임없는 자기성찰을 통해 교사로서 자신의 삶의 질을 증진시켜 간다. 이는 반성적 사고를 통해 일과에 대한 해석과 평가를 하면서 이루어질 수 있다. 이러한 교사는 자신뿐 아니라 영유아의 반성적 성찰을 도모하게 되는 것이다.

(4) 영유아는 흥미 있는 놀이나 활동을 통해 적극적으로 지식을 구성해 간다.

구성주의교육에서는 교사가 주도적으로 지식을 주입시키는 것이 아니라 영유아가 사물, 현상, 혹은 사람과의 상호작용을 통해 스스로 지능과 지식을 구성해 간다

(Kohlberg & Mayer, 1972). 즉, 새로운 지식을 위한 어떤 자극이 영유아에게 일방적으로 전달되어 지식을 축적해 가는 것이 아니라, 영유아가 흥미 있는 자극에 대해 적극적으로 행동을 가하며 그 반응을 통해 상호 간에 교류가 일어나면서 진정한 자극에 의한 지능과 지식 구성이 일어나게 되는 것이다.

영유아는 흥미 있는 놀이 속에서 과제를 자발적으로 만들어 가며 이 문제해결을 위한 실제적 지식을 구성해 갈 수 있다(곽향림, 2015). 이는 지능과 지식 구성을 위해 실제적으로 영유아가 행동을 통해 과제를 수행할 수 있는 놀이나 활동이 필요함을 의미한다. 이때 과제는 교사가 제공하는 것이 아니라 영유아가 놀이 속에서 만들어가는 것이다.

이 과정에서 교사는 권위를 최소화하여 교사-영유아 간에 협동과 상호존중의 관계를 유지하며 또래와 같이 상호작용할 수 있을 것이다(DeVries & Zan, 1997). 그래서 교사는 때로 영유아가 실수를 해도 인정해 주며 재도전할 수 있도록 격려하면서 영유아가 스스로 자신의 실수를 통해 문제를 발견하고 새로운 아이디어로 재도전하도록 돕는다.

따라서 교사가 수업 전에 구체적인 계획을 수립하여 영유아에게 일방적으로 가르치는 행동주의교육과는 달리, 적절한 계획을 세우되 영유아의 반응에 따라 교육목적, 교육 내용, 교육 방법을 변형시켜 간다(곽향림, 2016). 계획은 수업 전에만 수립되는 것이 아니라 수업 중에도 지속적으로 재수립이 가능하며, 순환적 실행-평가-계획을 통해 교육과정은 개별 유아를 위한 맞춤교육으로 변형되어 가는 것이다. 이런 교실에서 영유아는 자신이 진정으로 흥미를 느끼는 놀이에 참여하게 되며, 이러한 흥미는 영유아의 지능과 지식 구성의 연료(Piaget, 1969/1970, 1954/1981)가 되는 것이다.

2. 숲 생태학적 관점

1) 산업사회에서 대안학교로서의 숲 생태교육 시작

숲교육은 산업사회의 대안학교로서 시작되었다. 산업사회의 폐해로 영유아는 스스로 원하는 놀이보다는 지나친 학습에 내몰린 채 정서적으로 힘든 상황에 부닥치게 되었고, 이런 영유아에게 숲은 자연에서 마음껏 놀고 자연과 교류하면서 행복한 얼굴을 찾게 해 주었다.

이러한 숲교육은 최근 4차 산업혁명으로 인한 인공지능과 빅데이터 시대의 과학문명을 우려하는 관점과 맞물려 대안학교로서의 가치를 증진시키고 있다. 숲교육은 생태주의, 자연친화, 그리고 지속가능발전의 관점에서 그 가치와 의미를 더해 간다. 생태주의 관점은 과학기술로 인해 자연이 파괴되면서 영유아의 삶의 질이 저하되고 있으므로 숲 활동을 통해 영유아가 자연을 배려하고 상생의 삶을 살아가도록 하면서 자연과의 관계를 증진할 필요가 있음을 강조한다(김미진, 김병만, 2012). 이와 유사하게 자연친화 관점에서도 영유아가 숲에서 자연환경과의 교감을 통해 자연을 이해하고 친밀감을 형성하도록 할 것을 주장한다(강병재, 김경수, 2015). 이와 함께 지속가능발전교육에서는 영유아가 숲 활동에 흥미를 갖고 참여하면서 자연과 인간의 자연스러운 공존을 통해 인간 본연의 자세와 자아의식을 깨우쳐 가도록 할 것을 지향한다(곽노의, 이봉자, 2016).

이러한 관점을 강조하는 이들이 주장해 온 숲교육은 그동안 행동주의적 관점에서 주입식으로 가르치려는 교사 주도적 교육에서 영유아가 탈피하면서 피폐해진 삶의 질을 향상하도록 해 주는 역할을 해 왔음은 확실하다. 다시 말해서 이러한 대안학교로서의 숲교육은 '성숙주의' 혹은 '낭만주의' 관점(Kohlberg & Mayer, 1972)을 보여주며, 주로 열린 숲 공간으로 인해 유아가 주도적으로 놀이와 삶을 살아가도록 해 주는 근원이 되어 왔다(곽향림, 2017).

2) 숲 생태학적 교육 관점의 확장 및 발전

숲교육에 대한 위와 같은 관점은 대안학교로서의 가치와 함께 이제 좀 더 다양한 관점에서 조명되고 확장될 필요가 있다. 사실 4차 산업혁명 시대는 숲교육의 필요성을 부각하지만 동시에 숲교육이 더 이상 대안학교로서의 가치만을 강조해서는 인공지능과 빅 데이터가 요구하는 충분한 교육의 질을 보장할 수 없음을 보여준다. 4차 산업혁명 시대는 앞으로 우리 영유아가 어떠한 시대에 살아가게 될지 예측할 수 없을 만큼 빠르게 변화 · 발전해 가고 있고, 그래서 새로운 역량을 요구하고 있기 때문이다. 이경민(2017)은 이 시대를 위한 새로운 인재는 창의적이고 합리적인 문제해결을 위한 지적 역량, 소통과 협력의 리더십을 갖춘 사회적 역량, 자신이나 타인의 특성을 인지하고 존중하는 인성 역량을 갖출 필요가 있음을 강조한다.

사실 숲교육 프로그램은 피폐해진 영유아의 삶의 질을 개선하기 위해 시작된 만큼 교사주도적 가르침에서 벗어나 유아주도적 놀이중심이 되어야 하지만 여전히 그러지 못한 경우를 발견한다. 이명환(2003)은 독일의 대안교육으로서의 플랜스부르그 숲 유치원을 소개하면서, 영유아가 자기 아이디어가 아니라 교사의 '지시'에 따라 활동하는 모습을 묘사하고 있다. 교사는 '숲속 동물에게 인사하기'와 같은 활동을 하는 경우를 소개한다. 예를 들어, 한 영유아가 사슴을 외치면 다른 영유아들이 들고 간 막대기를 신나게 두들기며 '사슴들아 안녕' 하면서 인사를 한다. 막대기는 모임 장소로 가는 도중에 교사가 '두 개씩을 마련하라고 지시를 하였기에'(이명환, 2003) 영유아들이 모두 들고 온 것이다. 영유아들은 돌아가며 여러 동물에게 아침 인사를 전한다. 이는 교사주도적 문제뿐 아니라 숲속 생물의 삶을 배려하여 오히려 큰 소리 내지 않도록 하는 숲과 인간과의 상호관계의 측면에서 보자면 재고할 여지가 있다. 이명환(2008)이 소개하는 벤스하임 숲 유치원에서의 모임 역시 교사주도적으로 드러나는데, 교사는 동물 퍼즐조각을 영유아들에게 주고 완성되면 동물 이름을 맞춘 후 그 동물에 대한 노래를 부르며 율동을 하게 한다. 이 유치원의 자유놀이가 프로젝트 식으로 이루어지는 데 비하면 절충식 교육이 이루어지고 있음을 알 수 있다. 나귀옥과 김경희(2012)는 우리나라에서도 숲 해설가에 의해 동 ·

식물에 관한 전문적 지식이 전달되기도 하고, 영유아는 주도적 놀이를 더 즐긴다고 말하는 원장이 '카드를 사용하여 숲의 동 · 식물과 곤충, 간단한 한자, 동사와 의성어, 의태어 중심의 한글, 화가의 그림 등에 대해 일주일에 1-2회 정도 30분씩 교육을 실시'하기도 하였다고 말한다. 이는 숲교육이 단지 '자연에서 마음껏 놀게 하는 교육'으로는 충분하지 않음을 이러한 교사주도적 수업으로 보충하려는 시도임을 알게 해 준다. 이는 숲교육 프로그램 운영자들이 숲 유치원에 대한 가치와 의미를 확고히 하면서 동시에 자연의 놀이 속에서 자발적인 학습이 일어날 수 있는 숲교육에 대한 인식이 필요함을 말해 주는 것이다.

최근 우리나라 유아교육에서 숲교육에 관한 관심이 증가하면서 이에 대한 가치와 의미의 재조명을 통해 관점을 확장하고자 하는 시도가 이루어지고 있다. 이를 위해 연구자들은 특히 숲에서의 유아의 놀이와 삶에 대한 다층적 분석을 통해 새로운 관점을 제시하고 있다. 나귀옥과 김경희(2012)는 숲 공간에서 자연과의 놀이를 통해 영유아가 놀이 창안, 자연 체험, 발견과 탐색을 즐기고 있음을 보여주고, 임부연과 이정금(2013)은 영유아가 자연물의 공간을 새롭게 변형하고 창조해 나가면서 다층적 경험과 배움이 일어나고 있음을 말해 주고 있으며, 임재택 외(2012)는 영유아가 놀이를 통해 몸으로 알아가며 심미감을 느끼는 숲과의 관계, 자아중심적에서 협동적으로 나아가는 또래 간의 관계, 서로 존중하고 함께 배워 가는 교사와의 관계를 경험하고 있었다고 보고하고 있다. 이러한 연구들은 숲에서 영유아의 능동적인 놀이참여를 다차원적으로 해석하면서 숲교육의 관점을 좀 더 확장해 가고 있음을 보여준다. 곽노의와 이신영(2014)은 드레스덴 숲 유치원의 프로그램을 소개하면서 프로젝트 중심의 숲 활동이 이루어지는 모습을 보여주며 숲교육의 관점이 대안교육을 넘어서 발전적으로 변화되어 가는 경향을 보여준다. 이에 더해 곽향림(2017)은 숲에서의 영유아의 놀이와 삶에 대한 연구를 통해 숲교육은 흥미, 실험, 협동의 구성주의 관점에서 실행될 수 있음을 보여주고 있다. 이렇게 대안학교에서 시작한 숲교육은 단지 성숙주의적 관점에서 벗어나 이제 다양한 관점으로 재해석되고 확장되면서 점차 발전되어 가고 있음을 알 수 있다.

3) 숲 생태학적 교육접근의 의미와 가치

숲은 유아가 자신의 흥미에 몰입하여 또래들과 아이디어를 실험해 보며 자유롭게 놀면서 때로는 갈등을 겪고 또 이를 협동적으로 해결해 가는 삶을 살아가게 한다. 이렇게 숲에서 영유아는 '흥미, 실험, 협동'(DeVries, Zan, Hildebrandt, Edmiaston, & Sales, 2007)의 놀이와 삶을 실현해 갈 수 있다(곽향림, 2017). 이런 측면에서 숲교육접근의 구성주의적 의미와 가치를 다음과 같이 세 가지로 살펴본다.

(1) 흥미와 주도성

숲은 열린 공간으로 무엇보다 영유아가 주도적으로 놀이를 찾고 그 안에서 흥미와 목적을 발견하면서 자신에게 의미 있는 놀이를 만들어 가도록 한다. 숲에서 영유아가 자기 흥미로 인한 주도성을 발현시켜 가기 위해서는 놀이친구, 놀이주제, 놀이자료, 놀이공간의 진정한 자유 선택(편해문, 2004)이 가능해야 한다. 숲에서조차 교사주도에 의해 영유아의 자발적 선택이 불가능해진다면 숲 활동은 본래의 취지를 잃고 말 것이다.

이러한 흥미는 구성주의교육에서 뿐 아니라 대안교육에서도 매우 핵심적인 요소이지만, 이를 해석하고 교육과정에 반영하려는 노력은 관점에 따라 다르다(곽향림, 2015). 행동주의 관점은 아예 영유아의 흥미에 관심이 없지만, 성숙주의 관점은 흥미 자체를 매우 중요시 여기는 데 비해 교육 실행을 위해 영유아의 놀이와 삶에서 흥미가 어떻게 작용하는지를 반성적으로 고려하지 않는다. 따라서 성숙주의 관점의 대안학교로 운영되는 숲 유치원에서는 영유아의 흥미가 '그저 마음대로 노는 것'에 머물러 운영자에 따라 자칫 왜곡된 교육을 실행하고 말지도 모를 우려를 낳는다. 듀이(Dewey, 1913/1975)는, 흥미는 사소한 즐거움과 구분되는 것이며, 영유아가 자신의 일에 진정으로 몰두하면서 무엇을 하고 있는지 확인하게 하는 원천이라고 말한다. 다시 말해 흥미는 영유아가 주변의 사물이나 현상, 혹은 사람에 대해 뭔가 해보고 그 반응과 경험으로부터 의미를 만들어 가는 구성적 노력의 힘이다. 따라서 특히 교실보다 흥미가 더욱 잘 작용할 수 있는 숲에서 영유아의 흥미는 구성주의 관점에서 지원되며 교육과정에 적극적으로 반영되어야 할 것이다. 구성주의 관점에서의 지원이라 함은 교사가 주도적으로 가르치는 주입식 개입이 아니라 세심한 관찰과 반성적 성찰에 의한 교사의 적절한 개입을 의미한다.

(2) 놀이 속에서 학습이 일어나는 탐구와 실험

숲에서 자기 흥미에 의해 선택한 놀이에 참여한 영유아는 교사가 직접 개입하여 가르치지 않아도 놀이 속에서 학습을 경험할 수 있다. 영유아는 숲에서 자연물을 대상으로 뭔가 시도해 보고 실패하면 다른 아이디어를 생각해 내어 재도전해 보면서 일종의 실험을 한다. 이 과정에서 영유아는 자신의 지능과 지식을 사용하여 이를 재구성해 가며 지적으로 성장해 간다.

그러나 곽향림(2017)의 연구에 의하면 영유아들은 때로 탐구와 실험을 위한 놀이에서 단순행동을 반복하며 자발적인 놀이 진전에 시간을 들이고 있었다. 특히 땅 파기, 돌 옮기기, 밧줄놀이 등에서 영유아는 같은 행동을 반복하며 새로운 도전을 통한 놀이 변형을 이루지 못했다. 이는 숲 환경이 유아에게 탐구와 실험에 적극적으로 몰입할 수 있는 공간과 자료를 제공하지만, 교사의 적절한 개입을 필요로 함을 말해 주는 것이다.

이러한 적절한 개입을 위해서는 영유아의 탐구와 실험에 대한 교사의 세심한 관찰과 반성적 해석이 요구된다. 시간을 들이는 경우는 영유아가 놀이에서 자발적으로 만들어 낸 과제 자체가 발달적으로 지식 구성에 어려움을 갖게 하는 경우도 있지만, 개인차에 기인하기도 한다. 교사의 적절한 질문은 영유아에 따라 지적으로 깨어 있도록 돕기도 하고, 새로운 아이디어를 생성하도록 도울 수 있다. 숲 교사를 위한 연수에서 교사는 영유아의 놀이에 개입하지 않도록 교육받는 경우가 있지만(곽향림, 2017), 이는 성숙주의 관점에 의하거나 주입식 가르침의 문제를 벗어나기 위한 노력으로 보인다. 또한 영유아가 시간을 들이는 경우에 놀이 보존이 어려운 숲 환경요인에 기인하기도 하므로, 최대한 놀이 보존이 가능한 장소를 찾아 영유아가 다음 날 놀이를 확장해 가도록 개입할 수 있을 것이다. 영유아는 놀이를 보존하면서 다른 날 새로운 생각으로 놀이를 발전시키게 되기 때문이다. 따라서 숲 교사는 영유아의 반복적 행동을 세심히 관찰하면서 반성적 성찰을 통해 적절한 순간을 찾아내고 영유아의 사고를 돕는 개입을 시도해야 할 것이다. 숲 교사는 이와 같은 방식으로 적절한 질문이나 제안을 통해 영유아가 자발적으로 과제를 만들고 또 이를 해결해 가기 위한 아이디어를 적극적으로 발현해 가도록 도울 수 있다.

(3) 협동적 관계 맺기

숲에서 함께 놀고 싶은 또래와 활발한 상호교류를 하는 영유아들은 자기중심적 사고로 인해 자연스럽게 갈등을 겪을 수 있다. 숲에서는 교실에 비해 갈등이 적게 일어날 수 있지만 갈등이 아예 없는 것은 아니다. 숲교육의 장점으로 협동이 더 잘 일어난다는 측면을 강조할 수는 있지만, 이로 인해 갈등의 문제가 부정적으로 해석되거나 소홀히 다루어져서는 안 된다. 갈등은 조망수용능력을 증진하는 기회를 제공하며 대인 간 문제를 협동적으로 해결해 가는 방안(DeVries & Zan,1997, 2012)을 강구하는 기회가 되기도 하기 때문이다. 영유아는 숲에서 친구와 함께 원하는 놀이를 유지하고 싶기 때문에 갈등을 협동적으로 해결해 가고자 노력한다. 이러한 또래 간의 조망수용능력은 더 나아가 인간과 자연과의 관계까지 고려하는 능력(곽향림, 2011)이 가능해지도록 한다.

<의견나누기>

1. 구성주의 교육의 실행을 위해서 알아야 할 점에 대해 이야기 나누어 보시오.
2. 숲 생태학적 교육접근의 의미와 가치에 대해 서로의 견해를 나누어 보시오.

3. 뇌 과학적 관점

1) 현대 과학에 기초한 뇌 과학적 관점

21세기 현대사회는 놀라운 과학기술의 발달로 인간의 뇌 구조와 기능이 어떻게 발달하는지를 알 수 있게 되었다. 특히 양전자 복사 단층 촬영술(PET)과 자기공명영상법(MTI), 기능적 자기공명영상법(fMRI), 자기뇌파검사(MEG) 등이 개발되면서 인간에 대한 교육이 뇌의 구조 및 기능과 밀접하게 관련되어 있음이 명확하게 밝혀졌다. 그 결과 그동안 철학적, 심리학적, 사회적 이론에 기초하여 이루어졌던 교육과 학습에 대한 기존의 교육적 접근이 점차 뇌 과학에 대한 연구 결과를 기초로 변화되고 있으며, 이제는 영유아를 위한 교육도 뇌 과학적 연구 결과를 고려하여 운영되어야 한다는 주장이 설득력을 갖게 되었다(안경숙, 2013).

뇌 과학적 관점은 영유아를 위한 교육이 인간의 뇌 구조와 기능을 최대한 고려하여 이루어져야 하며, 뇌 과학자들이 연구한 뇌 기반 학습 원리를 고려하여 학습이 이루어질 수 있도록 접근할 때 교육적 효과가 가장 높고 신뢰할 수 있다고 보는 관점이다. 뇌 과학자들이 밝힌 '뇌 기반 학습 원리'는 뇌 기반 학습과학(brain-based learning science)에 의해 제안된 학습 원리이다. 즉, 인간의 뇌 기능 및 구조에 대한 과학적 이해를 바탕으로 학습자의 뇌를 효율적으로 활용할 수 있는 뇌 기반 학습 원리를 적용하여 영유아를 위한 최적의 교수-학습 환경을 설계하고, 이를 교육에 적용하는 새로운 과학적 측면의 교육 패러다임에서 도출된 원리라고 할 수 있다.

이상에서와 같이 현대사회에서 점차적으로 뇌 기반 학습 원리가 강조되는 이유는 무엇보다도 인간의 학습이 뇌의 구조와 기능에 의해 이루어지는 과정이기 때문이다. 그러므로 영유아 학습을 위한 가장 과학적인 접근은 영유아의 뇌 기능과 구조를 이해하고, 뇌의 역동적 체계와 뇌 기반 학습 원리를 고려한 교수전략을 적용하였을 때 가능하다고 하겠다(Cain & Cain, 1990; Corbin, 2013; Connell, 2008). 이에 따라 영유아를 위한 프로그램 개발 및 적용에 있어서도 영유아 뇌 구조 및 기능과 뇌가 작동하는 원리를 이해하고, 뇌 기반 학습 원리를 적용하여 영유아 프로그램이 개발될 필요가 있다.

2) 영유아의 뇌 구조 및 기능에 대한 이해

(1) 영유아 뇌 구조

영유아의 뇌는 매우 복잡한 뇌의 신경회로를 통해 정보처리를 하는 중요한 부분으로, 영유아의 학습을 담당하는 유아교사는 영유아의 뇌 구조 및 기능에 대해 정확히 이해할 필요가 있다. 이를 위해 먼저 영유아의 뇌 구조와 기능을 살펴보면, 먼저 뇌 구조는 크게 대뇌, 중뇌, 소뇌, 척수, 연수, 간뇌 등으로 구성되어 있으며, 유아의 학습과 관련된 중요 부위는 대뇌의 대뇌피질이라고 볼 수 있다. 대뇌는 고등한 정신 활동을 담당하는 중추로서, 전체 뇌 무게의 80%를 차지하는 가장 큰 부위로 좌우 두 개의 반구로 이루어져 있다. 대뇌는 부위에 따라 대뇌피질과 대뇌수질, 대뇌핵 및 번연계로 구성되어 있으며, 특히 대뇌 반구의 표층을 이루는 두께 2~4mm 정도의 호두알 모양 회백질인 대뇌피질이 있다. 대뇌피질은 감각, 운동, 이성행동 등을 주관하는 최고의 중추 기관으로, 앞이마뇌라고 불리는 전두엽 부위는 영유아기에 집중적으로 발달한다. 중뇌는 눈과 관련된 일과 호르몬의 분비 등과 관련된 일을 담당한다. 소뇌는 좌우 한 쌍으로 되어 있으며, 몸의 평형을 유지하는 역할을 한다. 또한 척수는 자율신경이 지나가는 통로이며 외부로부터 이를 보호한다. 연수는 인간의 심장박동, 호흡, 소화 등과 같은 생명 유지에 필수적인 활동을 맡고 있으며, 간뇌는 감각의 대기실과 같은 역할을 한다(Jensen, 2008, 2010).

또한 뇌가 작용하는 기본은 뉴런이라는 신경세포이다. 뇌에는 약 140억 개의 뉴런이 있으며, 이들이 정보를 주고받으면서 뉴런의 축삭돌기 말단과 수상돌기 사이의 연접부위라 할 수 있는 시냅스(synapse)라는 복잡한 네트워크를 형성하면서 오감각을 통해 들어오는 정보들을 처리한다. 인간의 뇌의 구조와 뇌 세포인 뉴런의 구조를 제시하면 다음과 같다(안경숙, 신애선, 2017).

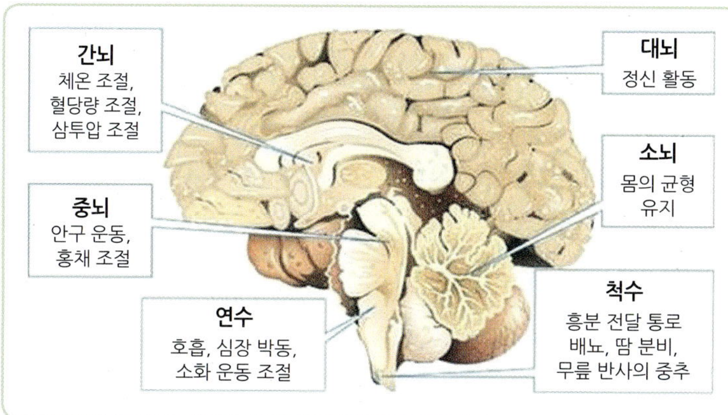

출처:http://blog.naver.com/uain333/110135776064

[그림 2-1] 뇌의 구조

이상에서 살펴본 인간의 뇌의 구조와 기능에 기초해 볼 때 영유아 프로그램을 개발하고 적용하는 데 있어서도 기본적으로 인간의 뇌의 구조와 기능에 대한 이해가 뒷받침될 필요가 있다. 그 이유는 뇌가 인간의 사고와 정보 처리의 모든 것을 담당하고 있으며, 특히 대뇌피질(cerebral cortex)은 인간의 사고와 고도의 정신 활동을 담당하는 부위로서 인간의 소망이나 마음 그리고 생각을 담당하는 영역이기 때문이다. 대뇌피질은 크게 전두엽, 두정엽, 후두엽, 측두엽으로 구분할 수 있는데, 각각의 엽은 다른 감각이나 기능을 관할하고 있다. 전두엽은 대뇌피질의 앞이마 부분에 해당하는데, 주로 영유아의 사고와 지식을 구성하는 데 있어서 중요한 역할을 담당한다. 두정엽은 두뇌의 맨 위에서 뒷부분에 걸쳐 있고, 주로 인간의 감각과 언어를 처리하는 데 관여한다. 측두엽은 귀 주변과 귀의 윗부분으로 주로 듣기, 기억, 언어를 담당하며, 후두엽은 뇌의 뒷부분으로 주로 시각을 담당하고 있다(안경숙, 2013).

이상에서 살펴본 바와 같이 대뇌피질의 각 부위들은 각기 담당하는 영역이 다르며, 뇌량을 통해 서로 긴밀하게 정보를 주고받는다. 그러므로 뇌 기반 학습적 측면에서 영유아 프로그램의 적용이 제대로 이루어지려면 영유아의 뇌 신경회로가 효율적으로 작동할 수 있어야 한다. 또한 영유아를 위한 뇌 기반 학습 프로그램을 개발하고 적용할 때도 1회성 활동 경험이 축적되는 방식의 프로그램이 아니라 각 활동들이 서로 연계되고 통합되어 지속적으로 확장되는 방식의 학습 경험이 필요하다. 이러한 사실은 영유아의 학습에 있어서 다른 영역과의 통합과 지속성이 중요함을 시사해 주며, 영유아를 위한 프로그램 개발에 있어서도 통합적 요소를 고려할 필요성을 제언해 주고 있다.

(2) 영유아 뇌의 기능 발달

영유아 프로그램 개발 및 적용에 있어서 영유아 뇌의 기능에 대해 고려해야할 내용으로는 뇌하수체에서 분비되는 '신경전달물질(neurotransmitter)'과 관련된 부분이다. 영유아의 뇌에는 다양한 신경전달물질이 존재하는데, 영유아가 접하는 정보의 종류와 강도에 따라서 각각 다른 기능을 수행한다(안경숙, 2013; Corbin, 2010). 영유아의 뇌에서 분비되는 대표적인 신경전달물질로는 엔도르핀(endolphin), 아드레날린(adrenaline), 멜라토닌(melatonin), 도파민(dopamine), 코티졸(cortisol) 등이 있다. 이와 같은 신경전달물질 중에서 도파민은 노르에피네프린과 에피네프린 합성체의 전구물질로서 동식물에 존재하는 아미노산의 하나이며, 인간의 정신 활동과 가장 밀접한 관계를 가지고 있다. 도파민은 인간의 사고를 담당하는 전두엽에서 주로 많이 사용되는데, 전두엽은 '앞이마뇌'라고도 불리며, 영유아기에 집중적으로 발달한다. 그리고 영유아가 흥미를 가지고 자기주도적으로 놀이를 할 때 가장 잘 분비된다(Corbin, 2008; Jensen, 2010).

(3) 영유아 뇌의 구조와 기능의 발달이 영유아 프로그램에 주는 시사점

영유아의 뇌 구조 및 기능과 관련된 뇌 기반 학습 과학에 대한 내용은 영유아의 뇌 발달과 지식 구성에 있어서 뉴런과 시냅스, 신경전달물질이 중요한 역할을 담당하고 있음을 제시해 주고 있다. 이를 구체적으로 살펴보면 다음과 같다.

첫째, 뇌 과학적 관점은 0세에서 5세 영유아기의 학습과 경험의 중요성을 과학적으로 증명해 주었다고 볼 수 있다. 0세에서 5세의 영유아기는 서로 다른 기능을 담당하는 뇌의 여러 부위가 전체적으로 활발하게 발달하는 시기로서, 어느 한쪽으로 편중된 교육 내용과 교육 방법보다는 영유아가 오감각을 사용하여 놀이할 수 있는 다양한 놀잇감과 자료들을 제공하고, 영유아들이 놀이에 몰입할 수 있는 환경을 조성하는 것과 교사의 역할이 매우 중요하다는 것을 시사하고 있다. 이러한 시사점은 어떠한 영유아 프로그램이라 할지라도 놀이중심의 프로그램 방향으로 운영되어야 함을 제시해 준다. 그러므로 영유아 프로그램 개발에 있어서도 영유아의 전뇌 발달에 도움이 되는 놀이중심의 영유아교육 프로그램을 개발하는 방향으로 나아갈 필요가 있다.

둘째, 영유아 프로그램의 학습 효율을 높이기 위해서는 영유아들의 뇌 발달과 기능에 필수적인 신경전달물질의 분비를 활성화시킬 필요가 있다. 영유아의 뇌에 아주 중요한 도파민이나 세로토닌과 같은 신경전달물질을 활성화시키기 위해서는 일차적으로 신경전달물질을 만드는 원료라고 할 수 있는 탄수화물, 단백질, 불포화지방이 필요하므로, 균형 있는 식사와 간식을 제공함과 동시에 충분한 휴식과 수면을 취할 수 있도록 돕는 프로그램이 운영되어야 한다.

셋째, 영유아의 뇌 발달에 대한 연구 결과는 교육과 정서가 밀접히 관련되어 있음을 밝혀 주었다. 이는 영유아가 새로운 내용을 학습하려면 이전에 서로 연결되지 않았던 뉴런과 뉴런 사이에 새로운 연결을 해 주는 시냅스가 형성되어야 하는데, 뉴런이 서로 연결되어 시냅스가 활성화되려면 뇌가 필요로 하는 음식뿐만 아니라 긍정적 정서가 중요하다는 것이다. 그러므로 영유아 프로그램은 영유아들의 부정적 정서를 수반할 수 있는 지식 전달 방식이나 결과 지향적인 프로그램은 지양하고, 긍정적 정서를 수반하는 놀이중심의 유아교육 프로그램을 개발하고 제공하는 방향으로 개발되고 적용될 필요가 있다.

이상에서 살펴본 바와 같이 영유아의 뇌 발달에 대한 연구는 영유아들의 학습이 뇌 구조 및 기능과 깊은 관련이 있다는 전제하에 영유아 프로그램이 최대한 과학적이고 합리적인 프로그램으로 운영하기 위한 것이라고 볼 수 있겠다.

4. 다문화교육의 관점

문화는 인간의 삶을 결정하는 중요한 요소로 작용하면서 각 집단이나 사회, 그리고 민족이나 인종에 따라 각기 고유한 형태로 나타난다. 다양해지는 문화는 사회변화와 세계화 흐름 속에서 새로운 문화에 대한 이해와 조화가 필요하게 되고 다문화라는 용어가 나왔다. 다문화 사회에서는 다양한 가치를 인정하고 받아들이는데, 이러한 생각은 교육의 장에도 영향을 미치어 민족, 인종, 그리고 문화 특징에 따라 불평등한 교육에 대해 새롭게 인식을 하게 되었다. 즉 다문화교육은 모든 인간이 성, 인종, 민족, 사회 지위나 부의 정도, 문화특징에 상관없이 고른 교육 기회를 가져야 한다는 사상을 포함하는 운동이다. 결국 다양한 문화나 인종, 성의 배경을 가진 아동들에게 공평한 교육의 기회를 제공하며, 윤리나 성, 정치, 경험, 인종에 따라 나타나는 인간 행동과 사회, 문화 다양성을 이해하고 그 차이를 인정하면서, 서로에 대한 존중과 이해의 폭을 넓히고 더불어 사는 사회 안에서 조화를 이루며 살아가도록 돕는 교육이라고 할 수 있다(정선희, 1997).

1) 다문화교육의 문화적 배경

미국은 다인종 · 다문화 사회로 시작한 이민국가로, 미국의 다문화교육은 1960년대 흑백의 인종적 차별과 갈등에 뿌리를 둔 인권에 대한 투쟁의 시작으로 비롯되었다. 아시아, 라틴 아메리카, 카리브해 지역 이주민들이 미국으로 대량 유입되어 북아메리카를 변화시키기 시작하였으며, 따라서 대도시를 중심으로 학교에서는 이민아동과 청소년들의 존재가 크게 느껴졌다. 이때 소수민족 집단들은 그들의 문화적인 정체성과 유산을 버리라는 동화론자들의 요구를 거절하고 당당히 학교와 대학교들의 교과제도에 자신들의 문화와 역사 내용이 편입되도록 요구하였다. 이에 1979년에는 교사교육 프로그램에서 다문화교육을 중요한 과제로 삼게 되었으며, 1980년대 후반이 되자 단순히 인종/민족적인 내용에만 초점을 맞추는 것이 아니라 사회계급, 언어, 그리고 성(젠더)과 같은 다른 그룹 항목들에까지 영역을 넓혀 다문화교육의 필요성을 강조하게 되었다. 미국에서의 다문화교육은 소수민족들의 인구 구성비를 반영한 학교제도 개혁에 대한 접근과 동등성, 사회적 정의와 민주주의를 지향하는 움직임이다. 즉, 다문화교육의 가장 중요한 목표는 모든 학생이 민족적으로 또한 인종적으로 다양성을 지닌 국가와 세계에서 살아가기 위해 필요한 지식과 태도, 그리고 기술들을 습득할 수 있도록 학교들을 개혁하는 것이다. 미국의 다문화교육은 다양한 집단들 간의 깊고도 끊임없는 사회적 분화를 언급하며 포괄적이고 변형된 주류 사회를 창조하기 위해 노력한다(성상환, 2010).

최근 우리 사회에도 여러 다양한 인종으로 구성된 다문화 가정과 그 자녀들이 존재하고 있다. 특히 최근에 관심의 대상이 되고 있는 다문화 가정은 국제결혼에 따른 이주 여성 외국인 노동자의 유입, 탈북자 출신의 새터민의 증가 등으로 한국사회 내에 대한민국이 아닌 다른 문화권으로 이루어진 가정으로, 지속적으로 그 수가 증가하고 있다.

2) 유아교육에서의 다문화교육의 이해

유아교육에서 다문화교육은 각기 다른 인종과 성, 언어, 계층 등을 이해하고 존중하도록 하여 삶을 긍정적인 방향으로 변화시킴으로써 다양한 문화의 세계에서 공동의 목표를 지향하며 의사소통할 수 있는 지식, 태도, 기술을 준비하는 교육이다(김영옥, 서현, 박형신, 정상녀, 윤경선, 박미자, 이나영, 2008). 유아교육에서 다문화교육을 강조하는 이유는, 유아기는 자신과 다른 사람들을 대하는 태도가 형성되는 시기이므로 때문에 유아교육 현장에서 영유아들이 다양한 문화를 경험할 수 있는 기회가 필요하기 때문이다(Boutte, 1999, 김혜숙 외, 2014). 영유아는 2세경부터 인종, 성에 대한 인식이 생기기 시작하며, 3세 이전의 영유아도 사회적 편견에 영향을 받게 되고, 4세경에는 이미 정형화된 성역할과 인종에 대한 편견이 내면화된다. 이러한 발달 특성을 고려해 볼 때, 유아기 때부터 긍정적인 자아인식과 모든 사람과 문화는 존중되어야 한다는 점을 알고 편견으로부터 적극적으로 대처할 수 있는 반편견 교육이 필요하다.

3) 다문화교육을 실행하는 교육적 접근의 특성

연구자에 따라 다문화교육에 대한 강조점에는 차이가 있지만, 공통적으로 문화의 다양성을 지지하고 편견을 타파할 수 있는 방법적 모색의 방편으로써 프로그램 모델을 제시하고 있다. 이러한 연구들에 기초한 다문화적 접근 방법에 대해 살펴보고자 한다.

(1) 뱅크스(Banks, 1991)의 다문화교육의 접근 특성

미국의 다문화교육에서 선두주자의 한 사람인 뱅크스(Banks, 1991)에 의하면, 지난 30년 동안 다문화교육에서 다양한 접근법이 사용되어 왔다. 그는 다문화교육 과정에서 이런 접근은 다양한 변화에 따른 것이고, 변화는 민족과 다문화적 내용이 교육과정에 다양한 단계와 함께 통합된 것이라고 본다.

뱅크스(Banks, 1991)는 다문화교육을 위한 접근 방법을 4단계로 제시하고 있다.

첫째, 기여적 접근법(contribution approach)이다. 현존하는 교육과정에 민족적 영웅, 공휴일과 기념일 등을 주제로 하여 접근한다. 목적은 다른 문화 집단들의 기여를 재인식하기 위한 것이다. 즉, 민족적 사건이나 기념과 연관된 특별한 날을 1주일간 또는 한 달 동안 교육한다.

둘째, 첨가적 접근법(addictive approach)이다. 교육과정의 변화 없이 선택된 문화적 주제가 포함된다. 민족적 요소나 개념, 주제, 실생활적인 관점 등을 기존 교육과정에 첨가하는 것을 특징으로 한다.

셋째, 전환적 접근법(transformative approach)이다. 교육과정은 다른 집단과 관련된 주제와 개념들을 통해 변화된다. 영유아들로 하여금 여러 민족적 관점에서 사건들이나 개념, 주제, 문제들을 살펴보게 한다.

넷째, 사회 참여적 접근법(social action approach)이다. 다양성과 관련된 사회적 문제들의 변화를 영유아들이 이해하고 받아들일 수 있도록 교육 내용을 일상생활에 적용해 본다.

(2) 슬리터와 그랜트(Sleeter & Grant, 1994)의 다문화교육의 접근 특성

슬리터와 그랜트(Sleeter & Grant, 1994)에 의해 발전된 교육과정 모델은 그들의 확장적이고 계속적인 다문화교육에 대한 연구의 산물이다. 슬리터와 그랜트의 연구는 교육자와 사회과학자로서 자신들의 다양한 K-12학년에서 다루어지는 다문화적 교육과정에 대한 확장적 분석에 기초한다. 이 모델은 인종, 계층, 능력차, 성 등의 사회적 다양성에 대한 문제로 구성되었다. 슬리터와 그랜트가 제시하는 5가지 다문화적 접근은 다음과 같다.

첫째, 예외적이고 문화적으로 다른 것에 대한 교수(teaching the exceptional and the culturally different) 접근이다. 즉, 인종, 능력차, 성, 경제 수준이 다른 영유아들이 요구하는 것에 반응한다.

둘째, 인간관계(human relations)적 접근이다. 영유아들은 인종, 성, 계층, 민족에 관계없이 서로 존중해야 함을 배우고, 영유아들이 공동체의식과 사회의 다양성을 이해함으로써 인간에 대해 긍정적인 감정을 갖도록 한다.

셋째, 특정한 단일집단을 연구(single-group studies)하는 접근이다. 특정한 문화적 집단의 관점과 기여에 기초하여 그 문화의 중요성을 인식하게 한다.

넷째, 다문화교육(multicultural education)적 접근이다. 문화적 다원론의 중요성과 가치를 지지하기 위한 '문화적 민주주의' 접근으로, 편견과 차별을 줄이고 공평한 기회와 사회적 정의를 제공한다.

다섯째, 다문화 · 사회 개혁주의자 교육(education that is multicutural and social reconstructionist)적 접근이다. 사회 개혁주의자 교육은 사회와 문화적 다양성을 지지하고 사회 구조적 불평등에 도전할 수 있도록 영유아들을 준비시키기 위한 접근이다.

4) 영유아 프로그램 개발 시 고려되어야 할 다문화교육

다문화 사회를 이루고 있는 이 시대는 생활양식과 가치관이 매우 다양한 시대로서 정보를 통해 세계와의 접촉이 불가피하고 개인의 개성도 함께 강조되는 시대이다. 우리나라는 오랜 세월 단일민족국가로 단일문화 체제를 유지해 오면서 새로움이나 다름을 가치 있는 것으로 인정하지 않는 농경 · 유교문화적 특성을 지니고 있었다. 그러나 산업화, 정보화, 세계화로 단일문화 체제만을 고집할 수 없는 사회가 되면서 다원가치 체제로 변화되었다.

최근 한국 사회는 유례없이 빠른 속도로 다문화 사회로 진입하고 있다. 2015년 다문화 가구 실태조사 결과 전체 다문화 가족은 278,036명이며, 지속적으로 증가하는 추세에 있고 유형도 점차 다양해져 간다(이정금, 2018). 다문화 가족의 자녀 15만여 명 중 62%를 차지하는 취학 전 영유아 9만 3천여 명의 생애 초기 발달은 유아의 이후 성장 경로에의 누적성을 고려할 때 다문화교육의 중요성이 매우 크다(육아정책연구소, 2011).

초저출산의 국가적 위기 상황에서 다문화 가족의 증가와 외국인의 지속적인 유입은 우리에게 도전과 함께 미래사회 대응에의 기회를 제공하고 있다. 정부는 다문화 가족 구성원이 안정적인 가족생활을 영위하며, 어린 자녀가 우리나라의 미래 인적자원으로 건강하게 성장, 발달해 갈 수 있도록 다양한 법체계와 전달체계를 통해 지원 서비스의 확장을 도모해 왔다. 예를 들면, 정부의 다문화 가족 지원정책 현황은 「제1차 외국인정책 기본계획」과 「다문화 가족 지원정책 기본계획」을 근간으로 이루어지며, 중앙정부와 지방정부, 그리고 민간 차원에서 다양한 다문화 가족 지원사업이 시행되었다. 다문화 가족 지원정책 중 영유아 발달 지원정책과 사업은 생활 지원사업, 언어 인지 학습 발달 지원사업, 사회성 정서발달 지원사업, 신체발달 건강지원사업, 기타 사업 등으로 나누어져 시행되고 있다. 기타 사업은 사회 서비스에 대한 전자바우처 제도로, 다문화 가족 영유아가 이용할 수 있는 서비스로는 아동 인지능력 향상 서비스, 발달 지원 서비스, 정서발달 지원 서비스, 문제행동아동 조기개입 서비스, 인터넷 게임중독 치료 서비스 등이 있다(육아정책개발센터, 2008). 그럼에도 불구하고 다문화적 관점에서 교육정책 추진 과정에서 문제점이 지적되고 있다.

첫째, 다문화교육에 대한 이해 부족으로 다문화 가정 자녀들만을 대상으로 다문화교육을 실시하고 있다는 점이다.

둘째, 부처 간 소통의 부재로 정부의 일관성 있는 다문화정책 방향을 찾아보기 힘들다는 점이다.

셋째, 일방적인 한국문화 주입과 강요로 이주민의 언어와 문화를 인정하지 않는 오류를 범하고 있다.

넷째, 관련기관 협력 부재와 사회관계망 부족으로 다문화교육정책이 중복되거나 일관성이 없으며 이들 부처 간 입장 차이로 인해 서로 협력이 잘 되지 않는다는 점이다(성상환, 2010).

이러한 문제점을 보완하여 다문화 가정 자녀들의 긍정적인 사회적 인식과 사회적응을 위한 미래 다문화교육정책 방향을 제시하면 다음과 같다(이정금, 2018).

첫째, 동화주의로 진행되었던 다문화교육을 다문화주의로 전환하여야 한다. 다문화 가정 자녀들에게 한국어와 한국문화를 강요하는 동화정책에서 시야를 넓혀, 모든 학생에게 다문화를 이해하고 수용할 수 있는 프로그램을 개발하여 실시할 필요가 있다.

둘째, 상호 문화다양성을 인정하는 다문화교육을 실시해야 한다. 그동안 다문화교육정책은 다문화 가정 학생들의 언어지체 문제와 학교부적응, 학업부진만을 고려한 정책을 실시하였다. 모든 학생이 다문화교육을 받아야 한다면 교과과정에 다문화 관련 교과를 신설하는 것을 검토해야 할 것이다.

셋째, 중앙컨트롤 시스템과 사회관계망을 개선해야 한다. 다문화교육정책을 실시하고 있는 관계부처들의 특성에 따라 다양한 다문화교육정책이 실시되고 있는데 그러다 보니 정부의 정책 방향의 초점이 흐려지고 있어 부처 간의 소통의 부재로 정책의 일관성이 결여되고 있다. 따라서 중앙에서 시스템과 사회관계망을 관리 감독하는 것이 필요하다.

<의견 나누기>

1. 뇌 기반 학습 과학의 연구 결과가 영유아를 위한 프로그램 개발 및 적용에 주는 시사점이 무엇인지에 대해 이야기해 보시오.
2. 다문화교육은 왜 필요한지 이야기해 보시오.

CHAPTER

3

국내외 영유아 프로그램에 대한 이해

1. 프로젝트 접근법

프로젝트 접근법은 듀이의 진보주의 교육의 영향으로 본격적으로 알려지게 되었다. 듀이(John Dewey)는 대부분의 영유아들은 진정으로 흥미를 갖는 대상이나 주제가 있으면 집중적으로 탐구하고 스스로 문제를 해결할 수 있다고 주장하였다. 또한 전통적인 방식의 교육적 접근보다는 영유아들이 흥미를 갖는 어떠한 문제를 서로 연계하여 탐구할 때 좀 더 잘 배우고 발달할 수 있다고 보았다. 이와 같은 측면에서 통합적 접근법을 중요하게 생각하는 유아교육학자들(신은수, 1991; Gatze, 1991; Elliott, 1998; Robinson & Spodek, 1965; Spodek, 1994; NAEYC, 1991)은 이상적인 통합적 접근의 하나로 프로젝트 접근법을 제안하고 있다.

프로젝트 접근법(project approach)은 영유아가 흥미를 가지는 주제에 대한 핵심 개념(key concept) 또는 핵심 아이디어(key ideas)에 기초하여 영유아가 능동적으로 프로젝트를 수행하는 접근이다. 유아교육학자인 엘킨트(Elkind, 1988)는 과학, 사회, 역사 등과 같은 학문에서 다루어지는 내용과 개념들을 영유아들에게 가르쳐야 한다고 주장하면서, 영유아들을 가장 잘 교육할 수 있는 방법이 '프로젝트를 통한 접근법'이라고 제안하고 있다. 또한 캐츠와 차드(Katz & Chard, 1989)는 교사주도의 체계적인 학문 중심의 교수법과 영유아의 흥미에만 의존하는 놀이중심의 전통적인 유아교육 접근법이 모든 영유아들의 정신(mind)을 몰입시키는 데 실패하고 있다고 비판하면서, 생활 주제나 프로젝트를 중심으로 한 교육과정을 구체적으로 제시하였다. 이에 따라 점차적으로 유아교육에 대한 프로젝트 접근법에 관심이 높아지면서 프로젝트 접근에 기초한 프로그램을 유아교육현장에 적용하려는 시도가 많아졌다(이기숙, 1996; 이연섭, 1995;Weber, 1990).

프로젝트에 기초한 접근법은 사실 1920년대와 1930년대의 존 듀이(John Dewey)와 킬패트릭(W. H. Kilpatrick)에 의해 급성장을 보였던 진보주의 철학에서 이미 강조되었던 것인데, 1960년대에 영국의 프로젝트와 영유아들이 관심 갖는 주제를 중심으로 한 접근 방법이 널리 알려지면서 현대에 이르러 유아교육에 적용하여 체계화되고,

재조직되었다. 프로젝트에 기초한 접근법은 그동안 유아교육자들이 꾸준히 강조해 온 영유아중심의 통합적 접근으로서, 가장 큰 장점은 영유아들에게 문제해결의 상황을 제공해 주고, 창의력 신장을 위한 기회를 제공해 주며, 유아교육자들과 부모들이 중요시하는 언어와 수학과 과학교육이 영유아의 흥미와 자연스러운 상황 속에서 이루어지도록 해 준다는 것에 있다.

1) 프로젝트 접근법의 개념 및 목적

(1) 프로젝트 접근법의 개념

프로젝트 접근법(project approach)이란 유아가 흥미를 갖고 있는 하나의 주제에 대한 심층적인 연구로서, 영유아가 개별적으로 또는 집단으로 어떤 주제에 대해 깊이 있게 탐구하면서 활동을 책임지고 진행하는 것을 말한다(Katz & Chard, 1989). 즉, 프로젝트 접근법은 영유아들에게 가치 있는 특정 주제를 영유아 개인이나 집단의 영유아들이 관심을 가지고, 깊이 있게 탐색하고 연구하는 것을 의미한다.

(2) 프로젝트 접근법의 목적

프로젝트 접근법의 주요 목적은 탐구할 가치가 있는 주제에 영유아의 정신(mind)을 몰입하게 함으로써 영유아의 심성을 계발하는 것에 있다. 이와 같은 주요 목적을 달성하기 위해 캐츠와 차드(Katz & Chard, 1989)가 제시한 프로젝트 접근법의 구체적인 목적을 제시하면 다음과 같다.

첫째, 영유아가 주변 세계를 이해하도록 돕고, 긍정적인 학습 성향을 발전시킨다.

둘째, 기존의 체계적인 교수 방법이나 자발적인 놀이중심의 교수 방법을 통해 학습한 내용을 프로젝트 활동을 통해 보완하고 강화한다.

셋째, 영유아의 삶이 분리되지 않도록 실제 생활과 연결시킨다.

넷째, 집단에 대한 소속감과 협동 정신의 발달을 돕는다.

다섯째, 교사로 하여금 자신감을 가지고 자신의 일을 수행할 수 있도록 한다.

2) 프로젝트 주제의 선정과 계획

영유아가 탐구할 프로젝트 주제는 일반적으로 교사에 의해 주로 선정되지만, 때로는 영유아가 흥미를 갖는 주제를 제안하여 선정하기도 한다. 또한 프로젝트 주제가 무엇이냐에 따라 프로젝트의 기간과 규모 등이 다양할 수 있다. 소집단 프로젝트나 영유아들의 흥미와 호기심에 의해 우발적으로 생겨난 개별 프로젝트는 교사의 사전 계획이 반드시 필요한 것은 아니지만, 전체 영유아 대상의 프로젝트의 경우 교사의 활동 계획은 필수적이다(김혜선, 1996; 지옥정, 1996, 1997; Zetlin, 1997).

영유아가 탐구할 프로젝트를 어떤 주제로 선정할 것인가를 결정할 때 교사는 다음과 같은 몇 가지 준거를 참고하여 선정할 수 있다(Chard, 1992; Katz, 1991; Williams, 1997).

- 영유아의 일상생활과 친숙한 주제
  예) 우리 동네
- 주제와 관련된 실물이나 현장 견학, 도움을 받을 수 있는 전문가 등의 요소가 용이한 주제
  예) 환경과 생활
- 영유아들 간의 협동의 기회를 제공해 주는 주제
  예) 우리나라
- 여러 교과 영역이나 학문 영역을 통합적으로 다룰 수 있는 주제
  예) 봄, 여름, 가을, 겨울
- 탐구 활동과 조사 활동의 기회를 충분히 제공해 주는 주제
  예) 동 · 식물과 자연
- 문제해결의 기회를 제공해 주는 주제
  예) 생활도구
- 유아교육기관 밖에서 정보의 자원을 찾을 수 있는 주제
  예) 우리나라
- 부모와의 의사소통을 촉진하는 주제
  예) 나와 가족

이상에서 제시한 프로젝트 선정 준거에 의해 프로젝트 주제를 선정할 때, 일차적으로는 대다수의 영유아가 흥미를 보이는 주제를 선정하는 것이 바람직하며, 선정된 주제에 대하여 영유아의 아이디어와 교사의 아이디어를 중심으로 프로젝트 활동들을 계획하고 전개하는 방향으로 나아갈 필요가 있다. 또한 프로젝트 접근의 활동들은 기존에 시행되고 있는 누리과정과도 서로 연계하여 시행할 수 있으며, 자유선택활동 시 활동 영역의 한 부분으로 포함시켜 진행할 수도 있고, 교사가 사전에 계획한 내용과 통합하여 전체 교육과정 안에 포함시켜 진행할 수도 있다(Roopanarine & Johnson, 1993). 예를 들면, 프로젝트 주제들은 누리과정 지도서의 주제들이 될 수도 있고, 앞에서 제시한 주제 선정의 기본적인 준거에 기초하여 교사가 선정한 주제와 영유아의 흥미에 따라 영유아들이 직접 제안한 주제도 모두 포함할 수 있다. 전체 영유아가 한 가지 주제에 대한 프로젝트에 참여하여 활동을 진행하기도 하고, 때로는 어떤 생활 주제가 진행되고 있는 과정에서 몇 명의 영유아들의 관심사에 의해 다른 소주제의 계획이 시작되어 활동을 진행할 수도 있다. 이런 경우에는 모든 영유아가 진행되고 있는 프로젝트 주제에 반드시 참여하여 활동을 수행하도록 할 필요는 없으며, 영유아의 흥미와 요구를 고려하여 교사가 적절히 조정하는 것이 필요하다(Diffily, 1996).

3) 프로젝트의 전개

(1) 프로젝트 준비 단계

가. 예비 주제 개념망 구성하기

프로젝트의 주제를 선정하고 난 후 교사는 주제에 대한 예비 주제 개념망을 미리 구성해 보아야 한다. 주제 개념망의 구성은 교사가 그 주제에 대하여 가지고 있는 일반적인 지식을 기초로 영유아들에게 적합한 주제에 대한 개념이나 아이디어를 망(concept web)의 형태로 미리 조직해 보는 것을 말한다(Katz & Chard, 1989).

나. 예비 통합 활동망 구성하기

예비 통합 활동망은 예비 주제 개념망 구성이 이루어진 다음 개념과 관련된 활동을 교과 영역별로 선정하여 구성하는 것으로, 교사는 주제에 대한 개념 형성을 도울 수 있는 언어, 수학, 과학, 미술, 음악, 동작, 극놀이 등의 교과 영역을 통합하여 다룰 수 있는 활동을 망(web)의 형태로 계획하고 구성한다. 통합 활동망을 구성하는 과정은 주제가 엉뚱한 방향으로 흐를 수 있는 소지를 줄여 주고, 영유아의 학습 목적을 좀 더 구체적으로 반영할 수 있도록 도움을 준다. 그러나 이것은 어디까지나 계획에 지나지 않으며, 프로젝트 시작 단계에서 영유아와 개념에 대한 현재적 발달 수준과 흥미에 따라 충분히 조절될 수 있다(Katz & Chard, 1989).

다. 자원 조사 및 점검하기

프로젝트 주제가 선정된 후 교사는 주제와 관련된 필요한 자원을 조사하고 점검하여야 한다. 주제와 관련된 자료가 유아교육기관에 있는지 조사하고, 필요한 도서와 비디오 및 오디오, CD 및 DVD 자료, 실물자료, 현장 견학 등에 대해 점검한 후 관련된 자료들을 준비하여야 한다. 유아교육기관에 필요한 자원이 없을 경우 부모와 지역사회에 협력을 요청할 수 있다.

(2) 프로젝트 진행 단계

프로젝트는 시작, 전개, 종료의 3단계로 진행되는데, 각 단계는 그 자체로 매우 중요하다. 각 단계마다 교사는 영유아의 학습을 위해 특별한 관심을 가지고 필요에 따라 적극적 지원을 제공해야 한다. 프로젝트의 각 단계에서 교사와 영유아들의 기대감이 만족되었을 때 프로젝트는 그 다음 단계로 넘어가며, 이 과정은 프로젝트 활동이 종료될 때까지 계속된다고 볼 수 있다(Chard, 1994).

가. 프로젝트 도입 및 시작

교사는 선택된 프로젝트 주제에 대해 개별 영유아들이 어느 정도의 사전지식과 개념을 알고 있는지, 주제와 관련지어 어느 정도의 직접적인 경험을 하였는지에 대해 관심을 가지고 사전 평가를 한 후 프로젝트를 진행해야 한다. 이를 위해 영유아들과 함께 자유롭게 이야기를 나누면서 영유아들이 경험한 이야기를 자연스럽게 이끌어내고, 영유아가 이미 알고 있는 개념이나 새로운 아이디어에 대해 이야기를 나누도록 안내한다. 또한 영유아들이 주제와 관련지어 자신이 경험한 것과 이해하고 있는 것을 그림으로 그리도록 격려하고, 글로 써 보도록 하며, 다른 영유아들과 경험을 공유함으로써 프로젝트 주제에 대해 학급 전체 영유아가 어느 정도나 이해하는지를 인식할 수 있도록 접근해야 한다. 그러므로 프로젝트 시작 단계에서는 프로젝트 주제에 대해 영유아들이 알고 싶은 질문 사항의 목록을 작성하여 영유아들이 궁금해하는 질문을 능동적으로 탐구할 수 있도록 안내하는 것이 매우 중요하다.

① 영유아의 이전 경험 나누기

프로젝트를 시작하기 전에 교사가 영유아의 이전 경험을 알게 되면 현재 영유아가 그 주제에 대해 알고 있는 수준을 알아낼 수 있다. 교사는 영유아의 이전 경험을 중심으로 그 다음 활동의 수준과 내용을 구성할 수 있기 때문이다(Inagaki, 1992). 그러므로 교사는 영유아가 알고 있는 이전 경험이나 사전 지식의 정도를 평가하기 위해 개별 영유아들의 이전 경험을 주제 개념망의 형식으로 표상하기, 영유아가 이미 알고 있는 것을 그림으로 표상하기와 같은 활동을 격려할 필요가 있다.

② 교사와 영유아의 공동 주제 개념망 작성하기

교사가 미리 작성한 예비 주제 개념망을 소집단 또는 대집단 영유아들과의 이야기 나누기 과정을 통해 영유아들의 생각과 교사의 아이디어를 통합·조정하여 공동으로 주제 개념망을 구성한다. 이렇게 구성된 주제 개념망은 그 주제가 이루어지는 동안 학습 내용에 대한 전체적인 안내 역할을 하며, 새로운 학습의 내용도 추가될 수 있다.

③ 영유아들의 궁금한 질문 목록 작성하기

프로젝트 접근에 기초한 프로그램을 운영하는 데 있어서 교사는 주제와 관련된 궁금한 내용을 영유아들이 이야기하도록 안내하고, 관련 내용을 목록으로 작성하여 궁금한 점에 대해 토의하거나 조사할 수 있도록 안내할 필요가 있다. 영유아들이 궁금해하며 알고 싶은 것을 드러내도록 도와주는 것은 영유아의 잠재적 발달 수준을 파악하여 교수-학습 활동을 검토하고 조정하는 데 도움이 되기 때문이다.

영유아들이 궁금한 질문 목록을 작성하는 방법은 교실 벽면에 전지를 붙여서 직접 궁금한 질문을 써 보거나, 교실에 커다란 화이트보드가 있으면 그 위에 써 보도록 안내할 수 있다. 또한 영유아들이 작성한 궁금한 질문 목록 내용에 수시로 질문 내용을 추가할 수도 있고, 또는 비치된 상자 속에 궁금한 질문 내용을 적어 넣은 후 영유아들이 궁금해하는 질문들을 놓고 함께 검토하고 토의하는 방법을 사용할 수도 있다.

나. 프로젝트의 전개

프로젝트의 전개 단계는 프로젝트 주제와 관련된 현장 조사에 대한 계획을 수립하고, 주제와 관련된 전문가를 유아교육기관에 초청하여 영유아들과 이야기를 나누도록 하는 활동이 주요 내용을 이룬다. 여기서 교사의 관심은 영유아들이 새로운 경험을 할 수 있도록 준비하는 일과 필요한 자원들을 수집하는 일이다. 또한 이 단계에서 이루어지는 주된 활동은 주제와 관련된 토의 및 조사 활동, 현장 견학 활동, 전문가의 방문을 통한 지원 활동, 표현 및 구성 활동, 극놀이 활동 등이다. 이와 같은 프로젝트 활동 내용을 간략하게 제시하면 다음과 같다.

① 토의 및 조사 활동

프로젝트 접근에서는 토의를 통해 주제에 대해 관심을 가지고 있는 영유아들이 서로의 생각을 교환하며 공감대를 형성하고, 궁금한 것을 중심으로 다양한 도구나 책을 이용하여 조사하고, 실제 현장 견학이나 책, 인터넷 등을 통해 조사할 수 있다. 토의 및 조사 활동의 주요 목적은 관련된 내용 중 궁금한 점이나 반드시 알아야 할 지식을 중심으로 능동적인 전략과 수동적인 전략을 이용하여 정보와 아이디어를 얻는 것에 있다. 이와 같은 전략의 예를 제시하면 다음과 같다.

- 능동적인 전략 : 질문하기, 평가하기, 실험하기, 물건 조작하기 등
- 수동적인 전략 : 관찰하기, 읽기, 듣기, 실험 지켜보기 등

② 현장 견학 활동

프로젝트 접근 프로그램에서 현장 견학 활동은 영유아들이 주제와 관련된 현장을 직접 방문하거나 야외 학습을 나가서 궁금한 내용을 직접적으로 조사하고 탐구하는 활동이라고 볼 수 있다. 이와 같은 현장 견학 활동은 영유아들이 탐구하고 있는 주제와 관련된 내용을 보다 실제적이고 직접적으로 경험하고, 실제 대상과 과정에 대한 조사를 실시하며, 준비된 질문 사항들에 대한 답을 찾거나 새로운 질문을 제기할 수 있어 영유아들이 더 능동적으로 지식을 구성하는 데 효과적이라 할 수 있다.

- 현장 견학 전 활동 : 영유아들과 함께 현장 견학을 가기 위해서는 미리 준비할 사항이 있다. 교사는 영유아들이 보고자 하는 것은 무엇이며, 어떠한 질문을 할 것이며, 무엇을 조사할 것인지, 누구를 상대로 이야기할 것인지, 교실로 가지고 올 것은 무엇인지를 생각해야 한다. 그리고 교사는 현장 견학을 가기 전에 영유아들과 함께 현장 견학을 갈 장소와 견학을 가서 할 일 등에 대해 이야기를 나누고 기록할 필요가 있다.
- 현장 견학 활동 : 영유아들과 함께 현장 견학을 가면 프로젝트 주제와 관계가 있는 물건이나 현상, 과정들을 영유아들이 직접 탐색하고 확인할 수 있도록 안내한다. 현장 견학 장소에 따라 차이가 있겠으나, 현장 견학 전에 이야기를 나누었던 내용을 토대로 미리 준비해 두었던 질문이나 내용을 조사하고, 영유아들이 발견한 것이나 관찰한 내용을 그림으로 그리거나 글로 써서 메모해 올

수 있다. 교사는 현장 견학 시 영유아들이 충분히 탐색하고, 조사하고, 질문할 수 있도록 격려해야 한다.

- 현장 견학 후 활동 : 현장 견학을 마치고 유아교육기관에 돌아와서는 견학한 내용과 결과에 대해 함께 토의해 보도록 안내한다. 현장에서 어떤 것을 보았는지, 누구와 이야기를 나누었는지, 보고 배운 것은 무엇인지에 대해 재확인을 하고, 현장에서 가져온 자료나 정보는 조사 활동이나 구성 활동의 기초자료로 활용한다.

③ 전문가의 방문을 통한 지원 활동

프로젝트 접근에 기초한 프로그램을 운영할 때 중요한 활동의 하나는 전문가의 방문을 통한 지원 활동이다. 전문가란 어떤 분야에서 풍부한 지식을 가지고 있으면서 직접적인 경험을 많이 한 사람으로, 프로젝트 접근에 기초한 프로그램에서는 영유아들이 궁금해하는 사건이나 현상 등에 대해 구체적으로 안내하고 사례를 보여줄 수 있는 사람을 의미한다. 교사는 이러한 전문가를 교실에 초대하여 영유아들과 이야기를 나눌 시간을 갖고, 영유아들의 질문에 답하고 함께 활동할 수 있도록 계획할 수 있다. 특히 부모 중에 주제와 관련된 전문가가 있는지 사전에 미리 점검하고 부모의 협력을 구하여 전문가의 지원 활동이 이루어질 수 있다.

④ 표현 및 구성 활동

견학이나 야외학습, 전문가의 방문 활동을 기초로 영유아들은 주제에 대한 자신의 경험과 지식을 다양한 표현 유형을 통하여 표상할 수 있다. 대표적인 활동 유형은 언어적 표현 활동, 미술 표현 활동, 수학적 표현 활동, 신체 표현 활동이며, 주제에 따라서는 과학적 표현 활동이 이루어지기도 한다. 특히 경험을 공유하는 차원에서 교사도 현장 경험이나 주제와 관련된 표현 활동 및 구성 활동을 적극적으로 지원하고 격려할 필요가 있다. 예를 들면, 영유아가 자신의 생각을 글로 써 보거나, 동시나 동화를 구상해 보도록 안내하거나, 다양한 방법과 재료를 이용하여 그림으로 그려 보고, 만들어 보는 활동이 이루어질 수 있다. 이 외에도 프로젝트 주제에 따라 분류하기, 측정하기, 조사하여 그래프 만들기 등과 같은 수학적 표현 활동도 가능하며, 영유아가 경험한 것을 자신의 신체로 표현하는 활동 등이 가능하다.

⑤ 극놀이 활동

극놀이 활동은 프로젝트 주제와 관련된 역할을 영유아들이 직접 해 보는 것을 의미하는데, 영유아가 어릴수록 프로젝트의 활동은 극놀이가 중심이 된다. 극놀이 활동을 할 때 교사는 영유아의 연령을 고려하여 안내할 필요가 있다. 가령 3~4세 영유아의 경우는 극놀이 소품이나 내용 준비 등에 교사가 직접적으로 도움을 주고, 5~6세 영유아의 경우는 극놀이에 다양한 변화가 일어나도록 안내하며, 영유아들이 자발적으로 극놀이의 순서나 주요 사항을 토의하여 계획해 볼 수 있도록 안내한다.

다. 프로젝트 마무리 단계

프로젝트 전개 단계에서 이루어졌던 활동들이 끝나면 교사와 영유아가 다 같이 모여 프로젝트를 마무리하는 행사(culminating event)를 통해 그동안 이루어졌던 활동들을 되돌아보며 새롭게 알게 된 내용과 재미있었던 점, 힘들었던 점 등에 대해 이야기를 나누고 의견을 교환한다. 이와 같은 프로젝트 마무리 활동은 영유아들과 함께 몇 주 동안 진행되어 온 프로젝트의 내용을 재검토하고 평가할 수 있는 좋은 기회를 제공해 준다(Chard, 1994). 또한 3~4세 영유아의 경우 자신들이 만든 구조물을 이용하여 극놀이를 할 기회를 제공할 수 있고, 5세 영유아의 경우는 극놀이뿐만 아니라 전시회와 같은 더 확장된 활동이 이루어질 수 있다.

교사는 영유아들과 함께 프로젝트 전 과정을 회상하고 마무리를 한 후 프로젝트 활동 결과물을 전시한다. 프로젝트 결과물에 대한 전시는 영유아 개인뿐만 아니라 전체 영유아들의 발달적 진보를 확인하는 데 도움을 주며, 다음에 이루어지는 프로젝트와의 연계에도 도움을 줄 수 있기 때문이다. 또한 프로젝트 마무리 토의를 통하여 그동안 이루어진 활동의 과정과 결과에 대해 의견 나누기를 한다.

프로젝트 활동들이 모두 완성되면 영유아들이 주제에 대해 충분히 이해한 것으로 기대할 수 있으며, 교사는 영유아들의 프로젝트 활동 결과물을 수집하여 개인별 프로젝트 파일에 보관하고, 추후 영유아의 발달적 성취와 진보를 위한 평가자료로도 활용한다.

① 마무리 토의 및 평가

한 가지 주제에 대한 프로젝트 활동들이 마무리되면 영유아들은 그동안의 과정과 재미있었던 일, 부족했던 부분 등에 대해 토의하고 함께 결론을 내릴 수 있다. 또한 프로젝트 과정에서 영유아들이 체험한 내용을 정리하고 재미있었던 점이나 힘들었던 점 등에 대해 마무리 토의를 하며 평가한다. 더불어 새로운 프로젝트에 대한 제의나 개별 프로젝트로 연결될 수 있는 가능성도 염두에 두고 평가한다.

② 프로젝트 결과물의 전시

교사는 게시판이나 교실 벽면을 이용하여 프로젝트 주제와 관련된 정보, 영유아의 작품, 영유아들이 수집한 물건, 작업에 필요한 자료들을 전시할 수 있다. 전시는 프로젝트 접근에서 중시하는 활동의 하나로, 영유아가 활동을 할 때 교사로부터 좀 더 독립성을 갖게 한다. 또한 교사가 교실 전체를 더 많이 돌아볼 수 있도록 하며 모든 영유아의 활동을 관찰하고 격려할 수 있게 돕는다(Katz & Chard, 1989).

4) 프로젝트 접근법에서의 평가

프로젝트 접근법에서는 일반적으로 유아교육기관에서 많이 이루어지는 체계적 교수(systematic instruction)와는 다른 관점에서 평가의 기회를 제공한다. 체계적 교수는 기능(skill)의 획득을 목적으로 하기 때문에 교사가 영유아의 활동을 지시하고 영유아의 부족한 측면에 초점을 맞추게 되어 결과적으로 영유아가 기술을 어떻게 획득해 가는지, 학습의 어려움이 어떤지 등에 대해서만 평가를 한다. 이에 비해 프로젝트 접근법에서 교사는 영유아가 독립적 수준에서 활동을 할 때 영유아가 현재적 수준에서 자신의 기술과 능력을 얼마나 효과적으로 적용하고 있는지를 평가할 수 있다. 프로젝트 접근법에서 교사는 다음과 같은 질문들을 통해 영유아를 평가할 수 있다(Chard, 1994).

- 영유아는 자신이 가지고 있는 기술을 얼마나 잘 적용하고 있는가?
- 영유아가 그 기술을 사용하기에 적합한 때를 알고 있는가?
- 프로젝트 활동에 대해 영유아들은 어떻게 접근하는가?
- 영유아가 프로젝트에 대해 어느 정도 깊이 이해하고 있는가?
- 프로젝트 과정에서 영유아가 직면한 문제를 해결하기 위해 폭넓게 생각하고 대처하는가?
- 영유아가 공동의 목적을 추구하기 위해 다른 사람들과 얼마나 잘 협동하는가?

프로젝트 접근법에서 평가는 초기의 아이디어 단계에서부터 최종 결과물에 대한 부분까지 지속적으로 연계되어 이루어진다. 또한 프로젝트 진행 상황에 대한 것은 모두 기록될 수 있으며, 기록한 것을 보관하는 것도 매우 중요하다. 왜냐하면 평가에 대한 기록은 개별 영유아가 프로젝트를 수행해 가면서 어떻게 진보하고 있는가를 보여주기 때문이다. 교사는 프로젝트 과정을 지속적으로 기록하여 영유아가 유사한 활동을 몇 주, 또는 몇 달 간격으로 수행했는지의 정도를 비교해 봄으로써 어떤 측면의 기술과 지식이 적용되고 구성되어 가는지에 대해 정보를 얻을 수 있으며, 더불어 영유아에게 더 발달되어야 할 기술과 지식이 무엇인지에 대한 유용한 아이디어도 얻을 수 있다.

프로젝트 활동의 결과는 하나의 구체적인 최종 결과물로 나타나게 되며, 다시 최종 결과물은 활동이 완료된 시점에서 영유아가 무엇을 얼마나 성취했는가를 드러내 준다. 따라서 프로젝트 활동들 가운데 평가자료로 적합한 표본(sample)을 선정하여 영유아 개인별 포트폴리오 속에 잘 보관해 두어야 한다. 이를 위해서 교사는 프로젝트가 진행되는 동안 수행된 모든 활동과 영유아가 활동을 완료한 날짜들을 정확히 기록해 두어야 한다. 그 이유는 교사가 기록화(documentation)를 통하여 영유아의 학습과정을 부모에게 보여줄 수 있고, 발달에 적절한 교수가 언제 일어나는지도 보여줄 수 있기 때문이다. 또한 프로젝트 활동 결과의 자료는 부모와의 상담과정에서도 자연스럽게 사용될 수 있으며, 이후 영유아의 교육을 담당하게 될 다른 교사에게도 기록을 넘겨줌으로써 교육 효과를 극대화할 수 있다.

프로젝트의 전 과정에서 교사는 평가를 위해 영유아의 발달을 관찰하고 정보를 수집하여 기록하는 유형으로 발달적 체크리스트와 일화기록의 방법을 사용할 수 있다. 체크리스트를 일화기록 및 작업 표본과 조화롭게 잘 사용한다면 영유아에게 중요한 지식과 기술을 평가하는 데 매우 도움이 될 수 있다.

평가를 위해 사용되는 영유아의 작품 수집은 좀 더 체계적인 포트폴리오를 활용하여 영유아 평가에 활용한다. 포트폴리오(portfolio)는 정보를 수집하고 종합하여 해석하는 총체적 평가 방법으로 프로젝트 전 과정에 대한 평가에 유용하다. 영유아가 프로젝트 과정에서 완성한 그림, 그래프 자료, 동시나 쓰기 샘플 등의 작품과 프로젝트 과정에 대한 사진 등을 포트폴리오에 넣은 후 교사가 간단히 설명을 달아서 학습과 발달의 진전을 평가할 수 있다(안경숙 외, 2006). 그러나 포트폴리오가 영유아의 프로젝트 수행 과정과 결과를 평가할 수 있는 진정한 의미의 기록이 되려면 영유아 작품의 단순한 수집에서 더 나아가 작품이 지니는 사회적 맥락이나 활동 진행 과정, 영유아의 의도, 교사의 판단 등이 기록되어야 한다.

5) 교사와 부모의 역할

프로젝트 접근에서는 교사뿐만 아니라 부모의 역할도 중요하다. 교사는 영유아의 흥미를 유발시켜 프로젝트에 관심을 가지고 다양한 활동을 통해 주제를 깊이 있게 다룰 수 있도록 돕는 적극적인 역할을 담당한다. 프로젝트 활동 시 교사는 여러 가지 전략을 사용하여 영유아의 프로젝트 활동을 지원하고(Katz & Chard, 1989), 영유아의 사전 개념 및 지식에 대한 평가 결과를 비교함으로써 영유아의 발달적 성취와 진보를 평가할 수 있다. 이와 같은 측면에서 교사와 부모의 역할을 제시하면 다음과 같다.

첫째, 영유아의 흥미를 유발시켜 프로젝트에 착수하도록 돕는다. 영유아의 발달과 흥미를 고려한 주제를 선정하고, 주제에 대한 사전 개념망을 계획하며, 개념을 고려한 통합 활동망을 구성한 후 필요한 자원을 조사하여 준비한다.

둘째, 영유아의 지식과 이해를 확장시키고 깊이 있게 학습하도록 다양한 학습 활동에 필요한 자료를 수집하여 적절한 시기에 제공한다.

셋째, 영유아들의 토의 및 조사 활동, 표현 및 구성 활동, 극놀이 활동 등을 격려하며, 이러한 활동에 영유아들이 여러 가지 기술을 사용하도록 돕는다.

넷째, 영유아들이 자연스럽게 서로 협동하고, 인정하고, 정보를 나누고, 공유하는 교실 분위기를 형성한다.

다섯째, 영유아들의 활동을 계속적으로 관찰하고, 자료를 수집하고, 결과를 평가하여 영유아 평가에 반영하고, 다음 프로젝트 활동에 대한 참고자료로 이용한다.

프로젝트 접근을 통한 유아교육 프로그램 적용 과정에서의 부모의 역할은 다음과 같다.

첫째, 부모는 교사와의 지속적인 교류를 통해 영유아들의 경험이나 지식 수준 등을 잘 알 수 있기 때문에 프로젝트 과정과 결과에 대한 정보를 지속적으로 제공한다.

둘째, 프로젝트 주제와 관련된 필요한 자원을 제공할 수 있다. 예를 들면, 주제와 관련된 그림책, CD와 DVD, 실물자료 등을 제공해 줄 수 있으며, 주제와 관련된 분야의 전문가를 교실에 초대하여 정보를 제공해 줄 수 있다.

셋째, 교사가 주제와 관련된 과제를 가정으로 보냄으로써 가정에서도 프로젝트 주제와 관련된 활동이 이루어질 수 있다. 부모는 교사가 제공한 과제를 중심으로 영유아와 상호작용하고, 자료를 유아교육기관에 다시 보내 줌으로써 유아교육기관에서 수행하기 어려운 활동에 도움을 줄 수 있다. 예를 들면, '날씨' 주제에 대한 프로젝트 활동이 전개될 때 매일 일기 예보를 듣고, 날씨를 예측하는 활동은 부모의 역할이 꼭 필요한 부분이라고 할 수 있다.

넷째, 프로젝트의 마무리 단계에서는 영유아들의 작품이나 활동 결과를 전시하고, 교실에 부모를 초대하여 영유아와 함께 프로젝트 결과를 공유하고, 영유아와 유아교육기관에 대한 이해와 신뢰를 갖도록 한다.

<의견 나누기>

1. 프로젝트 접근에 대한 실제 운영 사례나 프로젝트 활동 경험에 대한 의견을 나누시오.
2. 프로젝트 접근법과 레지오 에밀리아 접근법은 어떤 차이가 있는지 비교하여 이야기해 보시오.

2. 레지오 에밀리아 접근법

레지오 에밀리아 접근법(Reggio Emilia Approach)은 이탈리아 북부 지역의 레지오 에밀리아 시에서 운영하는 13개의 영 · 유아센터와 22개의 유치원에서 실시되고 있는 영유아교육 프로그램을 총칭하는 용어이다. 이 접근법은 1991년 12월에 미국의 뉴스위크지가 뽑은 세계에서 가장 훌륭한 10개 학교 중 유아교육 분야에 선정되면서 전 세계적으로 알려지기 시작하였다(박은혜, 김희진, 이지현, 2002).

레지오 에밀리아 접근법은 이탈리아의 레지오 에밀리아 시에서 운영하는 영유아 센터 및 유치원에서 함께 공통적으로 추구하는 교육적인 접근을 총칭하는 용어이다. 기존의 유아교육적 접근과는 다른 독특하고 혁신적인 교육적 접근으로 인정받고 있으며, 우리나라에는 1995년 한국 어린이교육협회의 월례회에서 오문자에 의해 처음 소개되었고, 그 이후 레지오 에밀리아 접근법에 관한 번역서와 논문들이 다수 발표되면서 전 세계 유아교육자들의 많은 관심을 받게 되었다.

이처럼 레지오 에밀리아 접근법이 세계적으로 유아교육자들에게 각광받는 이유는 변화하는 역동적인 현대사회에서 학습자인 영유아의 요구를 고려하고, 유아교육학자들의 다양한 이론을 토대로 자신들의 사회문화적 환경에 맞게 교육을 실천하며, 지속적으로 노력하고 탐구하며 끊임없는 변화과정을 거치면서 실천과 더불어 이론적 기반을 확고히 했다는 점에 있다. 레지오 에밀리아 접근법에 기초한 교육이 시작된 시기는 1945년 제2차 세계대전이 끝나던 시기로, 그 당시 전쟁으로 인해 피폐해진 사회를 복구하고 새로운 세계로 변화하고자 하는 요구가 있었다. 레지오 에밀리아 프로그램의 창시자는 로리스 말라구찌(Loris Malaguzzi, 1920~1994)로, 그는 2차 세계대전이 끝난 후 레지오 에밀리아 지역 사람들의 어린이를 위한 유치원을 세우기 위한 노력에 감동을 받고 지역사회 주민들과 힘을 합쳐 1963년에 최초로 2개 학급의 시립유치원을 시작하였다. 그 이후 1970년대 말까지 레지오 에밀리아에는 19개의 영유아학교가 세워졌으며, 그 후 레지오 에밀리아 학교의 업적들이 전 세계적으로 알려지게 되었다. 이후로 레지오 에밀리아 시는 3~6세 유아를 위한 유치원 22개와 0~3세 영아를 위한 13개의 영유아 센터의 운영과 재정을 담당하고 있다(Edwards, Gandini, Forman, 1993).

레지오 에밀리아 접근법은 주로 듀이(John Dewey)의 실용주의 철학과 피아제(Jean Piaget)의 상호작용적 인지이론, 비고츠키(Lev Semyonovich Vygotsky)의 사회문화적 접근, 그리고 가드너(Howard Gardner)의 다중지능이론의 영향을 받았다고 볼 수 있다. 이를 구체적으로 살펴보면 다음과 같다.

듀이의 철학이 레지오 에밀리아에 미친 주요 영향은, 학습의 주체를 영유아로 보았다는 점과 교사는 영유아의 전인 발달이 잘 이루어질 수 있도록 바람직한 방향에서 그들을 적극적으로 지지해 주고, 격려하고, 지원해 주어야 한다는 점에 있다. 듀이는 대다수의 영유아를 자신을 둘러싸고 있는 사회적 환경에서 직접 경험과 사회적 상호작용을 통해 능동적으로 지식을 구성할 수 있는 존재로 본 것이다.

레지오 에밀리아 접근법에 영향을 준 또 다른 학자는 피아제이다. 피아제에 의하면, 영유아들은 성인들의 지도나 가르침에 의해 지식을 구성하는 수동적 존재가 아니라 스스로 지식을 구성하는 적극적이고 능동적인 학습자라는 것이다. 그러므로 영유아는 주변 환경에 대한 호기심을 가지고 끊임없이 탐구하는 능동적 학습자로, 영유아가 어떤 지식을 구성하려면 무엇보다도 주변 환경에서 다양한 사물들을 가지고 놀이하며 직접적 경험을 해야 한다. 이는 영유아들이 주변 환경과 사물과 현상에 흥미를 가지고 놀이를 통해 직접적인 경험을 하였을 때에만 진정한 의미의 지식 구성이 일어나기 때문이다. 영유아가 주변 환경 속에서 사물이나 놀잇감을 직접 가지고 놀이하며, 자신의 흥미와 요구에 의해 능동적으로 다양한 활동에 참여하여 다양한 놀잇감을 가지고 놀이할 때에, 영유아들은 그 가운데서 사물들의 속성을 추상하고 추론하며 사물과 사물의 관계를 정신적으로 이해한다. 그러므로 영유아가 학습의 주체로서 능동적으로 지식을 구성하기 위해서는 주변 환경에서 다양한 사물들과 놀잇감을 손으로 직접 조작하며 노는 활동(hands-on activities)을 할 수 있도록 지원해 주어야 한다.

레지오 에밀리아 접근법에 영향을 미친 또 다른 대표적인 학자라 할 수 있는 비고츠키는, 영유아가 어떠한 개념을 형성하거나 지식을 구성하는 데 있어 근접발달지대(Wone of Proximal Development: ZPD) 내에서 성인과 자신보다 유능한 또래와의 상호작용이 중요하다고 주장하였다. 즉, 교사가 영유아의 능력을 발달시키기 위해서는 비계설정(scaffolding)을 통한 사회적 지원이 중요하다고 보았다. 특히 비고츠키는 언어를 통한 사회적 상호작용을 중시하였는데, 이와 같은 비고츠키의 이론이 레지오 에밀리아의 사회문화적 접근에 영향을 주었다.

가드너(Howard Gardner)의 다중지능이론도 레지오 에밀리아 접근법에서 강조하는 부분과 일부 접점을 가지고 있다. 가드너는 1983년 「정신의 구조(Frame of Mind)」라는 저서를 통해 인간은 누구나 다양한 수준의 지능을 가지고 태어나며 지능의 영역은 고정되는 것이 아니라 다양한 경험을 통해 지속적으로 발달한다고 주장하였다. 이러한 다중지능이론은 레지오 에밀리아 접근에서 강조하는 '영유아들의 수많은 언어'를 활용한 표상 활동의 중요성을 지지해 주는 것이라고 볼 수 있다.

레지오 에밀리아 접근법의 기본 원리와 특징, 목적, 주요 활동 내용을 살펴보면 다음과 같다.

1) 레지오 에밀리아 접근법의 기본 원리

레지오 에밀리아 접근에 기초한 프로그램의 대표적인 기본 원리는 다음과 같다.

첫째, 영유아는 학습과정에서 능동적인 역할을 하는 주인공이다.

둘째, 교육은 영유아와 가족, 지역사회 등의 맥락 안에서 이루어진다.

셋째, 교사는 영유아의 학습을 지원해 주는 파트너이며, 영유아를 안내하는 역할을 수행한다.

넷째, 영유아를 둘러싸고 있는 모든 환경은 영유아의 학습에 중요한 영향을 미치므로 환경이 매우 중요하다.

2) 레지오 에밀리아 접근법의 특징

레지오 에밀리아 접근법의 중요한 특징을 살펴보면 다음과 같다.

첫째, 레지오 에밀리아 접근에 기초한 프로그램의 특징은, 미리 정해진 교육과정을 운영하는 것이 아니라 영유아들의 흥미와 요구를 고려한 발현적 교육과정

(emergent curriculum)으로 운영된다는 점이다. 교사는 일방적으로 교육 목표를 미리 세우고, 목표를 위한 내용을 선정하여 그대로 영유아들에게 가르치지 않는다. 그 대신 영유아와 지속적으로 상호작용하며 주의 깊게 관찰하여 영유아들의 잠재적 능력이 발현되도록 지원한다. 또한 영유아들이 관심을 갖는 주제나 소주제를 프로젝트 형태로 진행해 가는데, 영유아가 직접적으로 경험하고 스스로 문제를 해결해 가면서 나선형적인 전개 방식으로 프로젝트를 진행한다. 주제 전개 방식은 순차적으로 진행하기 보다는 영유아의 흥미에 따라 4명 전후의 소집단 형태로 주제를 탐색하고, 주제와 관련된 다양한 표현 활동을 한다. 이와 같은 표현 활동은 영유아들이 몰입할 수 있는 충분한 시간을 제공함으로써 주제에 대한 탐색과 표상이 지속적으로 실행되는 과정에서 자연스럽게 이루어진다.

둘째, 레지오 에밀리아 접근법의 또 다른 특징으로, 교육자들은 공간을 사회적 상호작용과 탐구, 학습에 유용한 그릇이라고 부르며(Edwards, Gandini, Forman, 1993), 영유아들이 환영받는 느낌과 고요함의 분위기를 느끼도록 공간을 구성한다. 레지오에서 교육은 인간과 공간과의 관계를 통해서 최적화된다(박은혜 외, 2002). 특히 영유아의 발달 수준에 적합하면서 사회적 상호작용을 최대한 고려한 다양한 공간을 제공하는데, 이를 구체적으로 살펴보면, 관계를 촉진하는 공간, 개방성을 강조하는 공간, 학습을 최적화하는 공간, 역사의 언어가 있는 공간, 사회적 공간과 개인적 공간, 여백 공간이 있다. 또한 배움의 공간과 잘 구성된 공간, 동적 공간, 특이한 공간, 전시 공간 등을 다양하게 구성하여 영유아들과 유치원 구성원들이 함께 일하고 즐기는 문화와 삶의 공간을 창조하는 것이 중요한 특징이라 할 수 있다.

셋째, 레지오 에밀리아 접근에서는 영유아 학습의 도구로 매우 다양한 상징적 매체의 활용을 중시하여 활용하고 있다. '유아의 백 가지 언어(the hundred languages of children)'라는 용어에서도 시사 받을 수 있듯이 영유아들이 말과 글뿐만 아니라 그림, 조각, 음악 등과 같은 다양한 표현 방식을 활용하여 자신의 생각을 표상할 수 있도록 돕는다. 교사는 영유아들이 의도한 것을 다양한 표상 매체를 활용하여 구체적으로 표상하도록 안내하고, 토론을 통한 사회적 상호작용 과정에서 아이디어를 확장해 갈 수 있도록 돕는다.

넷째, 일반적인 유치원과 달리 레지오 에밀리아 접근에 기초한 유치원에는 교사뿐만 아니라 페다고지스타(pedagogista)라고 부르는 유아교육전문가, 아뜰리에스타(atelierista)라고 부르는 미술교사가 있어 서로 협력하여 영유아들의 프로젝트 전 과정을 지원한다. 페다고지스타는 1명이 3개 유치원을 담당하고, 다른 페다고지스타와 협력하여 레지오 에밀리아의 영유아센터 운영 및 정책 등을 실행하는 일을 하며 다각적인 지원을 한다. 아뜰리에스타는 예술교육을 전공한 미술교사로 교사들과 협력하여 프로그램을 개발하고 기록화 작업을 함께 수행하는 역할을 한다.

3) 레지오 에밀리아 접근법의 목적

레지오 에밀리아 접근법의 주요 목적은 상징적 표상에 체계적으로 초점을 맞춤으로써 영유아의 지적 발달을 도모하는 데 있다(Edwards, Gandini, Forman, 1993). 이를 위해 영유아들이 환경을 탐색하고, 말, 동작, 그림, 칠하기, 만들기, 그림자놀이, 상상놀이, 음악과 같은 표현 방식을 통해 자신을 표현하도록 격려한다.

4) 레지오 에밀리아 접근법의 주요 활동 내용

레지오 에밀리아 접근법의 특징적인 주요 활동 내용을 소개하면 다음과 같다.

(1) 표상 활동

레지오 에밀리아 접근은 영유아들의 상징적 표상 활동의 과정을 매우 중요하게 생각하여 다양한 표상 활동을 지원한다. 레지오 에밀리아 유치원은 영유아가 자신들의 생각, 관찰, 기억, 감정을 표현하기 위해 어떻게 도식 언어를 사용하는가에 관심을 두고, 영유아들을 관찰하여 그들이 원하는 것을 알아내고 이해함으로 그들이 우리가 생각하는 것보다 훨씬 더 잘 표현할 수 있다는 것을 확인시켜 주었다. 특히 「어린이들의 수많은 언어」라는 제목의 전시회를 통해서 알 수 있듯이 레지오 에밀리아는 다양한 매체를 통한 표상 활동을 강조한다.

레지오 에밀리아 유치원의 교사들은 영유아들이 프로젝트를 통해 얻은 정보와 아이디어를 여러 가지 도식 매체(graphic media)를 통해 표현할 수 있도록 안내한다. 그리고 영유아들은 그림, 동작, 말, 만들기, 조각, 콜라주, 음악 등과 같은 다양한 표상 매체와 자료를 가지고 자신을 자유롭게 표현한다. 이와 같은 표상 활동을 돕기 위해 레지오 에밀리아 유치원에서는 '아뜰리에'라는 별도의 공간을 제공하여 영유아들의 다양한 표상 활동을 지원해 준다. 또한 미술전담 교사라 할 수 있는 '아뜰리에스타'가 있어 영유아들이 다양한 매체나 자료를 이용하여 표상할 수 있도록 지원해 준다. 이러한 특징은 유아들로 하여금 자신의 생각이나 의견을 다양한 상징 매체로 표현함으로써 그들의 상징적 사고를 발달시키고, 창의성과 심미감을 증진시킬 수 있도록 지원한다.

아뜰리에에서 표상 활동에 전념하는 유아와 이를 지원하는 아뜰리에스타

(2) 기록 및 전시 활동

레지오 에밀리아 유치원에서는 프로젝트 전 과정에서 영유아들의 언어와 모든 행동을 기록하고 전시한다. 교사는 기록화 작업을 위해 카메라와 비디오, 스캐너, 멀티미디어 컴퓨터 시스템, 복사기와 같은 다양한 도구들을 활용하며, 이와 같은 도구들을 활용하여 기록화 작업을 하고, 전시회를 열어 그 결과를 공유한다. 영유아들은 전시회를 통해 자신들의 작품을 보며 자신이 수행한 결과물들을 반성적으

로 되돌아보고, 교사는 영유아의 생각을 다시 들여다보게 됨으로써 교사로서의 자신의 역할에 대해 되돌아보게 된다.

레지오 에밀리아 유치원은 영유아들의 모든 작품들을 가지고 '어린이들의 수많은 언어'라는 제목으로 정기적으로 전시회를 연다. 그들은 전시회를 통해 자신뿐만 아니라 다른 사람들과 자유롭게 교류하며 반성적으로 되돌아보는 기회를 갖게 된다. 레지오 에밀리아 접근에서 사용하는 기록화(documentation) 작업은 영유아가 자신의 작품에 대해 좀 더 자부심을 가질 수 있도록 기회를 제공하면서, 자신들의 사고 과정을 재탐색하고, 더 나아가 자신이 표상한 것을 재구성할 수 있게 해 준다.

영유아들이 만든 작품 전시의 예

(3) 교사의 상호 협력 및 지원 활동

레지오 에밀리아 접근에서는 교사의 상호 협력 및 지원 활동을 통해 영유아들의 학습을 최대한 지원한다. 교사는 영유아의 학습을 지원해 주는 파트너이자 교육과정을 계획하고 실행하는 안내자로서 다양한 역할을 수행하는 것이다. 뿐만 아니라 교사는 연구자이자 동반자의 역할을 하며, 교사들 간의 상호 역할을 분담하여 적극적으로 협력하는 관계에서 일을 수행한다.

또한 레지오 에밀리아 접근에서는 '페다고지스타(pedagogistar)'라고 불리는 교육조

정자가 있어 레지오 에밀리아 프로그램 운영이 질적으로 잘 유지되도록 돕는다. 페다고지스타는 교사들과 동등한 입장에서 교직원들과 상호 협력하는데, 보통 한 명의 페다고지스타가 3개의 유치원을 담당하여 교사교육을 계획하고 실행하며, 부모와 학교, 지역사회가 서로 소통할 수 있도록 돕고, 교직원의 업무와 일의 양, 시간 조정, 시설과 설비 운영 등에 대한 일을 하기도 한다.

레지오 에밀리아 접근의 유치원에는 '아뜰리에스타'라 불리는 시각예술 전공의 미술전담 교사가 있어 유아들이 진행하는 프로젝트를 지원한다. '아뜰리에스타'라 불리는 교사는 커다란 아뜰리에와 교실마다 있는 소규모 아뜰리에에서 영유아들의 표상 활동을 격려해 주고, 작업을 지원해 주는 역할을 주로 한다.

(4) 지역사회 및 부모의 지원 활동

레지오 에밀리아는 영유아와 교사뿐만 아니라 지역사회와 부모의 지원 활동도 강조한다. 지역사회를 중심으로 교사와 부모, 주민 모두가 레지오 에밀리아 교육의 운영에 적극적으로 참여하고 함께 책임지도록 하고 있는 것이다. 이처럼 레지오 에밀리아 접근 프로그램에서는 부모와 지역사회의 참여를 중시하여 교육과정 계획 및 평가에 부모들이 적극적으로 참여하도록 안내하며 중요한 활동을 함께 의논하여 결정한다. 부모들은 영유아의 교육과 보호에 대한 책임을 함께 공유하며, 때로는 프로젝트에 직접 참여하기도 하고, 자문위원회에서 활동하거나 소위원회를 통해 적극적인 지지와 지원을 한다.

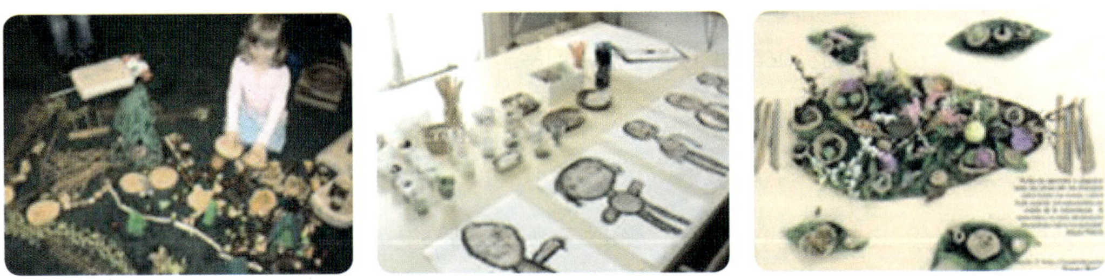

레지오 에밀리아 영유아들이 아뜰리에에서 만든 다양한 표상 활동 결과물

(5) 레지오 에밀리아 접근법의 적용 사례

레지오 에밀리아 접근법이 전 세계적으로 알려지면서 1990년 초에 레지오 에밀리아 접근법 관련 학술대회가 열렸고, 이탈리아 레지오협회에서 전 세계를 돌며 영유아들의 결과물을 소개한 전시회를 열었다. 이에 따라 레지오 에밀리아 접근법은 우리나라의 유아교육자들에게 알려지게 되었다. 이에 따라 일부 유치원에서는 레지오 에밀리아 접근법을 유아교육현장에 적용하였으며, 실제 사례들과 함께 레지오 에밀리아 접근의 교육적 의미에 대한 연구들이 활발하게 이루어졌다.

레지오 에밀리아 접근법은 발현적 교육과정을 포함하고 있어 교사의 경험 및 관찰에 따른 판단과 영유아의 활동 진전 상태와의 연속적 협상 및 조정에 의해 교육과정이 발현하게 된다. 이에 따라 프로젝트의 전반적인 목표는 교사와 영유아 간의 소정의 계획에 따라 진행되지만, 그 전개 과정 내의 구체적인 활동의 선정 및 탐색은 영유아의 욕구 및 수준에 따라 이루어진다고 볼 수 있다(오문자, 1998). 현재까지 성공적인 프로젝트로 알려진 레지오 에밀리아 프로젝트 사례의 예를 들면, '네팔 프로젝트(Loftus, 2006)', 놀이터 프로젝트 및 지하철 프로젝트, '개미 빼고는 모든 것에 그림자가 있어요' 프로젝트 등을 들 수 있다. '네팔 프로젝트'는 영유아들이 네팔에서 보내온 사진들과 코트 등에 관한 토론을 통하여 새로운 지역사회 프로젝트를 이끌었던 대표적인 예라고 할 수 있다. 또한 '놀이터 프로젝트'는 상록 어린이집에서 이루어진 지역사회 연계 프로젝트로서, 영유아들의 대화 내용 기록을 통해 '놀이터'라는 프로젝트로 발현되어 확장, 변형된 프로젝트이다. '개미 빼고는 모든 것에 그림자가 있어요' 프로젝트는 영유아들이 그림자에 관심을 가지고 탐구하는 과정에 대한 내용으로, 레지오 에밀리아 접근에 기초한 대표적인 프로젝트의 예라 할 수 있다.

3. 숲교육 프로그램

1) 프로그램 배경

숲교육 프로그램은 덴마크에서 시작하여 독일에서 발전해 왔다. 처음에 독일의 숲교육 프로그램은 자연에서 소외되어 신체적, 정신적으로 정상적인 발달에 어려움을 겪는 영유아를 위한 대안교육으로써 자연체험 활동을 중심으로 실행되었다. 이러한 독일의 숲교육 프로그램은 점차 다양하게 개발되면서 전형적인 프로그램에서 통합적인 프로그램까지 운영되어 오고 있다.

우리나라의 숲교육 프로그램은 주로 독일에서 수학한 학자들에 의해 도입되었다. 특히 이명환(2003)은 독일의 자연친화적 숲 유치원에 관해 소개하면서 구체적으로 숲교육 프로그램을 운영하는 목적, 그리고 내용과 방법을 전파하였다. 또한 곽노의 역시 자연주의와 성숙주의 관점에서 숲교육 프로그램이 확산되는 데 기여했다. 최근에는 산과 숲이 주를 이루는 우리나라 지형과 맞물려 유아교육기관에서 숲교육 프로그램을 개발하여 운영하는 경우가 점차 증가할 뿐 아니라 시 · 도에서 운영하는 숲 체험관까지 등장하고 있다.

숲교육 프로그램은 운영 형태에 따라 전형적인 숲 유치원과 통합적인 숲 유치원으로 구분된다(곽노의, 이신영, 2014). 전형적인 숲 유치원은 유치원 건물 없이 숲에서 온전히 교육이 이루어지는 경우에 해당한다. 통합적인 숲 유치원은 다양한 유형이 있는데, 일반유치원의 수업을 숲 프로그램과 연계하여 운영하거나, 또는 숲 그룹이나 숲 반을 구성하여, 혹은 특정한 날을 정해 숲교육을 운영한다. 일반유치원의 수업을 숲 프로그램과 연계하는 경우는 교실 수업을 하다가 숲 활동을 한 후에 다시 교실로 돌아와서 수업을 하는 프로그램이다. 숲 그룹 운영은 숲 활동을 위한 소집단을 구성하여 매일 혹은 매주나 매달 돌아가며 활동에 참여하게 하는 프로그램이다. 숲 반 운영은 일반적인 유치원에서 교실 수업 반 이외에 숲 반을 따로 운영하는 경우이다. 한 유치원의 경우 영유아들은 일단 아침에 유치원에 모여서 출결 확인과 용변을 마치고 숲에 가서 일과를 보낸 후 12시 반쯤 유치원에 다시 돌아와 점심을 먹었다. 그리고 방과후과정반에 합류하는 영유아도 있고 그대로 귀가하는 영유아도 있었다. 악천후에는 유치원에서 수업을 했지만 눈이 오나 비가 오나 거의 숲에서 일과를 보냈다.

비가 쏟아지는 날에도 숲으로 가고 있는 아이들

이러한 통합적인 숲 유치원의 프로그램 운영에서 중요한 것은 숲 활동에서의 흥미로 인한 영감이나 아이디어가 교실 활동에 자연스럽게 연계되도록 하는 것이다. 한 연구(곽향림, 2014)의 사례에서, 소그룹의 영유아들이 숲에서 도마뱀을 잡아와 교실에 남아 있던 영유아들과 키울 것인가 말 것인가에 대해 토론을 하면서 윤리적 갈등을 드러내지만 결국 투표를 통해 키우기로 결정하는 것을 볼 수 있었다. 이 영유아들은 이 과정에서 생명체에 대한 다양한 정보를 알아갔지만, 결국 도마뱀의 죽음을 맞이하며 생명의 소중함과 동시에 생명체의 요구를 알게 된다. 또 다른 사례에서는 자신들이 키우던 장수하늘소가 번식하면서 공간이 비좁아지자 숲으로 돌려보내기로 결정한다. 이들은 장수하늘소가 어떤 나무에서 사는지 알아 보고 직접 그 나무를 찾아 놓아주게 된다. 영유아들은 장수하늘소가 자신들은 오르지도 못하는 높은 나뭇가지로 올라가는 모습을 쳐다보며 경이로움을 느끼고, 생명체는 원래 서식지에 살고자 하는 요구가 있음을 깨닫게 된다. 이러한 경험은 바로 숲 활동과 교실 활동을 연계하면서 일어날 수 있는 것이다.

이와 더불어 우리나라는 시 · 도 주관으로 영유아를 위한 숲 체험관을 운영하고 있어서 숲교육을 원하는 기관에서는 일주일에 한 번씩 이곳을 이용하기도 한다.

이러한 체험관은 영유아를 위해 쉼터 건물과 약간의 놀이영역으로 놀이기구와 모래놀이, 쌓기놀이, 물놀이 등을 마련하기도 한다. 특히 겨울에는 미끄럼을 타고 내려올 수 있는 시설도 볼 수 있었는데, 이 시설은 비가 많이 오면 물길이나 도랑을 이루어 영유아들이 물놀이를 하는 장소가 되기도 한다.

비가 많이 온 여름날 물길을 이뤄 물놀이를 하던 곳에서 추운 겨울에 미끄럼을 타는 아이들

2) 교육 목적

숲교육의 목적은 놀이중심의 자연체험을 통해 영유아가 전인간적으로 성장해 가고 또한 산업사회 폐해 속에서 살아가는 영유아의 현재와 미래에 삶의 질을 개선하도록 하기 위함이다. 다시 말해 영유아가 자연과 공존하는 공동체적 삶을 살아가면서 과학 발전으로 인한 생태계의 혼란, 그리고 산업사회에서 살아남기 위한 지나친 경쟁심과 이기심으로 인한 피폐한 삶을 극복하도록 하기 위함이다.

3) 교육 내용

숲교육 내용은 무엇보다 자연체험교육이 우선적이지만 숲교육 역시 국가수준의 유아교육과정과 같이 일반적으로 언어, 신체건강, 사회, 예술표현, 자연탐구의 교육 내용을 실행한다. 이명환(2003)은 구체적으로 환경과 자연체험교육, 건강교육, 창의성교육, 동작교육, 사회성교육과 언어교육, 감각교육, 지적교육, 그리고 마지막으로 종교교육을 들고 있다. 이는 숲 유치원도 하나의 교육기관으로서의 교육 내용을 실행하고 있음을 드러내고자 하는 것으로 보이지만, 일반적인 유아교육과는 달리 종교교육이 있음이 특이하다. 이는 어느 특정 종교가 아니라 숲에서 영유아가 신성하고 경이로운 분위기를 체험하면서 드는 경외감이라 생각된다.

4) 교육 방법

대안학교로서의 숲 유치원의 교육 방법은 자연 안에서 자연과 함께 직접적이고 다양한 삶의 체험을 해 나가며 생물과 자연환경과의 상호관계를 만들어 가는 것이다. 그래서 이 프로그램은 충분한 시간 동안 자유로운 자연체험을 하면서 영유아가 자발적으로 자연과 인간 간의 조화로운 관계를 발견해 가게 한다.

(1) 물리적 환경

가. 안전하고 다양한 자연체험이 가능한 숲

'교사 없는 교육, 프로그램 없는 교육'(신지연, 2013, p. 152)을 강조할 만큼 숲은 그 자체가 영유아에게 교재와 교구를 제공하는 환경으로, 영유아에게 탐구와 탐험, 그리고 무한한 상상과 창의력을 촉진하는 원천이다. 따라서 숲교육 프로그램은 무엇보다 적절한 숲을 찾아가는 것이 우선이라고 볼 수 있다. 독일에 비해 우리나라 산세는 험하기도 하고 뱀의 출현으로 인해 안전에 유의해야 하는 문제를 갖기도 한다. 산이 평탄하지만은 않고 상당히 급한 경사가 있는 곳도 있지만, 영유아들은 비탈에서도 자기 몸을 잘 유지하며 노는 것을 볼 수 있다. 그래서 너무 급하지 않다면 경사가 오히려 영유아들의 흥미를 불러일으키고 놀이를 만들어 가게 하기도 한다. 그러나 지역에 따라 공원으로 조성된 경우가 많아서 실제로 영유아들의 자연체험이 불가능한 경우도 많다. 사람들이 많이 오가는 곳은 적절한 곳을 찾아도 놀이를 보존하고 지속적으로 변형시켜 가기에 어려움을 겪을 수 있다. 따라서 교사들의 사전답사로 영유아들이 직접 흙, 나뭇가지, 나뭇잎, 물, 곤충과 식물 등 다양한 자연체험을 할 수 있으면서도 안전에 크게 문제가 없고 사람이 많이 오가지 않는 곳을 선정하는 것이 중요하다.

나. 비상대피시설

전형적인 숲 유치원에서는 날씨에 따른 비상대피나 교재교구를 보관하기 위한 곳으로 컨테이너 하우스나 나무집을 만들어 두곤 한다. 그리고 이 근처에 나무의자를 둥그런 형태로 마련하여 영유아가 앉아서 모임을 가질 수 있도록 한다. 우리나라의 경우에는 시 · 도에서 운영하는 숲 체험관에 쉼터로 마련되어 있기도 하다.

대피시설 근처로 등원하여 모두 모이면 모임을 갖는 아이들

숲체험관 쉼터로 간식을 먹으러 들어가는 아이들

다. 자연체험을 돕는 인공 교재교구

숲은 자연물의 교재교구를 제공하지만 다양한 놀이와 놀이 확장을 위해 인공의 교재교구를 필요로 하기도 한다. 예를 들어, 땅을 파기 위한 모종삽이나 큰 삽, 또는 나뭇가지를 이용하여 만들기에 필요한 다양한 공구, 나무와 나무를 연결할 수

있는 밧줄, 물건을 숲으로 이동하기 위한 손수레와 같은 자료가 필요할 수 있다. 이러한 교재교구는 놀이를 만들어 가는 영유아의 필요에 의해서 또는 세심하게 놀이 관찰을 하는 교사가 영유아의 흥미를 확장시켜 주기 위한 아이디어에 의해 더 추가될 수 있을 것이다.

라. 흥미영역

전형적인 숲교육을 실행하는 곳에서는 일반적으로 자연의 숲 환경을 선호하지만, 통합적 숲교육을 운영하는 곳에서는 흥미영역을 마련하는 경우도 있다. 이는 숲 자체를 온전히 고정적으로 활용할 수 있는 상황에서 가능할 것이다. 독일의 숲 유치원의 경우에 마치 교실의 흥미영역처럼 숲에 모험놀이영역, 쌓기놀이영역, 모래놀이영역, 간식 및 모임영역, 역할놀이영역, 과학영역, 컨테이너 하우스영역 등을 마련하기도 한다(이명환, 2008). 우리나라는 시 · 도에서 운영하는 숲 체험장에 쌓기놀이, 모래놀이, 물놀이, 역할놀이, 놀이기구를 위한 영역을 마련한 경우가 있다.

숲체험관에 마련된 쌓기놀이, 모래놀이, 물놀이, 철봉놀이 등

(2) 하루 일과

숲에서의 하루 일과는 등원, 모임, 간식, 자유놀이 등으로 교실에서와 유사하지만 이동을 위한 걷는 시간이 많이 포함된다. 다음에서 반나절 프로그램의 일반적인 하루 일과 시간의 예와 함께 하루 일과의 내용을 통한 교육 방법을 소개한다.

〈표 3-1〉 하루 일과 시간의 사례

시간	일과
8:30–9:00	등원
9:00–9:30	아침모임
9:30–10:00	이동을 위해 걸어 올라가기
10:00–10:20	간식
10:20–11:20	자유놀이
11:20–12:00	이동
12:00–12:15	귀가모임
12:15–12:20	아침모임 장소로 이동

가. 등원

독일의 숲 유치원은 주로 부모가 데려다주지만, 우리나라에서는 일단 유치원으로 와서 숲으로 함께 이동하곤 한다. 부모가 숲으로 데려오는 경우에 모두 모이는 동안 영유아들은 또래와 잡기놀이, 나무 올라타기, 한쪽에서 통나무 두들기면 다른 쪽에서 소리 듣기와 같은 놀이를 하기도 한다(이명환, 2003). 저자가 방문했던 독일의 숲 유치원에서는 호두 까먹기, 드릴로 나뭇조각에 구멍 파기, 책 보기, 찰흙놀이 등을 하기도 했다. 호두 까먹기는 하나의 물리과학 활동으로 지렛대의 원리를 알아가는 것이기도 했다. 그리고 소변을 보고 싶은 유아는 부모와 함께 한쪽으로 가서 해결하기도 했다. 이렇게 등원지점에서 기다리는 동안 이루어지는 놀이는 우리나라의 경우에는 자유놀이 시간에 이루어질 수 있을 것이다.

아이들이 모두 모이기를 기다리는 동안 호두 까먹기 등의 놀이를 즐기는 아이들

나. 모임

숲 유치원에서의 모임 시간은 보통 아침모임과 귀가를 위한 모임으로 이루어진다. 일반적으로 아침모임에는 원으로 앉아 출결 확인과 아침인사를 나누며 공동체 의식을 위한 간단한 손유희와 노래를 부르며 시작한다. 그런 후에 프로그램에 따라 가운데에 하얀 천을 깔고 숲으로 올라오는 동안 각자 주워 온 물건들을 올려놓고 하고 싶은 얘기들을 나누거나 간단히 명상을 하기도 한다. 이에 더해 프로그램에 따라 때로는 특별한 주제를 가지고 활동을 하기도 한다.

숲에 도착하여 갖는 모임 시간

아침모임에서는 영유아가 놀이 실행에 대한 아이디어를 공유할 수 있는 이야기 나누기가 일어날 수 있다. 그래서 숲으로 걸어오는 도중에 발견한 자연물이나 자연현상, 그리고 이를 통해 하고 싶은 놀이가 생각난 것이 있다면 무엇인지, 때로 교사는 어떤 새로운 놀잇감을 준비해 오게 되었는지, 또 그것을 가지고 무엇을 할 수 있을지 등에 대해 토론할 수 있을 것이다. 또 귀가모임 시간에는 영유아가 만들어 갔던 놀이가 무엇인지, 문제가 있었다면 무엇인지, 어떻게 해결했는지 또 못했는지, 어떤 놀이를 즐겼는지, 내일은 어떤 놀이를 계속하고 싶은지 등을 얘기해 볼 수 있을 것이다. 그러나 자칫 모임 시간은 교사주도적 활동이 이루어질 수 있으므로 유의해야 한다. 사실 모임의 주제는 자유놀이와 연계되어야 한다. 이는 교실수업에서의 이야기 나누기가 자유선택활동과 자연스럽게 서로 연계되어야 함(곽향림, 2015)이나 마찬가지이다.

다. 간식 및 점심

영유아들은 우선 교사가 가져간 물로 손을 씻은 후 각자 준비해 간 간식이나 점심을 꺼내서 먹는다. 우리나라에서 참여 관찰했던 한 숲 유치원에서는 아침모임을 마치고 난 후에 만 3세반과 만 4세반이 때로는 연령별로 원으로 앉아서, 때로는 혼합연령으로 원하는 또래 2~3명이 모여앉아 간식을 먹었고, 점심은 유치원으로 돌아와서 먹었다.

손을 씻은 후 숲에서 가지고 간 도시락 먹기

라. 자유놀이

숲에서의 자유놀이는 교실수업이나 마찬가지로 놀이주제, 놀이자료, 놀이친구, 놀이공간이 모두 영유아에 의해 자발적으로 정해진다. 놀이주제는 모임 시간에 아이디어 공유를 통해 결정하기도 하지만, 때로는 친구의 놀이에서 흥미가 전이되어 이루어지기도 한다. 대개는 이러한 놀이주제로 인해 놀이공간과 놀이자료가 결정되지만, 때에 따라 놀이공간이나 놀이자료로 인해 놀이주제가 변형되기도 한다. 놀이친구는 대개 이미 형성된 그룹이 있어서 함께 놀기도 하지만 좋아하는 놀이로 인해 친구집단이 바뀌기도 한다.

자유놀이는 계절이나 날씨에 따라 영향을 받지만 땅 파기, 돌 옮기기, 자연물을 가지고 만들기나 역할놀이하기, 나무타기, 밧줄놀이 등은 지속적으로 이루어질 수 있다. 나뭇가지를 이용해 여러 가지 만들기가 가능하지만, 원뿔모양의 인디언 집 만들기는 영유아들이 좋아하는 놀이이다.

이와 달리 식물이나 곤충과의 놀이는 계절에 따라 달라질 수 있다. 예를 들어, 봄에는 떨어지는 벚꽃 맞기, 아카시아꽃잎 따기, 늦여름에는 미국자리공나무 열매를 가지고 물감들이기, 가을에는 낙엽 뿌리기, 낙엽 위에서 뒹굴고 밟기, 낙엽을 가지고 다양한 디자인 만들기 놀이를 하기도 한다. 때로 교사는 이런 자연물을 가지고 놀 수 있는 좀 더 확장된 놀이가 가능하도록 도구를 제공할 수 있다. 나뭇가지를 가지고 목공놀이가 가능하도록 망치와 못을 줄 수도 있다. 또한 비가 오는 날은 영유아들이 진흙 파기, 물길 만들기, 도랑의 물 막기, 그리고 비오는 날 등장하는 달팽이, 지렁이 등을 관찰하며 놀기도 한다. 눈이 오는 날은 당연히 눈싸움, 또 미끄럼 타기 등의 놀이를 즐긴다.

나뭇가지 등의 자연물을 이용한 놀이

나무에 맨 줄을 잡고 언덕을 오르거나 나무 사이에 맨 줄을 타는 놀이

미국자리공나무 열매를 따서 물감들이기 놀이를 하는 아이들

교사는 놀이에 개입을 자제하지만 때때로 필요한 순간에 영유아의 아이디어와 놀이 확장을 위한 질문을 시도할 수 있다. 만일 며칠간 놀이를 보존하며 놀 수 있는 상황이라면 목공놀이나 집 만들기와 같은 놀이는 계속적으로 변형시키며 놀이를 진전시켜 가도록 도울 수 있을 것이다. 이명환(2003)은 이전 활동에서 이미 굵직한 나무로 기본 구조를 갖추어 놓은 반원 형태의 움막집에, 이번에는 작은 가지로 빈 공간을 채우고 나뭇잎을 모아 덮기도 하면서 활동을 이어가는 집 만들기놀이를 소개한다. 필요시에는 교사의 도움을 받아 쓰러져 있는 나뭇가지를 톱으로 베어 내어 운반해 왔고, 바닥까지 마른 줄기와 잎으로 깔아서 푹신하게 만들었다고 한다.

집짓기를 위해 통나무를 굴려 가고 있는 아이들

나뭇가지를 세워 집을 짓고 있는 아이들

마. 이동 시간

영유아들은 숲으로 가기 위해 이동 시간을 갖는다. 흔히 부모들과 등원한 장소에서 모임을 가진 후 교사와 영유아들은 놀이자료와 손 씻을 물 등을 손수레에 싣고 대개 10~20분 정도 걸어간다. 이때 영유아들은 각자의 짐을 담은 배낭을 메고 올라간다. 저자가 참관했던 독일 숲 유치원 영유아들은 이동하는 도중에 집단에서 벗어나 어제 보았던 풀이 어떻게 되었는지 궁금해서 달려가 들여다보기도 했다. 때로 돌아가는 길에 물웅덩이에 얼어 있는 얼음을 깨뜨려 계곡물에 띄워 보내면서 얼음이 물에 뜬다는 사실을 알게 되기도 한다(이명환, 2008). 우리나라의 숲 유치원에서는 숲으로 가는 동안 자유롭게 주변에서 보는 상황이나 자연물에 대해 대화를 나누곤 했다. 그러다가 먼저 간 사람들은 길가에 쌓인 돌에 관심을 보이며 놀다 늦게 오는 사람들을 기다려 주었지만, 또 이들 역시 올라가는 길에 발견한 나뭇가지나 곤충을 관찰하느라 시간을 보내기도 했다(곽향림, 2017).

숲으로 이동하는 동안 집단을 벗어나 궁금한 것을 관찰하러 가는 아이들

유치원에서 숲으로 이동하는 아이들

이외에 종일 숲에 머무르는 독일의 경우 낮잠 시간을 운영하기도 하지만, 아직 우리나라에서는 찾아보기 힘들다.

<의견 나누기>

1. 숲교육 프로그램을 운영한다면 전형적인 숲 유치원과 통합적인 숲 유치원 중 어떤 것을 선택할 것이며, 그 이유는 무엇인지에 대해 서로 이야기 나누어 보시오.

4. 발도르프 프로그램

1) 발도르프 프로그램 배경

루돌프 슈타이너
(Rudolf Steiner,
1870~1952)

루돌프 슈타이너(Rudolf Steiner, 1870~1952)는 1861년 2월 27일 오스트리아에서 태어나 빈에 있는 공과대학에서 자연과학을 공부하면서 정신적 인식에 관심을 갖게 되었다. 슈타이너는 1861년 2월 25일 오스트리아 크랄예비치(현재 헝가리)에 살고 있던 요한 슈타이너(Johann Steiner)와 프란치스카 블리(Franziska Bile, 1834~1918) 사이에서 철도공무원의 아들로 태어났다. 7살때 신비한 체험을 하게 되는데 그 체험은 이모의 자살 사건의 전체 광경이 눈앞에 나타나는 것을 보았다. 이 체험에 대해 어머니가 비난하게 되자 이후로 그 이야기는 하지 않았다. 초자연적인 체험을 한 아홉살짜리 슈타이너는 기하학에 몰두하여 스스로 어떤 내적 안정감을 얻게 되었다. 어린 슈타이너는 외적 공간 속에 있는 사물과 과정들을 '정신적 본질성과 과정들이 일어나는 현장으로서의 영혼적 공간'과 구분했다. 그는 정신세계의 가정에 대한 답을 기하학에서 찾을 수 있다고 믿었다(크리스토프 린덴베르크, 1998;20). 1879년 빈 공과대학에 입학하여 주 전공으로 수학, 물리학, 생물학, 동물학, 화학을 선택했다. 그 밖에 문학과 역사학에도 깊은 관심을 가졌고, 개인적 관심사를 위해 빈의 종합대학교를 찾아가 철학을 청강하기도 했다. 그는 괴테의 업적을 정리하면서 그의 영향을 받았으며, 인간의 정신과 신체의 조화로운 관계를 설명하는 인지학(anthroposophy)을 정립해 나갔다. 슈타이너는 참된 교육은 참된 인간에 대한 이해를 토대로 이루어져야 한다는 생각에서 인간 탐구에 많은 노력을 기울였고, 그것을 인지학(Anthroposophy)이라고 명명한다. 이는 그리스어로 인간을 의미하는 'Anthropos'와 지혜를 뜻하는 'sophia'의 합성어로, '삶의 근원을 하늘에서 찾는 사람이 가지고 있는 지혜와 지식'을 뜻한다. 즉, 인지학은 인간이 스스로의 본성을 인식하고 삶의 근원과 본질에 대해 눈을 뜰 수 있도록 교육을 통해 지혜를 얻고 탐구해 나가는 학문이라 할 수 있다.

그는 1913년에는 스위스 바젤 근교의 두 개의 돔이 있는 건물 괴테아눔을 세워 (슈타이너가 직접 건축 설계) 발도르프 프로그램의 중요한 활동인 '오이리트미'를 창조하였다.

슈타이너가 직접 건축 설계한 괴테아눔

1919년에는 오스트리아 슈투트가르트에 발도르프 학교를 설립하여 인간정신에 대한 깊은 이해를 강조하며, 담배공장 노동자 자녀들을 위해 자연과 조화로운 삶을 경험할 것을 강조하는 프로그램을 펼쳐나갔다. 발도르프 프로그램은 기존의 교육이 가진 맹점인 획일적인 인간을 키워 내는 것에 대한 반감으로 생긴 하나의 대안 교육이며, 학습자의 기질에 맞춰 기다려 줄 수 있는 교육을 제공하고자 개발하였다.

2) 발도르프 프로그램의 교육 목적

발도르프 교육의 목적은 원만한 인간관계의 형성과 한 인간으로 자신의 삶을 펼쳐갈 수 있는 능력을 개발하는 것이며, 신체와 영혼과 정신이 조화를 이루어 발달하는 것이다. 단지 인간의 지식이나 인지적 성장을 위한 교육이 아니라 인간의 신체와 정신, 영혼을 연결하고 이를 건강하게 하는 교육을 강조한다. 발도르프 교육의 구체적인 목표는 자유를 향한 교육, 통합성을 추구하는 교육, 영성 회복의 교육으로 제시한다.

(1) 자유를 향한 교육

슈타이너에게 있어서 자유는 개별적인 인간의 내적 활동과 관련이 깊다. 발도르프 프로그램이 추구하는 자유는 내적 자유를 말하며, 발도르프 교육에서 도달하고자 하는 내적 자유는 자기억제와 책임을 포함한다. 자유를 추구하는 교육은 개인의 능력을 충분히 그리고 풍부하게 개발할 수 있는 교육으로, 내면의 활동인 의지, 감정, 사고활동을 개발함으로써 창조적으로 자신의 삶을 의식적으로 이끌어갈 수 있는 인간을 기르는 데 목적을 두고 있다.

(2) 통합성을 추구하는 교육

슈타이너는 교육을 통해 전인적이며 조화롭고 통합적인 인간을 발달시키고자 한다. 슈타이너가 말하는 통합적인 인간교육은 머리와 가슴, 손의 조화로운 발달을 의미한다. 인지적이고 도덕적이며 실용적인 재능의 발달을 똑같이 중요하게 여기고 장려하며 촉진한다.

(3) 영성 회복의 교육

슈타이너는 인간을 고립된 개별자로 이해하지 않고 전체 우주와 하나라고 인식한다. 신체, 영혼, 정신의 통합적인 발달을 통해 신체뿐만 아니라 정서적, 지적, 더 나아가 영적인 영역 모두가 교육을 통해 발달하는 것이 교육의 목적에 포함된다.

3) 발도르프의 발달단계론과 기질론

슈타이너의 교육관을 토대로 한 발도르프 교육은 인간의 신체(body)와 정신(spirit),

영혼(soul)을 연결하고 이를 건강하게 하는 전인적 발달 교육을 강조한다.

(1) 발달단계론

슈타이너의 발달단계론은 7년 주기로 영유아~청년기에 이르기까지 특징이 분명히 구별되며 3단계 발달 과정을 거친다. 이 가운데 삶의 첫 7년을 결정적 시기로 보았다. 슈타이너는 영유아들이 스스로 배우고 생각하도록 가르치는 것이 중요하며, 학습에 대한 적절한 단계가 있으므로 각 단계마다 적절한 발달과 학습의 동기화가 가능하도록 하는 것이 중요하다고 강조하였다. 7년 주기의 첫 단계인 출생 후 7년 동안은 영유아에게 신체적으로 괄목할 만한 성장이 일어나는 시기이다. 인간은 출생할 당시에 신체적으로 모든 기관과 부위를 지니고 태어나는데, 생후 7년 동안은 이 신체기관들이 인간의 기능에 맞게 성숙되어 가는 단계이다(김정임, 2006;54). 이 시기는 유전의 힘도 작용하나 그 시기는 한정되어 있고, 젖니가 영구치로 교체되는 시기가 다가오면 에테르체는 자유롭게 자립할 준비를 하며 자신의 능력을 발달시키고 형성해 간다.

가. 영유아기(0~7세 : 물리적 신체의 탄생)

영유아의 몸 전체는 세상에 태어나 처음으로 접하는 물리적 환경을 습득해 나가기 위한 하나의 수단, 즉 온몸의 감각기관을 동원하여 세상과 소통해 나아간다.

나. 아동기(7~14세 : 생명체, 에테르체의 탄생)

영구치로 이를 갈게 되면 기억, 습관, 기질, 성향을 관장하는 생명체가 탄생된다.

다. 청년기(14~21세 : 감정체, 에스트랄체의 탄생)

청년기에 이르며 개인의 관심과 취미를 발달시키는 능력과 인식 문제에서 독립적인 판단을 얻으려 노력하며 영혼의 기초가 눈을 뜬다.

- 물리적 신체 : 인간에게서 정신을 제외한 나머지 육체를 말함
- 에테르체 – 생명체 : 신체 안에 존재와 힘으로 형태와 모습을 부여하고 있는 것을 의미
- 에스트랄체 – 감정체 : 신체가 생명을 지닌 존재로 작용하게 하는 생명력을 의미. 고통과 기쁨, 충동과 탐욕, 열정 등을 포함하는 감정
- 자아체 – 인간 : '나'라는 의식을 가질 수 있는 힘, 인간에게만 존재하는 특유의 구성체. 기억작용으로 인간이 경험한 것을 의식을 통해 기억하게 함

(2) 기질론

슈타이너는 유아를 대상으로 교육할 때 기질을 파악하여 기질에 따라 교육을 해야 한다는 기질론을 제시하였다. 교사는 영유아 개개인의 기질을 잘 파악하고 다룰 수 있어야 하며, 같은 기질의 영유아끼리 집단 구성을 하는 것이 더 효과적이라고 하였다. 교사는 정확한 인식을 위하여 오랜 기간의 관찰을 거쳐 심사숙고함으로 기질에 대하여 인식하고, 그것을 유아 개개인의 교육에서 활용함은 물론 학급 전체와의 관계를 위한 수단으로 활용할 수 있다.

교육적인 면에서 기질의 특징을 보면, 첫째, 경혈질은 어떤 것에 잘 열중하지만 잊어버리기를 잘한다. 지금 현재가 중요하여 지금 좋으면 모든 것이 좋으며, 눈앞의 것, 주위에서 일어나는 일에 영향을 받는다. 경혈질 영유아의 교육은 사랑과 어떤 인격에 대한 소속감을 주고, 에너지를 효과적으로 소모시킬 수 있도록 도와주어야 하며, 교사가 그 상황을 충분히 지각하여 영유아에게 인상 깊은 것을 주어야 한다. 유치원에서는 힘든 일을 주로 경혈질의 성향을 많이 지닌 영유아에게 부탁한다. 호두를 까는 일을 부탁하거나 정원에서 돌 나르는 일, 배 태우는 일이나 집을 짓는 일을 부탁하면 신이 나서 잘 한다.

둘째, 담즙질은 미래를 생각하여 항상 내일은 무엇을 할 것인가에 관심을 가지고 정열적인 반면 파괴적인 모습을 보인다. 지도를 위한 처방으로는 올바른 이야기와 운동량을 주어 그의 에너지를 소모시키며, 인정하는 권위를 활용하는 방법이

필요하다. 과제를 줄 때는 쉽지 않는 일을 주는 것이 효과적이고, 그것이 다른 사람과 협력하게 하여 친구를 사귈 수 있는 기회가 되기도 한다. 머리를 써야 할 일, 즉 정원에 돌을 까는 일이나 수를 놓는 일, 정리정돈하는 일, 일의 순서를 정하는 일 등 조금은 어려운 일이 필요하다.

셋째, 우울질은 흙과 같은 성질을 지니고 있다. 육체와 관련이 있는 기질로, 내면적이고 감수성이 예민하며 행동하는 데 신중한 유형이다. 이 기질은 자기중심적이고 사소한 일에도 신경을 잘 쓴다. 대체적으로 조용하고 진지하며 생각을 깊이 한다. 의지가 강하고 이상이나 진실에 충실하려고 하다 보니 완벽주의에 빠지기 쉽다(김정임, 2006:38). 태도나 말투는 느리고 신중하며, 감수성이 예민하고 탐구심이 강하고 독창적이며, 지도력은 있으나 생활은 단조롭고 재미가 없다. 주위에서 일어나는 사람들의 아픔이나 고통에 상당히 민감한 편으로 동정심이 많고 타인의 감정이나 일에 감정이입을 잘 한다. 이러한 영유아는 그 자신의 분위기 안에서 접근하면서 다른 사람의 근심과 걱정에 대한 생각과 이야기가 주어진다면 친근감으로 발전시킬 수 있으며, 타인의 경험을 알게 됨으로써 다른 사람의 고통을 같이 느끼면서 자신은 해방되어질 수도 있다. 따라서 어려움과 힘든 처지의 친구를 위로하고 가엾은 동물을 돌보아 주는 일 등을 맡기면 기대 이상으로 잘하고, 연극을 하게 하면 좋아한다.

넷째, 점액질의 기질은 물과 같은 특징을 가지고 있다. 반복을 즐기며, 몸을 움직이는 것을 싫어하지만 때에 따라서는 놀랄 만한 행동력을 보이기도 한다. 이런 유아에게는 태만한 것을 극복하여 담즙질이 가진 우수한 면을 발휘할 수 있도록 격려하면 어려운 과제라도 성실하게 수행할 수 있다. 또한 고지를 정해 놓고 누가 빨리 가나를 경쟁하면 잘 할 수 있다. 이런 영유아는 유아기 때 도덕적인 면을 익히면 정의감이 강하고 공정한 태도가 유지되나, 그렇지 않으면 차갑고 잔혹한 태도를 가지기 쉽다. 기다리는 일, 하나의 일을 깊게 지속하고 주어진 찬스를 놓치지 않으며 다소의 장애는 문제가 되지 않는다.

4) 교육 내용

(1) 자유놀이

발도르프의 하루 일과에서 가장 중요한 것은 자유놀이 시간이다. 일반 유아교육기관의 자유선택놀이 활동 시간과 유사하지만, 제공되는 놀잇감에서 차이가 난다. 인위적으로 만들어진 기성품이 아닌 조개껍질, 통나무, 나뭇조각, 헝겊, 천 등의 자연물을 가지고 놀며, 많은 놀잇감은 교사에 의해 직접 만들어지기도 한다. 놀잇감의 특징 중 하나는 눈, 코, 입이 없는 인형으로 어릴 때부터 획일적인 모습을 제공하지 않으려는 의지를 보여준다. 구조화되고 정교한 놀잇감을 지양하고 단순하고 일상생활에서 쉽게 접할 수 있는 것을 사용하여 영유아들이 상상력을 펼칠 시간과 기회를 제공한다.

발도르프 인형

(2) 작업

목공예, 수공예 등의 다양한 작업을 즐기도록 하며, 바느질과 수예 등의 수작업을 통해 영유아들의 손가락 발달이 촉진되도록 한다. 수작업을 위해 제공되는 재료는 각종 천 조각, 가위, 실, 바늘꽂이 등으로, 중요한 것은 교사의 개입보다는 영유아 자신이 가지고 있는 능력과 아이디어를 통해 작업에 임할 수 있도록 자유롭게 놓아둔다는 것이다. 교사는 영유아가 스스로 해결하기 어려운 상황에서 조심스럽게 도움을 주게 된다. [* TIP: 목공놀이 참고영상(https://www.youtube.com/watch?v=85hyWqfjleI&feature=youtu.be)]

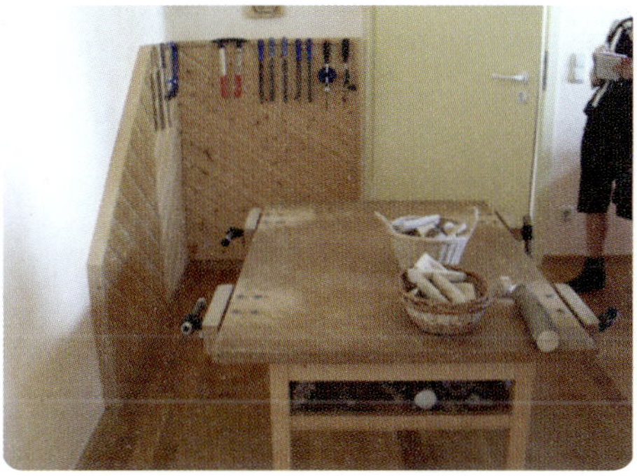

목공놀이

바느질놀이

(3) 동화 듣기

2~4주 동안 같은 시간에 같은 동화를 듣도록 한다. 반복된 동화 이야기를 들으면서 영유아들은 전에 들었던 동화 내용을 다시 확인하여 심리적으로 안정되고 자기 생각 속에서 상상의 나래를 펼친다. 동화는 그림을 동반하지 않고 교사가 직접 들려주며 이야기가 끝난 후에도 교육적 목적에 의한 교화나 교훈은 언급하지 않는다. 동화의 내용을 숙지하는 데 목적을 두기보다는 다음과 같은 목적 하에 동화듣기 활동을 한다. 첫째, 영유아들의 활발한 기운을 차분하게 가라앉힌다. 둘째, 영유아는 교사와의 만남을 통해 즐거움을 느낀다. 셋째, 영유아들이 상상을 통해 새로운 창조를 경험하며 안정감을 느끼도록 한다. 넷째, 매일 교사와의 관계를 새롭게 형성해 나가면서 삶의 기쁨을 느끼도록 한다.

(4) 예술 활동

다양한 일반 활동들이 제공되면서도 동시에 서로를 리듬감 있게 연결하기 위해

요일별 예술 활동이 제공된다. 예술 활동으로는 수채화 그리기, 오이리트미(희랍어로 아름다운 리듬을 의미), 점토로 만들기 등이 이루어진다.

가. 오이리트미

오이리트미는 단순히 신체를 움직이는 동작과 구별되며, 인간이 자신의 정신과 영혼을 일깨우도록 자각하는 과정에서 내면에 대한 인식을 움직임으로 표현해 내는 것이다. 또한 간단한 리듬에 따라 움직이거나 막대를 이용한 오이리트미로 시작하여 점차 복잡한 리듬의 오이리트미로 발전한다. 슈타이너는 오이리트미야말로 예술의 총체라고 하였다. 오이리트미는 우주의 언어를 동작으로 표현하는 것으로 아름다운 리듬, 조화로운 리듬을 의미하며, 리듬을 통하여 작용하는 생명력의 움직임이다. 발도르프 유치원이나 학교에서는 주 1회 영유아 오이리트미를 하며 영유아들의 생명력을 가하게 한다. 발도르프 유치원에서는 말의 의미나 음악의 기분을 눈에 보이는 움직임으로 나타내는데, 동화를 소재로 하면 영유아들은 그 이야기의 등장인물이 되어 기쁨, 슬픔, 두려움 등의 여러 감정을 체험한다. 시를 주제로 할 때에는 그 시가 가진 리듬으로 움직이며 시에서 노래하고 있는 요소를 온 몸으로 표현한다. [* TIP: 오이리트미 참고영상(https://www.youtube.com/watch?v=ajNQ-mcqcPc)]

나. 습식 수채화 그리기

수채화 그리기는 젖은 기법이라고 일컫는 수채화로 그리는 방법이다. 교사는 선보다는 면으로 형태가 드러나는 그림을 그리도록 본을 보여준다. 영유아들이 면에 생동감을 표현하고 결과에 대한 느낌을 갖도록 돕는다. 이러한 과정을 통해 영유아들은 자신의 내면세계를 표현하게 된다. 수채화는 영유아의 감성을 자유롭게 하여 내적인 성숙을 가져온다. 색은 자연의 혼이고 전 우주의 혼을 표현하고 있다. 색을 체험하는 것에서 우리들은 우주의 혼을 공감하고, 색채를 체험하는 것에 의해 자연 안에 있는 여러 가지 사물과 연결되어 간다. 그래서 습식 수채화를 그릴 때는 자연과 가까워지기 위하여 천연물감을 사용한다. 그림을 그리기 전에 옷이 더러워지는 것을 방지하기 위하여 팔에는 토시를 하고 앞치마를 착용한다. 머메이드지를 준비된 물통에 적셔서 화판에다 옮긴 다음, 적당량의 물만 남겨두고 스펀지로 물을 제거한다. 붓은 커다란 것으로 준비한다. 천연물감은 색의 3원색인 노랑, 빨강, 파랑으로 준비하는데, 노랑은 엷은 노랑, 진한 노랑. 빨강도 엷은 빨강, 진한 빨강, 파랑도 엷은 파랑, 진한 파랑으로 총 6가지 색이 있다. [* TIP:수채화 그리기 참고영상(https://www.youtube.com/watch?v=n-0nfJ1D-0I)]

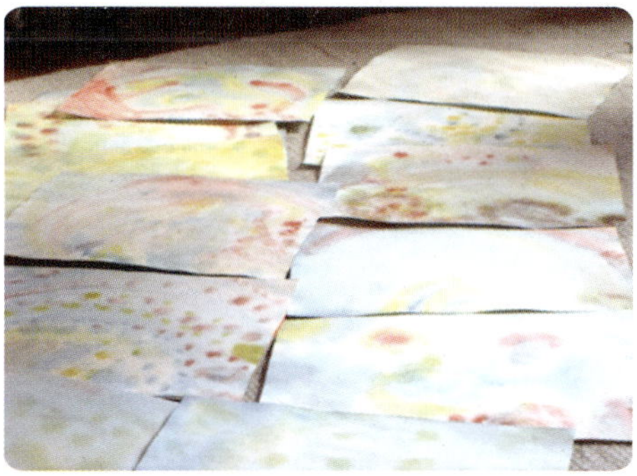

수채화 그리기

영유아의 그림을 벽에 붙이고 평가하는 일은 없다. 그 이유는, 결과보다는 과정이 중요하다는 점과 그림에 대한 다른 사람들의 눈을 영유아가 의식하게 되기 때문이다. 그러나 영유아가 벽에 붙여 주기를 원하면 벽에 붙여 놓고 여러 친구와 같이 감상하게 한다.

5) 교육 방법

(1) 환경 구성

발도르프 프로그램에서 환경은 아름다움과 질서에 대한 감각을 형성하는 중요한 역할을 한다. 슈타이너는 영유아가 환경에 민감하며 오감을 통해 정보를 받아들이고 신체를 통해 환경을 경험한다고 말한다. 교실의 벽지는 문양이 없고 색상은 화려하거나 자극적이지 않고 단순하고 은은한 연분홍을 사용하는 것이 좋다. 교실의 단순미는 밀랍을 바른 목재가구나 천연섬유에 식물염색을 하여 만든 커튼, 자연물을 이용해 만든 놀잇감 등을 통해서 표현한다.

교실환경

발도르프 교실 및 건물의 지붕, 기둥, 교실 칸막이는 최대한 각을 세우지 않고 둥근 곡선을 이용한다. 이러한 환경을 통해 영유아들은 가장 편안해할 수 있는 어머니 품과 같은 느낌을 교실에서 받게 되며, 자연과 최대한 유사한 환경 속에서 영유아는 내재되어 있는 본성을 발현시킬 수 있다.

실외놀이터는 모래밭, 나무로 된 오막살이 집, 고목 등이 있으며 미끄럼틀, 그

네, 정글짐 등은 없다. 대부분 자연물이고 꾸밈없는 원형 그대로의 것들로 꾸며 영유아가 안정감을 느낄 수 있는 분위기를 제공하며, 놀이를 통하여 창의적이고 다양한 예술적인 경험을 하는 데 초점을 두었다.

실외놀이환경

(2) 모방과 상상놀이

영유아가 공동체 의식을 발달시킬 수 있는 유용한 방법으로 모방과 놀이를 강조한다. 영유아에게 모방할 가치 있는 것을 제공하며, 교사는 간식 준비, 책상과 바닥을 닦는 등의 의미 있고 일상적인 일들에 몰두하고, 이러한 임무를 강요하지 않고 스스로 모방하도록 함으로써 학급공동체 안에서 자신의 역할을 배우고 다른 사람에게 의존하는 것을 배우도록 한다. 놀이를 통해서도 다른 역할을 시도하고 갈

등을 해결하며, 의사소통의 다양한 방법을 경험하면서 사회적 기술을 배우고 집단 안에서 생활하는 방법 등의 사회적 상호작용을 연습할 수 있는 안전한 기회를 제공한다.

이야기와 놀이를 통해 키우는 정신능력은 창의적인 사고, 문제해결능력, 그리고 무엇보다도 복잡한 개념을 파악하는 능력의 기초가 된다. 놀이란 본질적으로 실험과 발견의 과정이다. 놀이는 주어진 상황에서 시작하지만 결과가 어떻게 나타날지는 미리 알 수 없다. 놀이에는 무한한 가능성이 있는 것이다. 그렇기 때문에 놀이는 상상력을 자극하고 개성을 드러낸다.

상상력 발달을 위한 놀이 장소와 시간의 구성을 위한 조건으로는, 첫째, 자유로운 상상이 가능한 놀이 공간과 충분한 놀이 시간의 구성이 필요하다. 넓은 공간이 필요한 것이 아니다. 유아들에게는 집 한구석에 있는 탁자나 의자도 멋진 놀이 공간이 되기 때문이다. 둘째, 단순하고 소박한 환경 구성이 필요하다. 교실의 벽에 여러 가지 글씨가 쓰여 있으면 영유아들은 이런 외부 환경에 주의를 빼앗겨 버려서 내부에서 솟아나는 능력이 분산되며, 따라서 스스로 상상하는 능력이 감소될 수 있다는 것이다. 0~7세까지의 영유아기는 상상력이 가장 많이 발달하는 시기이므로 영유아의 상상력이 발달할 수 있는 단순한 환경을 만들어 주는 것이 가장 좋다는 것이다. 셋째, 놀잇감의 조건으로는 자연의 재료로 단순한 형태로 이루어진 놀잇감이어야 한다. 발도르프 유아교육에서는 완제품 형태로 이루어진 놀잇감은 거의 사용하지 않는다.

(3) 리듬과 반복

매일, 매주, 매 계절, 매년 반복되는 일과를 구성한다. 자고, 일어나는 것 또는 봄(예: 입춘, 식목일, 단오, 어린이날, 소풍), 여름(예: 현충일, 하지, 여름축제, 제헌절, 여름방학, 광복절), 가을(예: 추석, 추수감사, 가을소풍), 겨울(예: 김장 담그기, 동지, 성탄절, 겨울방학, 새해 맞이하기, 보름행사, 졸업식)과 인간의 삶을 둘러싼 환경에 존재하는 리듬에 따라 활동을 진행한다. 발도르프 프로그램의 월간 프로그램에도 리듬이 있다. 서남발도르프 어린이집의 경우 달의 리듬을 '생활주제' 로 삼아 '설-졸업-초기적응-삼짇날-어린이날-단오-유두-여름-추석-가을-김장-성탄절'로 12개의 월간 리듬생활을 보내고 있다.

매일의 생활에 들숨(라이겐, 식사, 이야기 듣기, 낮잠 시간 등)과 날숨(정리정돈, 자유놀이, 바깥놀이, 나들이 등)의 활동이 적절하게 반복되도록 한다. 하루 일과를 정확한 시간표에 따라 진행하기보단 영유아의 삶의 리듬에 따라 진행한다. 매주에도 리듬이 있어서 요일별로 특정한 활동을 반복적으로 계획하여 영유아들이 예측을 통해 사회적 관계 속에서 교사와 신뢰를 형성하고 안정감을 느끼게 된다. [* TIP: 라이겐 참고영상 (https://www.youtube.com/watch?v=PCwCXu-YyJg&feature=youtu.be)]

〈표 3-2〉 발도르프 프로그램 하루 리듬의 예

시간	리듬 내용	
07:30~09:00	등원	• 유아와 아침인사를 하며 건강상태를 살핀다. • 발도르프 교구를 이용하여 자유놀이를 한다.
09:00~09:30	아침식사 지도	• 감사인사를 하며 바른 자세로 먹는다. • 식사 후 그릇 및 자리정돈을 한다.
09:30~10:10	발도르프 자유놀이	• 자연물 교구를 이용하여 상상놀이를 한다.
10:10~10:40	정리정돈 및 손씻기	• 놀잇감을 교사와 함께 정리한다. • 손 깨끗이 씻기 및 화장실 다녀오기
10:40~11:20	대그룹 활동 – 게임 · 음률 – 이야기 나누기 – 장미기름 바르기 – 라이겐 – 오이리트미	• 장미기름을 바르며 심미감 및 손을 부드럽게 한다. • 주제를 노래와 율동으로 표현한다.
11:20~11:50	산책	• 어린이집 근처 공원 및 숲 속을 산책한다. • 자연학습장 텃밭을 가꾼다.
11:50~12:00	스토리텔링	• 자연물 소품으로 구성한 동화를 들려 준다.
12:00~13:40	점심식사 및 양치 자유놀이	• 점심식사를 한 후 정리하고 이를 닦는다. • 실외놀이를 한다.

시간	리듬 내용	
13:40~15:30	낮잠 및 휴식	• 화장실 다녀오기 • 낮잠 준비(침구 준비)를 한다. • 동화, 자장가를 들으며 잠자리에 든다.
15:30~15:40	이부자리 정리 스트레칭	• 이부자리 정리하기 • 스트레칭을 통해 몸을 단련한다.
15:40~16:10	간식	• 간식을 먹은 후 스스로 정리한다.
16:10~17:00	소그룹 활동 특별활동	• 월~금 : 나무틀놀이 – 월 : 밀납 그림 그리기 – 화 : 한지 이용한 별, 해 접기 – 수 : 수채화 – 목 : 양모벽화 – 금 : 밀납 점토 빗기, 대청소(교구장 닦기) • 미술, 체육, 영어
17:00~17:30	실외 자유놀이	• 소꿉도구, 기구, 모래를 이용한 놀이를한다.
17:30~19:30	하루 일과 되돌아보기 귀가 준비	• 작별인사를 나누며 순차적으로 귀가한다.

* 우천 시 산책과 실외놀이가 변경되며 상황에 따라 변동이 있을 수 있습니다.

출처 : http://cafe.naver.com/happykindergarten

(4) 혼합연령 집단

3세부터 6세까지의 영유아를 중심으로 혼합연령 집단을 조성한다. 어린 연령의 영유아는 높은 연령의 영유아를 존경하며 역할 모델로 삼게 된다. 높은 연령의 영유아는 돌봄과 책임감 있는 태도를 배우게 되며 사회적 인지기술을 향상시키게 된다. 연령의 다양성 속에서 영유아는 가족적인 분위기를 경험하게 되고, 같은 나이인 학급에서보다 더 자연스럽게 성장 · 발달한다.

(5) 8년 담임제

발도르프 학교에서는 1학년 입학 후 8년까지 같은 교사가 담임을 맡아 주요 교과목을 가르친다. 8년이라는 기간을 설정하게 된 것은 학생의 발달 주기와 발달 단계를 고려한 결과이고, 슈타이너는 이 시기를 학년으로 나누지 않았다. 8년이라는 기간 동안 교사가 영유아들을 관찰하기 때문에 연속성이 보장되고, 영유아들은 교사와의 안정적이고 지속적인 유대관계 형성을 통해 권위를 학습할 수 있다.

발도르프 교육에서 교사는 학생에게 지식을 전달할 뿐만 아니라 관찰자이기도 하다. 학생들을 8년 동안 지켜보면서 그들의 성장과 발달을 면밀하게 살펴볼 수 있다. 개별 학생에 대해 관심을 더 많이 가져 줄 수 있다는 점에서 8년 담임제는 긍정적이다. 일부 경우 학생과 교사 사이에 유대관계가 형성되지 않거나 불미스러운 일이 발생하는 경우에는 교사가 교체되지만, 발도르프 교육에서는 교사가 바뀌는 것을 최소화하고자 한다.

(6) 에포크 수업(Epochen Unterricht)

주기집중수업이라고도 불리는 에포크 수업은 동일한 과목을 매일 2시간 정도 3~6주에 걸쳐 집중적으로 공부하는 발도르프 학교만의 특별한 수업 방식이다. 대개 언어(외국어)와 예술 교과목을 제외한 수학, 역사, 지리, 과학 등 주요과목 전체에 걸쳐 이루어지고, 특정 과목을 선정하여 매일 오전 첫 수업으로 공부한다. 에포크 수업을 오전에 시행하는 이유는 영유아들의 체내 리듬을 고려한 것인데, 오전 8시부터 10시 사이의 집중력이 매우 높기 때문에 아침 첫 수업이 100분 동안 진행된다. 에포크 수업은 아침을 여는 활동으로 시작되어 촛불 밝히기, 시낭송, 노래와 연주, 간단한 오이리트미나 체조 등을 약 30분 동안 진행하고, 지난 수업에 대한 복습과 본시 수업의 순서로 이루어진다. 아침을 여는 활동은 수면상태인 학생들의 감각을 일깨워 '주의(깨어 있음)' 상태로 자연스럽게 만든다.

이런 방식으로 학생들은 한 과목을 3~6주 동안 학습하며, 한 과목의 에포크 수업이 끝나면 다른 과목을 선택해 같은 방식으로 수업이 이뤄지고, 한 번 배웠던 과목의 주기가 돌아오면 다시 그 과목의 주기수업이 진행된다. 3~6주 정도의 시기 동안 한 교과를 집중적으로 배우기 때문에 수업에 대한 몰입도를 높일 수 있다는 장점이 있다. 주기가 반복되기 때문에 몰입 수업의 효과를 극대화 할 수 있다. 학생들은 반복을 통해서 이렇게 내면화 되어 있던 내용을 기억해 내고, 조합하는 과정을 거치면서 완전한 지식의 형태를 갖춰 간다. 즉, 망각하는 것도 학습의 한 과정으로 본다.

(7) 자치 행정

발도르프 학교에는 교장이 없고 교사들의 자치 행정에 의해 학교가 운영된다. 이 또한 슈타이너의 '삼중적 사회질서(사회 삼원화)'와 관련된 사항이다. 사회 삼원화에 입각하여 학교를 살펴보면, 교사는 학교에 속하지만 각 교사들은 독자적으로 행동. 즉, 창의적인 학생들을 육성하기 위해서는 교사 또한 틀에 박혀 있어서는 안 되며, 이를 위해서는 다양한 선택권 및 자유가 보장되어야 한다.

발도르프 학교에서는 교장 없이 교사들의 회의에서 민주적으로 의사를 결정한다. 매주 열리는 전체 회의를 통해서 수업과 관련한 정보를 주고받기도 하고, 학교 행정 제반에 관련된 사항들을 결정하기도 한다. 교사들은 학교 운영과 관련된 사항들을 학부모와 적극적으로 상의하며, 학부모 역시 학교 행사에 참여하고 학교와 관련한 사항에 협조 및 협력한다. 교사–학생–학부모가 긴밀하게 연결되어 '교육 가족'을 구성하고, 이들이 발도르프 학교를 이끌어 나간다.

요약하자면, 교육 행정적인 측면에서 발도르프 학교는 상호의존적인 주체들의 합의에 의해 민주적이고 자치적으로 운영되는 형태의 학교라 할 수 있다.

<의견 나누기>

1. 발도르프 프로그램에서의 교육 내용 중 1가지를 선택하여 친구에게 설명해 보시오.
2. 발도르프 프로그램 동영상을 감상하고 느낀 점에 대해 이야기해 보시오.

5. 몬테소리 프로그램

1) 몬테소리 프로그램 배경

마리아 몬테소리 (Maria Montessori, 1870~1952)

교육이론가이며 실천가인 몬테소리(Maria Montessori, 1870~1952)는 이탈리아의 아코나 지방에서 출생하였다. 그가 교육에 관심을 갖게 된 것은 로마대학 부속병원의 정신과에 조교로 근무하면서, 당시 지적 장애아에 대한 일반인의 잘못된 인식을 실감하면서부터였다. 몬테소리는 당시 특수교육으로 유명한 장 이타르(Jean Itard)와 에두아르 세갱(Edouard Sguin)의 영향을 받았으며, 지적 장애아에 대한 보다 깊은 연구와 실천을 통해 이 분야에서 폭넓은 인정을 받게 되었다. 그 후 지적 장애아들에게 적용한 원리 및 방법들이 지적 장애가 없는 아이들에게도 적용 가능하다는 확신을 갖게 되었으며, 이를 위해 1901년 로마대학에 재입학하여 교육학과 실험심리학을 연구하는 한편, 소학교(초등학교)에서 교육적 인간학을 실천하였다(Standing, 1962). 그리고 1907년 로마 산 로렌조 빈민가의 개선을 위해 이 지역 유아들을 위한 연구소를 설치하였고, 이를 '어린이집(Casa Dei Bambini)'이라고 명명했다. 이곳에서의 성공을 통해 그는 유아교육과 교사 양성에 대한 강연 그리고 자신의 교육활동을 이론화한 수많은 저서들을 출판하였다(김옥경, 2003).

즉, 몬테소리교육 프로그램의 사상적 배경은 의학과 형태학적 인류학의 실험적, 과학적인 아동연구법, 이타르와 세갱의 생리학적 접근법, 다윈에 기초한 환경의 중요성 강조, 프로이트의 정신분석적 입장과 왓슨의 행동주의적 입장, 코메니우스, 루소, 페스탈로치, 프뢰벨로 이어지는 자연주의 교육사상과 신교육 운동의 경향 등으로, 다양한 사상들을 통합하여 자신의 독특한 교육사상을 형성 · 체계화 시켰다(정진옥, 1998).

2) 몬테소리 프로그램의 교육 목적

몬테소리교육의 목적은 작업에의 집중 현상을 통하여 영유아의 전인적인 발달을 도와주고, 자신의 주변 환경에 적응할 수 있게 하며, 사회의 요구를 받아들이고 더 나아가서 정상화시켜 주는 것에 두었다. 즉, 정상화 된 영유아는 질서를 지키고 작업하기를 좋아하며 스스로 작업에 열중하고 침묵을 지키며 온순하고 독립심, 주도성이 강하여 기쁨을 갖는 가운데 내적 훈련을 발달시켜 나간다(Standing, 1962).

3) 몬테소리 프로그램의 교육 원리

몬테소리교육에서 가장 중요하고 교육 실천에 토대가 되는 것은, 아동을 최대한으로 존중하고 신뢰하는 인간 존중의 정신에서 출발하여 교사 중심 교육이 아닌 유아의 인간성 발굴을 중심으로 하는 영유아에 대한 존중 사상이다. 아동의 인격을 존중해 준다는 것은 아동이 원하는 것을 이해하고 따라 주는 자세로 아동을 대하라는 의미로, 그 개인차를 인정하여 개별지도가 이루어져야 한다(이기숙, 이영자, 1990). 몬테소리교육의 원리는 흡수정신, 민감기, 준비된 환경, 정상화로 나누어 살펴볼 수 있다.

(1) 흡수 정신

흡수정신이란 영유아의 주변 환경의 세계를 스펀지가 물을 흡수하듯이 무의식적으로 받아들이는 능력을 말한다. 즉, 카메라가 현상을 찍어내듯이 있는 그대로 본능적으로 받아들이는 것이다. 몬테소리에 의하면, 모든 지식은 인식을 통해서 얻어지고, 인식은 경험을 통해서 이루어지며, 경험은 실체를 통해서 형성되는데 이러한 지식 형성의 과정은 감각에 의해서 흡수된다고 하였다(김영선, 1999). 영유아는 이 과정을 통하여 지식을 구체화 시키고, 환경에 대한 인상들을 나름대로 구성하고 동화하게 된다. 이 시기에 영유아들은 외적인 주변 환경과의 접촉과 감각기관의 발달을 통하여 감각이 구체화되며 민감한 반응과 이해력과 지적 능력을 개발시켜 사물을 탐색, 구별, 분석하는 예리한 관찰력, 사고력, 논리력, 판단력을 촉진하여 자신의 주변 세계를 넓혀 나간다(이영례, 2003).

(2) 민감기

민감기란 적절한 시기에 독특한 민감 성향을 말한다. 특수한 민감성은 발달과정을 거치는 동안 영유아의 조기 상태에서 획득되는 것으로, 일단 특별한 특성을 획득한 후에는 특수 민감성은 소멸되는 일시적인 과정이다. 몬테소리는 영유아에게 있어 민감기란 특정한 측면에서 두드러지게 나타나는 연속적인 특성을 지니는데, 이 기간은 주로 0세에서 6세 사이에 해당된다고 보았다.

생물의 모든 특별한 특성들은 일시적인 충동이나 감각적인 경험, 잠재적 능력의 도움을 통해 얻어지는데, 영유아는 민감기를 통해 자신을 환경에 적응시키고 그에 따르는 특성을 획득한다. 그러나 어떤 특성이 획득되었을 때는 그 특성에 대한 민감기는 약화되어 특성이 사라지고, 또 다른 특성의 민감기가 찾아오게 되므로 교사는 그 특성을 잘 관찰하여 민감기가 존재하는 동안 그 시기를 효과적으로 보낼 수 있도록 돕는 것이 아주 중요하다.

민감기는 영유아의 정신적 성숙을 촉진시키는 발달 단계의 하나이다. 몬테소리는 생태학적으로 영유아기에 나타나는 민감기를 학습의 무한한 가능성을 발달시킬 수 있는 능력으로 강조하였다(전영순, 1986). 그러므로 이 시기를 교사나 부모가 잘 파악하여, 발달을 위해 필요한 경험과 환경을 충분히 제공해 주어야 한다.

(3) 준비된 환경

준비된 환경이란 영유아의 요구가 끊임없이 만족되어질 수 있는 인적, 물적 환경을 말한다. 몬테소리는 영유아가 태어날 때부터 발달의 가능성을 갖추고 있으나, 정상적인 발달을 하고 인격을 완성시키기 위해서는 적당한 환경이 필요하다고 보았다(Lillard, 1973). 스스로 선택한 일은 스스로 완성할 수 있는 책임을 배워야 하고, 자기 잠재 능력의 욕구를 이끌어 반복 활동을 통해서 집중하는 능력, 독립심을 형성한다. 그러므로 이러한 내용들을 만족시킬 수 있도록 환경을 갖추어야 한다. 준비된 환경에는 영유아의 연령과 수준, 발달 단계를 고려한 자유스러운 활동 공간과 영유아의 일상생활을 도울 수 있는 영역, 감각, 수, 언어, 역사, 지리, 천체 등 활동에 필요와 교재와 교구, 영유아의 발달 단계를 이해하고 적용하는 교사의 전문성과 준비된 자세가 필요하다.

(4) 자유와 자기교육

몬테소리는 '준비된 환경'의 근본적인 특징은 영유아가 독립적인 활동을 할 수 있는 자유라고 보았다. 즉, 영유아는 자신의 환경 내에서 자신이 선택한 자료를 자유롭게 탐구할 수 있기에 발견에 몰두할 수 있는 것이다. 이 선택의 자유는 교사가 영유아에게 시범을 보인 많은 지식으로부터 나온다. 따라서 교사는 영유아에게 판단하고 선택할 수 있는 지식을 주어야 한다. 행동의 판단은 행동의 선택을 유도하며, 행동의 선택은 영유아의 지적 능력과 의지에 따라 이루어지면서 이것은 영유아가 스스로 깨닫고 교정하며 발달해 나가는 자기교육을 낳도록 할 것이다.

(5) 정상화

몬테소리는 영유아가 작업을 좋아하는 자연적인 성향이 있음을 발견하였다. 영유아가 자유로이 작업을 선택한 후에 그들은 기쁨과 평화와 휴식을 느끼고 공격적, 적대적, 파괴적 행동이 사라진다고 하였으며, 이러한 정신적 통합과정을 정상화(Normalizatin)라고 하였다. 이러한 정상화는 영유아가 소유한 육체적 · 정신적 에너지가 상호작용을 하며 내면적인 안정을 갖춘 상태를 이루게 되는 것을 말하는 것으로, 영유아가 자신의 내면적 욕구에 따라 자신 속으로 집중하는 몰입의 경지에 이르게 된다(김영란, 2007).

4) 몬테소리 프로그램의 교육 내용

(1) 일상생활영역

일상생활교육은 몬테소리교육 가운데 가장 기본이 되는 교육으로 실제 생활에서 경험하는 활동들을 교육 내용으로 한다. 영유아는 출생한 후 신체의 움직임을 통해 외부 세계와 접촉하면서 주위 사물과의 관계를 배우고, 환경 속에서 자신의 역할을 배우며, 스스로의 잠재력을 키워 나간다. 이러한 과정은 일상생활 속에서 이루어진다. 영유아는 자신이 처해 있는 환경에 익숙해져야만 좀 더 어려운 과정을 학습할 수 있기 때문에 일상생활교육은 다른 교육보다 가장 먼저 이루어져야 한다.

의생활 정리대

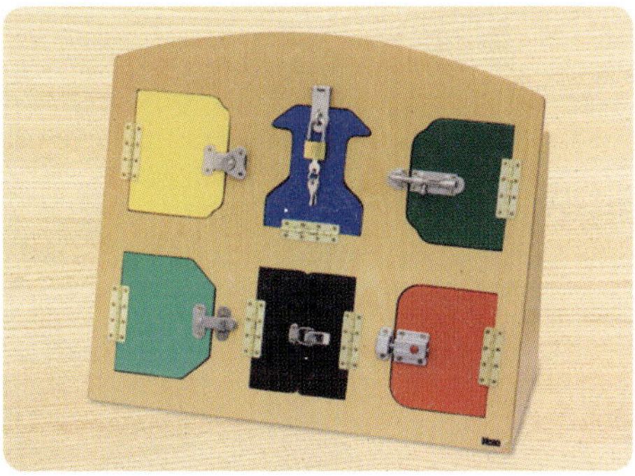

열고 잠그기

(2) 감각영역

몬테소리 감각교육은 시각, 청각, 후각, 미각, 촉각 등의 감각기능을 보다 예민하게 훈련시켜서 영유아로 하여금 주변 세계의 사물에 대한 속성을 빠르고 정확하게 파악하게 하므로 영유아의 정신세계를 풍요롭게 형성하도록 조력하는 데서 그 의의를 찾을 수 있다(김영선, 1999). 영유아는 감각교육의 오 감각을 통해 신경중추에 영향을 받고 정신 발달을 이루며, 성장하는 데 있어서 보고, 만지고, 듣고, 맛을 보고, 냄새를 맡는 등의 신체적, 정신적 발달을 이룬다. 영유아기는 감각적 자극에 의해 외부의 지식을 받아들이므로 감각교구의 경험은 유아가 수학, 언어, 문화 활동을 수행하는 기초가 된다. 그중에서도 특히 수학영역 학습을 할 준비가 되는데, 이는 감각영역 활동을 통해 유아가 수학적인 경험에 민감해지고 숫자와 친해질 수 있기 때문이다(신화식, 2003).

몬테소리 감각교구의 내용은 시각, 촉각, 청각, 미각, 후각교육에 필요한 감각교구들로 구성되어 있으며, 감각별로 분류해 보면 〈표 3-3〉과 같다.

〈표 3-3〉 몬테소리 감각교구와 교구의 내용

감각의 종류		교구명	교구의 내용
시각	크기	꼭지원기둥	높다/낮다, 굵다/가늘다, 크다/작다, 높고 낮고 굵고 가늠의 조화
		분홍탑	크다/작다
		갈색계단	굵다/가늘다
		빨간막대	길다/짧다
		색원기둥	꼭지원기둥과 동일
	색	색판	색의 종류, 색의 농도
	형태	기하서랍과 카드	여러 가지 평면 기하도형 (원, 삼각형, 사각형, 다각형)
		기하입체	기본적 기하입체 (구, 입방체, 직방체, 삼각기둥, 원뿔, 사각뿔)
		구성삼각	삼각형의 종류와 삼각형의 조화로 구성된 것
		2항식	색과 치수의 요소와 응용
		3항식	색과 치수의 요소와 응용
촉각	피부감각	촉각판	물체의 표면이 매끈하고 거칠함
		헝겊 맞추기	천의 종류와 감촉
	온도감각	온도감각병	뜨겁다/따뜻하다/미지근하다/차다
		온도감각판	물건 자체가 가지고 있는 온도
	중량감각	중량판	무겁다/가볍다
		비밀주머니	물체를 감각적으로 지각

감각의 종류		교구명	교구의 내용
촉각	근육감각	기하입체	기본적 기하입체 (구, 입방체, 직방체, 삼각기둥, 원뿔, 사각뿔)
청각		소리상자	소리의 강약
		음감벨	음의 고저
미각		미각병	기본적인 맛의 종류
후각		후각병	여러 가지 사물의 냄새
평형감각		선, 평형대 걷기	균형감각 연습

출처: 조성자(2011)

분홍탑

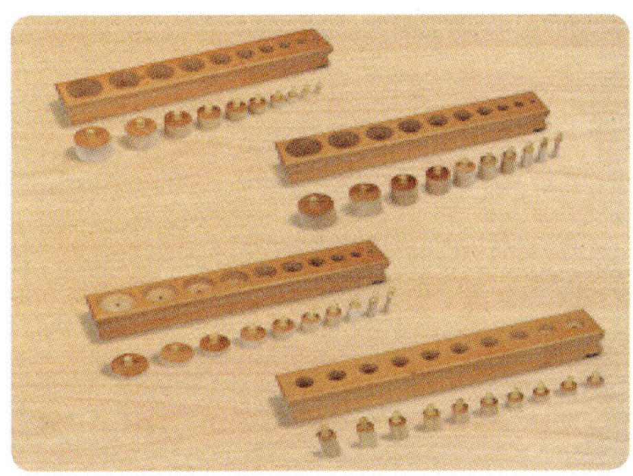

꼭지원기둥

(3) 언어영역

몬테소리는 출생에서 만 6세까지가 일생을 통해 언어 습득에서 가장 중요하고 민감한 시기라고 강조하면서, 만 2세 반에서 만 5세까지는 언어발달 기간, 만 3세 반에서 4세 반까지는 쓰기의 민감기, 만 4세 반에서 만 5세 반은 읽기의 민감기로 보았다(김순옥, 1999). 이 시기에 언어 습득을 하지 않으면 언어적 결함을 초래하므로 유아를 둘러싼 인적, 물적 환경에서는 언어발달을 촉진할 수 있는 방법이 제공되어야 한다. 언어교육은 듣기, 말하기, 쓰기, 읽기 영역으로 구성되어 있으며, 언어의 민감기에 있는 유아기 동안 듣기, 말하기, 쓰기, 읽기 등 네 영역의 기초능력을 길러 주는 데 목적이 있다(신화식, 2003).

(4) 수영역

몬테소리는 영유아의 지능 발달의 기초가 되는 교육으로서의 수교육을 중요시하여 아동의 생리적 · 심리적 조건에 알맞은 과학적이고 구체적이며 감각적인 교구를 수교육에 사용하였다. 몬테소리의 수교육의 목적은 수학적 사고력을 배양하며 기초적인 수 개념을 획득하는 것이다. 이러한 목적을 위해 영유아는 환경과 끊임없는 상호작용을 하게 된다. 즉, 다양한 교구를 반복적으로 작업하는 과정을 거쳐 점차 추상적인 수 개념을 학습하게 되는 것이다. 이러한 구체적인 교구화의 활동을 통해 수학 개념을 이해하게 되면 영유아는 더 이상 그 교구에 대해 관심을 보이지 않게 된다.

또한 몬테소리 수교구는 자율적 교육을 위해 고안되었고, 잘못에 대한 통제는 교사가 아니라 교구 자체에 있어서 영유아 스스로 실수를 깨닫게 해 준다(Lillard, 1973). 몬테소리는 수 개념 지도 시, 될 수 있는 한 영유아의 실생활이나 그와 유사한 상황에 입각한 교육을 강조하였다(Lillard, 1973). 몬테소리는 될 수 있는 한 많은 감각에 호소하는 학습 활동의 고안에 힘썼으며, 몬테소리의 수학교구들은 기본적으로 피아제(Piaget)식 수학 개념을 함유하면서 구체적이고 체험적인 학습을 제공하고 있다(송미령 외, 1998). 몬테소리 수교육 과정은 수의 소개, 십진법, 연속수 사칙연산, 추상의 과정, 분수, 기하에의 도입, 시계, 과정으로 구성되어 있다.

- 일대일 대응 개념
  (예: 단춧구멍에 단추 끼우기, 손잡이가 달린 원기둥 구멍에 넣기)
- 십진법 개념
  (예: 열 개의 사물로 구성된 감각교구를 순서대로 놓기)
- 순서 개념
  (예: 열 개의 색깔 막대를 길이 순서대로 나열하기)

십진법

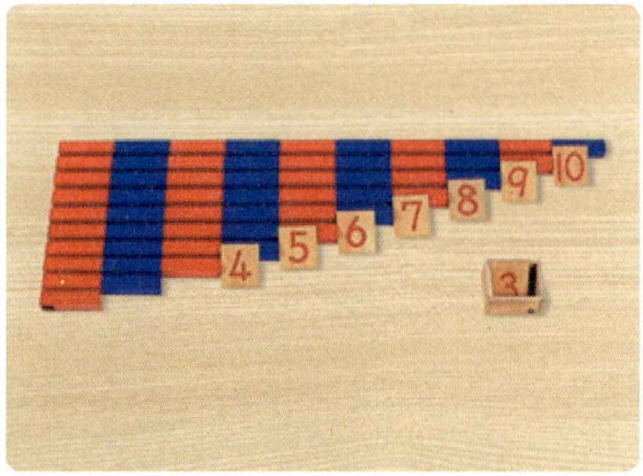

수막대

(5) 문화영역

문화란 우리가 공유하고 있는 행동, 형태, 지식, 예술, 도덕, 신앙, 습관, 법률, 언어 등으로, 이것들은 일반화된 형태로 집단에 존재하고, 새로운 세대를 받아들이면서 계승 전달된다. 문화는 우리들만의 것이 아니고, 이전 세대에서 전해 받은 것을 또다시 차세대에게 전하는 것이다. 그러므로 문화는 역사와 깊은 관계를 갖고 있다. 영유아의 일상생활 속에서 문화(생물, 지리, 역사, 예술, 종교, 음악 등의 모든 것)는 어떤 시기에 무의식적으로 또는 의식적으로 영유아에게 흡수된다. 몬테소리는 만 3~6세까지의 시기에 문화를 쉽게 획득할 수 있는 자연적 성숙이 있다고 본다면 그것을 이용해야 하며, 그 자체 안에 문화의 역사를 전달할 수 있는 사물을 영유아의 주변에 배치하고 그것을 접할 수 있도록 해야 한다고 지적했다(김순옥, 1999).

문화영역의 내용으로는 지리학, 동식물학, 역사학, 지질학, 음악, 미술 등이 있다. 문화영역은 영유아들에게 언어를 풍부하게 하며 다양한 경험을 줌으로써 영유아의 호기심과 탐구심을 만족시켜 사고의 확장과 논리적인 사고방식을 갖도록 도와준다. 또한 다양한 환경을 이해하고, 환경을 이용하여 적용하면서 더 큰 자아 성취를 이루게 하는 데 그 효율적 의의가 있다(이영숙, 2000).

– 다양한 문화 이해, 수용
(예: 미술, 음악, 건축 양식, 조각 등 감상, 자신의 느낌 표현)

– 다른 문화 인식, 지식 습득
(예: 문화 체험 행사, 특정 문화에 대한 주제 학습, 다양한 문화적 배경에서 나온 사물이나 도구 사용)

세계 국기

5) 몬테소리 프로그램의 교육 방법

몬테소리의 교육 방법은 자유 활동의 개념에 입각한다. 즉, 영유아가 자유롭게 선택한 교구를 가지고 영유아 스스로 교구 활동을 하거나, 교사가 각 영유아의 개인차에 따라 개별지도를 할 수 있다(신화식, 1996).

첫째, 교구를 통하여 배우는 자동교육(Auto Education)이다. 영유아가 자신이 자유롭게 선택한 교구를 통하여 자신의 능력을 점차적으로 개발해 나가는 것이다. 몬테소리의 많은 교구는 영유아 자신이 활동하며 잘못된 점을 스스로 수정하도록 되어 있다.

둘째, 교사와 영유아의 상호작용을 통하여 이루어진다. 몬테소리의 교육 방법으로 특징 있는 것은 3단계 교수법이다.

- 1단계: 명칭과 사물을 일치시킨다.
  (예: 이것은 구입니다.)
- 2단계: 명칭에 해당되는 대상물을 말하고 인지하게 한다.
  (예: 면이 없어 잘 구르는 구는 어디 있나요?)
- 3단계: 대상물을 가리키며 명칭을 말하게 한다.
  (예: 이것은 무엇인가요?)

셋째, 영유아와 영유아 간의 상호관계를 통하여 학습이 이루어진다. 몬테소리는 최초의 어린이집에서 자발적인 발달을 일으키도록 만 3세, 만 4세, 만 5세 혼합연령으로 학급을 구성했다. 혼합연령반의 장점은 서로 다른 나이의 영유아들이 서로의 생각, 행동, 능력을 이해하고 존중한다는 점이다. 이기적이기보다 타인에 대한 존중을 배우게 되므로 도덕적 · 윤리적 가치가 분명해진다. 나이 많은 영유아는 나이 어린 영유아들과 함께 생활하게 되므로 책임감, 규칙, 의무 등이 생겨 리더십(leadership)이 키워진다. 또한 인지적인 면에서는 개별 발달 단계에 따라 활동하고, 작업 선택이 가능하므로 자연스럽게 개인의 생활에 만족한다. 만 3세가 만 5세 영유아의 질서나 집중하는 모습을 보고 배우며, 만 5세의 높은 수준의 작업 내용을 보고 만 3세 유아도 배워 간다. 이러한 혼합연령의 학급 편성에서는 교사의 권위가 축소되어 영유아의 자율감 형성에 도움을 준다. 특히 영유아는 동료와의 사회 속에서 연대의식, 사랑, 협동을 학습하며 성장한다는 관점에서 오늘날 자녀 수가 줄고 있는 현대 가족 구성 성향에서 결핍되기 쉬운 형제애를 길러 주는 좋은 여건이 된다. 한 마디로 요약하면 그것은 준비된 환경 속에서 개별의 발달 단계에 적합하게 자율적으로 이루어지는 경험에 기초를 둔 방법이라고 할 수 있다.

6) 몬테소리 교구

몬테소리 교실은 영유아들이 자율적으로 학습하여 정상화를 이루어 갈 수 있도록 준비된 환경을 제시한다. 이곳에서 영유아들은 감각, 근육 조절, 지적 발달을 도모하기 위한 수단으로써 몬테소리가 특별히 영유아들의 발달과정에 맞도록 고안한 교육자료를 사용한다. 몬테소리 교구는 처음에는 일반 영유아를 대상으로 한 교구는 아니었다. 지적 장애아 시설을 견학 후, 몬테소리는 영유아를 위한 교육 이론을 바탕으로 감각교구를 개발하였고, 당시에는 지적 장애 유아들이 교구를 사용하는 대상이었다. 1907년에 어린이의 집을 개원하면서부터 일반 영유아를 위해서도 교구들이 사용되고 고안되어졌다. 몬테소리 교구는 몬테소리교육의 구조와 실천과정, 즉 몬테소리교육의 가시적인 총체라고 볼 수 있다. 몬테소리는 영유아의 오 감각을 고르게 발달시킬 수 있는 감각교구들을 중요시하면서 다음과 같이 말하였다. "교육학은 교육하는 것을 목표로 삼고 있다. 내가 사용한 방법은 교구를 이용하여 교육학적 실험을 하고 영유아의 자발적인 반응을 이끄는 방법이다. 나의 교구는 종종 측정할 수는 없지만 감각 훈련을 시키기 위하여 적용된다. 교육의 목적은 힘을 발달시키는 것이다. 영유아들이 흥미를 나타내는 교구를 선택하지 않으면 안 된다." 일반적으로 몬테소리 교구는 영유아기의 민감기와 정신발달 단계에 맞도록 고안되어져, 영유아가 스스로 반복하고 집중하여 정상화에 이를 수 있도록 하였으며 영유아들의 자발적인 참여를 강조하였다. 영유아의 정신 세계를 확장하기 위해 사용되는 교구는 다음과 같은 네 가지 특성을 가지고 있다(Lillard, 1973).

첫째, 자동교육(auto-education)이 되도록 고안되었다. 잘못의 조정은 교사가 가르치기보다는 교구 자체에서 이루어지도록 하여 궁극적으로 영유아의 생각과 결정적인 능력을 사용하여 분별하는 능력을 증가시킨다.

둘째, 심미감을 갖게 하는 매력을 가지고 있다. 감각적인 교구뿐만 아니라 모든 환경이 영유아에게 매력을 줄 수 있도록 준비되어 있다. 모든 교구가 색깔의 조화를 이루도록 준비되고, 교구나 담는 용기들이 안전하고 아름답게 기능적으로 제공되어 영유아들이 흥미롭게 활동하게 한다.

셋째, 영유아의 활동을 이끈다. 영유아가 사물 그 자체에서 제시하는 기술에 흥미를 갖기보다는 교구의 특성에 흥미를 가져 작업하도록 하는 기회를 제공한다.

넷째, 교구의 수에 제한성을 갖는다. 교구를 양적으로 제한해야 한다는 원리는 명확하고 논리적이다. 보통의 영유아는 한정된 범위의 사물에 애착을 가지며, 혼돈 속에서 질서를 유지하고 질서에 따라 탐색하기 위한 정신을 준비하게 된다. 과다한 양의 교육자료는 영유아의 정신 세계를 산만하게 하고, 많은 교육자료를 갖고 연습하는 것은 오히려 영유아의 자발성 결여를 가져올 뿐 아니라 교육자료에 대한 이해와 파악이 되지 않아 영유아의 심리적 발달의 기회를 방해할 수도 있다. 그러므로 준비된 환경 속에서 한정된 범위의 교구 연습은 영유아의 내적 발달과 질서감을 획득하는 데 도움을 준다(신화식, 2001).

위에서 언급된 몬테소리 교구의 네 가지 특성을 바탕으로 몬테소리 교구는 다음의 네 가지 원리를 갖는다.

첫째, 교구는 분리되어 조작하도록 되어 있다. 어려움이나 잘못은 분리된 교구 조작에 의해 영유아가 발견하거나 이해하도록 되어 있다.

둘째, 교구는 단순한 것에서 복잡한 것으로 진전되도록 고안되어져 있다.

셋째, 교구는 영유아가 간접적으로 미래 학습을 준비하도록 관련되어져 있다.

넷째, 교구는 생각을 구체적인 것에서부터 점차 추상적으로 표현하게 한다.

몬테소리 교구는 영유아의 민감기와 정신발달 단계에 맞도록 제작되었고, 교구를 통해 영유아 스스로 반복하고 집중하며 정상화에 이르도록 고안되어져 있다. 전문적으로 제작된 교구가 좋은 이유는, 영유아가 사용하기에 가장 아름답고 영유아의 감각을 보다 민감하게 사용할 수 있도록 완벽하게 만들어졌기 때문이다. 교구들은 단순하며, 기본 형태가 깨끗하고 위생적으로 만들어졌다. 몬테소리는 영유아가 실제적으로 단순한 것을 좋아하며, 그들의 주변 환경에서 그와 같은 것을 찾으려 함을 발견하였다.

<의견 나누기>

1. 몬테소리 교구의 교육적 가치에 대해 토론하시오.
2. 몬테소리교육 프로그램의 장점과 단점에 대해 이야기해 보시오.
3. 몬테소리교육 프로그램에서 유아교사의 역할에 대해 이야기해 보시오.

6. 뇌 과학적 접근의 유아교육 프로그램

우리가 살고 있는 21세기는 놀라운 과학기술 발달의 영향으로 양전자방출단층촬영술(PET)과 자기공명영상법(MIT), 기능적 자기공명영상법(fMRI) 등이 개발되면서 뇌의 시대로 불리고 있다. 이에 따라 이제는 영유아교육에 있어서도 뇌 과학적 접근에 기초한 교육이 이루어질 필요가 있음이 강조되고 있다. 그러므로 그동안 철학적, 심리학적, 사회학적 이론에 기초하여 개발되었던 영유아 프로그램의 방향에 있어서도 뇌 과학적 접근에 기초한 프로그램 개발 및 적용이 연계되어 이루어질 필요가 있다(Cain & Cain, 2003; Corbin, 2013; Jensen, 2011).

뇌 과학적 접근은 뇌의 구조와 기능에 대한 과학적인 연구 결과를 토대로 인간의 사고 및 학습과정을 체계적으로 접근하고 이해하는 방법으로, 영유아의 교수-학습 효과의 증진을 위해 뇌 과학적 연구 결과를 교육 영역에 적용하는 교육적 접근이라고 볼 수 있다(Jensen, 2010). 특히 인간의 뇌 발달의 80%가 거의 영유아기에 이루어진다는 연구들(Connell, 2005; Jensen, 2005)이 발표되면서 유아교육 프로그램 개발 및 적용에 있어서 뇌 기반 학습 원리를 적용할 필요성이 더욱 강조되었다.

뇌 기반 학습 원리는 뇌 기반 학습과학(brain-based learning science)에 의해 도출된 학습 원리로서, 뇌의 구조와 기능에 대한 과학적 이해를 바탕으로 영유아의 뇌를 효율적으로 활용할 수 있는 적절한 교수-학습 환경을 설계하고, 이를 영유아를 위한 교육에 적용할 수 있는 원리라고 볼 수 있다. 뇌 과학적 접근의 유아교육 프로그램에 적용할 수 있는 대표적인 뇌 기반 학습 원리를 제시하면 다음과 같다.

1) 뇌 기반 학습 원리

첫째, '뇌의 변화의 원리'는 유아교육 프로그램을 개발하고 적용하는 데 있어서 영유아의 뇌가 활성화되어 바람직한 방향으로 변화되도록 돕기 위해서는 무엇보다도 정서적인 측면에서 영유아의 흥미와 동기유발이 일어날 수 있는 프로그램으로 개발되어야 한다는 의미이다. 뇌 과학자들에 의하면, 정서는 인지능력의 지휘자이자 학습의 파수꾼이다. 이를 뇌의 구조와 기능을 통해 설명하면, 영유아의 인지를 담당하는 부위라 할 수 있는 대뇌피질 신경조직망과 기억을 담당하는 해마의 역할이 영유아들의 학습과정에서 매우 중요한 역할을 담당하는데, 뇌가 긍정적으로 변화하여 지식 구성이 이루어지려면 반드시 정서적 측면에서 학습에 대한 흥미와 동기유발이 이루어질 수 있는 프로그램으로 개발되어야 한다.

둘째, '뇌의 다양성의 원리'는, 영유아들의 뇌 구조와 기능은 생물학적, 환경적인 측면에서 조금씩 다르고 다양하기 때문에 영유아 프로그램을 개발하고 적용하는 데 있어서 성장 과정과 환경의 영향을 최대한 고려하여 영유아교육 프로그램을 개발하고 적용할 필요가 있다는 것을 시사해 준다. 영유아들은 정보를 수용하고, 처리하고, 표현하는 방식에 있어서 더 선호하는 학습양식을 가지고 있는데, 이러한 학습양식은 주로 시각적 학습양식, 청각적 학습양식, 운동감각적 양식이다. 그러므로 영유아 프로그램을 개발하고 적용하는 과정에서 가급적 영유아의 다양한 학습양식을 파악하고, 이를 고려하여 프로그램을 개발하고 적용할 필요가 있다.

셋째, '뇌의 상호작용의 원리'는 뇌 기반 학습의 본질적이고 핵심적인 원리로, 영유아를 위한 프로그램을 개발하고 적용하는 데 있어서 영유아와 영유아, 영유아와 교사, 영유아와 놀잇감 간의 상호작용이 활발히 이루어지도록 프로그램이 운영되어야 한다는 것을 의미한다. 영유아는 동물들과는 달리 '사회적 뇌(social brain)' 영역을 가지고 있으며, 사회적 뇌 영역은 매우 광범위하다. 그래서 실제로 영유아의 뇌는 다른 사람들과 조화를 이루어 상호작용하고, 감정과 느낌을 공유하고, 토의하고 브레인스토밍을 할 때 엄청난 양의 학습이 일어난다(Cain & Cain,1994; Corbin, 2008). 그러므로 영유아 프로그램을 개발하고 적용하는 데 있어서 영유아들이 다른 사람들과 협력하면서 경험할 수 있도록 접근할 필요가 있다.

넷째, '기억유연성의 원리'는 뇌에서 이루어지는 기억 처리 과정을 이해하여 중요한 학습 내용을 장기 기억할 수 있도록 돕고, 필요할 때 기억된 내용을 활용할 수 있도록 돕는 전략을 활용하여 영유아 프로그램을 개발할 필요가 있다는 것을 의미한다. 유아의 뇌에서 이루어지는 기억의 처리과정은 매우 복잡하다. 대부분의 기억은 피질을 통해 골고루 분포되어 있는데, 영유아의 발달에 적합하지 않거나 스트레스를 줄 수 있는 프로그램을 적용하게 되면 영유아가 스트레스를 받거나 불안감을 느끼는 정서 상태로 변하게 되어 오히려 프로그램에서 다루는 지식이나 정보가 뇌에 저장되지 않고, 기억을 방해하게 된다(김명희, 문승호, 2004; 김성일, 2006; 안경숙, 2013; Cain & Cain, 1994; Jensen, 2010). 이는 유아교육 프로그램을 개발하고 적용하는 데 있어서 일차적으로 발달에 적합한가를 고려하고, 영유아의 흥미를 고려한 프로그램으로 나아가야 한다는 것을 시사해준다고 하겠다.

이상에서 살펴본 뇌 기반 학습 원리는 유아교육 프로그램 개발 및 적용에 있어서 시사점을 제공하고 있으며, 이와 같은 뇌 기반 학습 원리에 의하여 다양한 영유아교육 프로그램들이 일부 개발되어 적용되고 있다. 뇌 과학적 접근의 유아교육 프로그램의 사례로 '유아디자인교육 프로그램'을 소개하면 다음과 같다.

2) 뇌 과학적 접근의 유아디자인교육 프로그램

뇌 과학적 접근에서 개발된 유아교육 프로그램들 중 유아디자인교육 프로그램(안경숙, 2017)의 예를 소개하면 아래와 같다.

'디자인'이라는 용어는 산업디자인이나 시각, 실내 및 건축, 도시 환경, 영상, 패션 산업 등 여러 분야에서 보편적으로 사용하고 있으며, 디자인 영역은 우리의 생활양식이 지속적으로 변화되면서 그 적용 영역이 시각디자인, 제품디자인, 환경디자인 등과 같이 다양화되고 있다. 시각디자인(visual communication design)은 사용가치보다는 인간과 인간의 관계, 즉 사회와의 교섭을 위하여 정보를 전달하기 위한 기능을 집약적으로 표현한 시각적인 실체를 창조하는 분야이다. 인간은 눈에 보이는 사물의 세계, 즉 시각적인 세계에 살고 있으며, 대부분의 사람들은 80% 이상이 눈을 통해 정보를 받아들이기 때문에 시각적 이미지를 통한 의사소통이 우리의 생활에 많은 영향을 준다. 특히, 영유아들은 추상적인 개념이나 상징보다는 구체적인 시각적 이미지의 영향을 받아 정보처리를 하는 경향이 높기 때문에(Jensen, 2001), 시각디자인은 영유아들의 인지능력과 의사소통에 매우 중요한 부분이라고 할 수 있다. 이와 같이 시각적 이미지의 중요성을 고려해 볼 때 다양한 시각디자인을 경험할 수 있는 학습매체를 제공해 줄 필요가 있다.

제품디자인(product design)은 인간이 자연에 적응하려는 목적으로 도구를 창조, 사용하기 위해 발달한 분야로서, 제품이 가지고 있는 목적과 기능 등을 고려하여 우리의 생활과 환경을 보다 편리하고 아름답게 하기 위해 필요한 영역으로, 수공업에 의해 생산되는 공예디자인, 패션디자인 등이 해당된다(동풀잎, 2008; 유명환, 배윤선, 2007).

환경디자인(environment design)은 인간이 사회와 자연과의 관계를 맺으며 살아가는 인간 환경에 관한 분야로서, 자연 생태계의 질서를 유지하면서 쾌적하고 아름다운 생활을 할 수 있도록 하는 것이 목적이다. 환경디자인에는 건축디자인, 실내 인테리어디자인, 조경디자인, 무대디자인 등이 포함된다(안경숙, 2017, 재인용).

유아디자인교육은 일차적으로 예술적이고 심미적인 측면에서 유아교육기관의 교육환경의 변화를 고려하고, 그 다음으로 교육과정 측면에서 디자인과 관련성이 있는 생활주제를 고려하는 방향으로 진행될 수 있다. 이러한 측면에서 유아디자인교육 프로그램의 기본 방향을 설명하면 다음과 같다.

첫째, 5세 누리과정(교육과학기술부, 2012)의 예술경험 영역의 목표와 내용 기준을 고려하여 유아디자인교육 활동은 미적 탐색, 창의적 표현, 예술적 감상의 디자인 프로세스 방식으로 전개된다.

둘째, 뇌 기반 학습에서 강조하는 영유아의 학습양식을 고려하여 음악, 동작, 조형 등의 요소들이 자연스럽게 연계된 디자인 활동으로 개발된다.

셋째, 영유아의 주변환경과 자연, 생활 속에서 발견할 수 있는 디자인을 탐색하여 이를 창의적이고 심미적인 관점에서 경험하도록 한다.

넷째, 유아를 둘러싸고 있는 교육환경을 유아와 교사가 함께 협력하여 디자인하는 과정을 통해 유아가 창의적, 심미적으로 변화시켜(transforming) 가도록 안내한다.

다섯째, 프로그램의 교수–학습 방법으로 '자기주도적 협동 학습', '상호주관성', 교사와 영유아의 공동체적 관계 등을 강조하는 방향으로 디자인 활동이 이루어진다.

(1) 유아디자인교육 프로그램의 목적과 목표

유아디자인교육 프로그램의 목적은 영유아가 능동적으로 디자인 활동에 참여하도록 안내하여 창의성과 심미감을 길러 줌으로써 예술적 감수성과 문화이해력을 가진 창의적이고 심미적인 인간을 육성하는 것에 있다. 이와 같은 목적을 달성하기 위한 유아디자인교육 프로그램의 목표는 다음과 같다.

첫째, 뇌 기반 교육 원리에 기초한 영유아 디자인 활동을 통해 창의성을 증진한다.

둘째, 영유아 디자인 활동과 연계된 예술영역 활동들을 통해 영유아의 미적 요소와 원리를 인식하도록 하여 심미성을 신장한다.

셋째, 뇌 기반 교육 원리에 기초한 유아디자인교육 활동을 통해 문제해결능력의 발달을 도모한다.

(2) 유아디자인교육 프로그램의 내용 체계 및 활동 구성

뇌 기반 학습 원리에 기초한 유아디자인교육 프로그램의 내용은 2012년에 고시된 만 5세 대상의 누리과정 교사용 지도서(교육과학기술부, 2012)에서 제시하고 있는 생활주제 중에서 디자인과 관련된 내용을 좀 더 잘 이끌어낼 수 있는 주제를 기본적으로 선정하며, 프로그램의 적합성을 위한 적용 과정에서 영유아들의 관심사에 의해 드러난 소주제들도 포함시켜 구성하였다. 프로그램의 일부 활동 내용의 예를 소개하면 다음과 같다(안경숙, 2017, 재인용).

〈표 3-4〉 뇌 과학적 접근의 유아디자인교육 프로그램 내용 구성의 예

주제	디자인 영역	디자인 활동 단계		디자인교육 활동
유치원과 친구	환경 디자인	선행 활동		「화분을 키워주세요」를 읽은 후 교실을 아름답게 바꾸려면 무엇이 필요한지 이야기 나누기
		본 활동	미적 탐색	– 교실을 돌아보고 교실을 아름답게 변화시키는 방법 토의하기 : 천장에 모빌 달기, 예쁜 꽃이나 화분 놓기, 여러 가지 색과 디자인의 쿠션 놓기 등
			창의적 표현	– 여러 가지 모양과 색을 고려한 모빌 디자인하여 만들기 – 화분 디자인하여 그림 그려 넣기 – 여러 가지 모양과 색의 쿠션 디자인하여 만들기
			예술적 감상	변화된 교실을 감상하고 이야기 나누기
		확장 활동		명화와 영유아들의 미술 작품을 위한 액자를 만들어 미적으로 전시하기
나와 가족	시각 디자인	선행 활동		「우리 엄마」 그림책 읽고 우리 가족에 대해 이야기 나누기
		본 활동	미적 탐색	사진을 이용하여 우리 가족 소개하기
			창의적 표현	– 가족사진을 이용한 소품 만들기: 가족사진 컵, 가족사진 액자 등 – 나만의 캐릭터 디자인하고, 흰 티셔츠나 흰 양말에 자신의 캐릭터 그리기
			예술적 감상	영유아들이 디자인한 캐릭터 전시회
		확장 활동		자신이 디자인한 캐릭터 티셔츠를 입고 음악에 맞춰 춤추기

(3) 유아디자인교육 프로그램의 교수-학습 방법

뇌 기반 학습 원리에 기초한 유아디자인교육의 교수–학습 방법을 구체적으로 설명하면 다음과 같다.

첫째, 뇌 기반 학습 원리 중 '다양성의 원리'에 의하면 영유아들은 좀 더 선호하

는 학습양식이 있기 때문에 서로 다른 학습양식을 가지고 있는 영유아들을 위해서는 시각적 양식뿐만 아니라 청각적 양식, 신체운동적 양식, 촉각적 양식을 고려해서 접근할 필요가 있다. 이에 유아디자인교육 활동과 연계된 선행 활동, 본 활동, 확장 활동이 영유아들의 학습양식을 고려하여 시각적 양식이 주가 되는 디자인 활동뿐만 아니라 조형, 음악, 춤 등의 활동이 통합된 예술경험으로 자연스럽게 연계될 수 있도록 한다.

둘째, 뇌 기반 학습 원리 중 '변화의 원리'에 의하면 영유아들의 뇌가 역동적으로 변화하려면 동기유발 전략을 활용해야 하는데, 이는 곧 영유아의 흥미와 정서가 매우 중요하다는 것을 의미한다. 그러므로 영유아들이 디자인 관련 활동을 수행할 때는 최대한 영유아들의 정서와 맥락을 탐구(exploring emotion and context)하여 이를 고려하는 방향으로 안내할 필요가 있다. 영유아들이 디자인 관련 활동을 수행할 때 최대한 영유아들의 정서와 맥락을 탐구(exploring emotion and context)하여 이를 고려한 디자인 활동이 이루어지도록 한다. 또한 디자인은 실생활 속에서 존재하므로 영유아가 흥미를 가지고 직접 자신의 주변환경에서 디자인을 구체적으로 찾아보고 새롭게 변화시켜 보는 문제해결 과정을 통해 영유아 스스로 적극적으로 디자인 활동을 주도해 갈 수 있도록 한다.

셋째, 뇌 기반 학습 원리 중 '상호작용의 원리'에 의하면 뇌가 사회적 측면에서 상호작용에 매우 민감하므로 유아디자인교육 활동을 전개하는 데 있어서 영유아와 영유아 간, 영유아와 교사 간, 영유아와 미적 자료 간 상호작용이 원활히 이루어지도록 해야 하며, 영유아들이 함께 토의하고 협력하는 협동학습의 기회를 제공해 주어야 한다.

넷째, 뇌 기반 학습 원리 중 '결합성의 원리'를 고려하면 유아디자인교육 활동에 대한 선행 활동으로 먼저 미적 요소와 원리를 탐색하고, 그 다음으로 영유아가 창의적으로 표현하며, 심미적 측면을 감상하여 탐색, 표현, 감상이 서로 결합됨과 동시에 예술영역들이 연계되도록 안내해 주어야 한다. 즉, 미적 탐색이 충분히 이루어진 후 영유아들이 아름다움과 창의성을 모두 표현할 수 있도록 돕는 디자인 활동이 연계되어 이루어지고, 다른 음악, 동작 등과 같은 예술교육영역 활동들이 서로 연계되어 유아디자인교육 활동이 실행되는 과정에서 영유아들이 함께 감상하고, 자신들의 생각과 느낌을 표현하고 공유할 수 있도록 안내한다(안경숙, 2017, 재인용).

3) 유아디자인교육 활동의 예

뇌 기반 학습 원리에 기초한 유아디자인교육 활동의 예시는 아래와 같다.

〈표 3-5〉 뇌 과학적 접근의 유아디자인교육 프로그램 활동의 예

<table>
<tr><th>생활
주제</th><th>유치원과
친구</th><th>활동
연령</th><th>만 5세</th><th>뇌 기반
학습 원리</th><th>변화의 원리
상호작용 원리</th></tr>
<tr><td rowspan="2">활동명</td><td rowspan="2">우리 교실을
디자인해 봐요</td><td rowspan="2">집단
형태</td><td rowspan="2">대집단</td><td>창의성
요소</td><td>유창성
융통성
독창성</td></tr>
<tr><td>심미감
요소</td><td>색, 선, 형,
비례, 균형</td></tr>
<tr><td>활동
목표</td><td colspan="5">• 유치원 교실의 환경에 관심을 가진다.
• 유치원 교실환경 변화를 위해 새로운 아이디어를 제안한다.
• 유치원 교실환경을 미적 요소와 원리를 적용하여 디자인한다.</td></tr>
<tr><td>활동
자료</td><td colspan="5">다양한 색의 천, 쿠션, 화분, 영유아들이 디자인한 그림과 만들기 작품, 영유아들의 사진</td></tr>
<tr><td>활동
방법</td><td colspan="5">1) 교실을 좀 더 아름답게 변화시키려면 어떻게 하면 좋을지 영유아들과 함께 이야기 나눈다.
– 우리 교실의 모습이 어떤 것 같니?
– 교실을 좀 더 아름답게 바꾸려면 어떻게 하면 좋을까?</td></tr>
<tr><td>활동
방법</td><td colspan="5">2) 교실환경 디자인에 대한 영유아들의 의견을 모으고, 교실을 아름답게 변화시킬 수 있는 방법에 대해 토의한다.
– 우리 교실을 더 아름답게 꾸미려면 어떻게 하면 좋을까?
3) 영유아들이 제안한 방법을 디자인해 보도록 안내한다.
– 너희가 생각한 방법을 종이에 그려 보자.
4) 영유아들이 시각화한 디자인을 가지고 다 같이 모여 토의한 후 가장 마음에 드는 디자인을 선정하여 여러 재료로 만들어 보도록 격려한다.
5) 영유아들의 디자인을 가지고 교실을 변화시킨 후 어떻게 달라졌는지에 대해 함께 이야기 나눈다.</td></tr>
</table>

활동 평가	1) 유치원 교실의 환경에 관심을 갖는지 평가한다. 2) 유치원 교실환경 변화를 위해 새로운 아이디어를 제안하는지 평가한다. 3) 유치원 교실환경을 미적 요소와 원리를 적용하여 디자인한다.

출처: 안경숙(2017).

<의견 나누기>

1. 일상생활에서 찾아볼 수 있는 디자인 중 기억에 남은 디자인을 생각해 보고, 생활과 환경 속에서 영유아들에게 디자인이 미치는 영향이나 의미에 대해 이야기해 보시오.

CHAPTER

4

국가수준 교육과정

1. 국가수준 교육과정의 의미

한 국가의 교육과정은 그 나라 보육의 방향을 규정하고 미래의 국가경쟁력인 능력 있는 민주 시민 양성의 초석이므로, 선진국들은 국가수준의 교육과정 개발과 개선에 꾸준한 노력을 기울이고 있다(육아정책연구소, 2019). 국가수준의 교육과정이라는 것은 유아교육기관을 운영할 때 우선적으로 고려하여야 할 공통적이고 일반적인 기준을 국가가 고시한 것이므로, 이곳에 다니는 영유아는 이 기준에 따라 차별 없이 양질의 교육적 경험을 할 수 있게 된다(교육부, 보건복지부, 2019).

우리나라의 유아교육기관은 보건복지부 관할에 의해 0~5세 대상으로 운영되는 어린이집과 교육부 관할에 의해 3~5세 대상으로 운영되는 유치원으로 구분된다. 따라서 어린이집에서는 2007년에 최초 고시하여 시행되기 시작한 표준보육과정을, 유치원에서는 1969년에 최초로 제정, 공포된 유치원교육과정을 토대로 운영되고 있으며, 우리나라의 국가수준 교육과정은 이 두 가지 모두를 의미한다.

〈참고〉

표준보육과정은 「영유아보육법」 제29조제2항에 의거하여 고지한 국가수준의 보육과정으로 어린이집의 보육목적과 목표를 달성하기 위해 편성, 운영해야 할 공통적, 일반적 기준을 제시한 것이다. 이 내용은 「영유아보육법 시행규칙」 제30조 및 별표8의4에 의한 「제3차 어린이집 표준보육과정 고시(보건복지부 고시 제2013-8호, 2013.1.21., 일부개정)」를 개정하여 고시한 [제4차 어린이집 표준보육과정 고시]로 2020년 3월 1일부터 시행되었다.

누리과정은 「유아교육법」 제13조제2항에 의거하여 고시한 국가수준의 교육과정으로, 유치원의 교육목적과 목표를 달성하기 위해 유치원에서 편성 운영해야 할 교육과정의 공통적 일반적 기준을 제시한 것이다. 이 교육과정은 최근 새롭게 개정되어 2019년 9월 1일부터 시행되었다.

이렇게 뚜렷한 이원화 체계를 유지하던 내용에 대해 2011년 유아교육, 보육에 대한 국가 책임 강화를 위해 5세 내용을 통합하여 '5세 누리과정'을 공통과정으로 제정 고시하면서, 이후 점진적으로 국가수준 교육, 보육과정 방향 및 내용에서 일관성을 갖기 위한 노력을 하기 시작하였다.

교육부에서는 국정과제 구현과 출발선 평등 실현을 위해 2017년 '유아가 중심이 되는 놀이 위주의 교육과정 개편'을 명시하였고, 이를 토대로 2019년 7월 '2019 개정 누리과정'을 고시하였다. 이는 유치원과 어린이집에 다니는 3~5세 영유아에게 공통으로 적용되는 교육과정으로, 2020년 3월부터 시행되었다(교육부 외, 2019). 이에 따라 보건복지부에서도 영유아 경험 간 연결, 연령 간 발달 연계, 보육현장의 안정적 적용을 돕는 차원에서 보육과정의 일관성을 높이기 위해 어린이집 표준보육과정 고시도 동일한 방향으로 개정하였다(보건복지부, 2020).

〈표 4-1〉 유아교육기관별 구분 내용

유형	관할부서	대상연령	적용되는 국가수준 교육과정
어린이집	보건복지부	0 ~ 5세	표준보육과정 (만 3~5세 : 누리과정)
유치원	교육부	3 ~ 5세	누리과정

그동안 동일한 영유아의 교육과 보육을 담당하면서 관할 부처가 다름으로 인해 조금씩 다른 운영 체계 및 교육내용을 적용하여 왔다. 이로 인해 현장의 교사들은 유치원에서 어린이집으로 이직하거나 반대로 어린이집에서 유치원으로 이직하게 되면 기관에서 적용되는 국가수준 교육과정을 숙지하느라 교육 계획에 혼란이 있었고, 부모들 또한 기관의 이해 및 내용 이해에 혼선이 있어 왔다.

그러나 이번 2019 누리과정 개정과 2020 표준보육과정 개정을 통해 국가수준의 교육과 보육과정 방향 및 내용에서 일관성을 갖게 되었고, 교육과정 내에서도 추구하는 인간상에서부터 세부 영역으로의 일관성을 유지하여 교사들의 이해와 적용이 용이해졌다.

2. 국가수준 교육과정의 구성

전국의 어린이집과 유치원 교사들이 국가수준 교육과정의 고시 배경을 이해하고, 영역별 내용의 의미를 이해할 수 있도록 돕기 위해 보건복지부는 [4차 어린이집 표준보육과정 해설서]를, 교육부와 보건복지부는 [2019 개정 누리과정 해설서]를 개발하여 배부하였다. 본 장에서는 두 해설서의 내용에 근거하여 국가수준 교육과정의 구성에 대해 요약 설명하고자 한다.

1) 성격

표준보육과정과 누리과정에서 제시되는 성격은 국가수준 교육과정의 구성 체계를 확립하는 출발점이다. 이번 개정을 통해 두 교육과정의 성격은 [2015 개정 초·중등학교 교육과정] 성격의 구성 체계와 연계되며, 영유아기의 고유한 특징을 반영하여 '영유아중심 및 놀이중심'을 강조하고 있다.

표준보육과정의 성격은 0~5세 영유아를 위한 국가수준의 보육과정이며, 0~1세 보육과정, 2세 보육과정, 3~5세 보육과정(누리과정)으로 정의하고 있다. 그리고 누리과정은 [3~5세 유아를 위한 국가수준의 공통 교육과정]으로 정의하고 있다. 여기서 '공통'이란 유치원과 어린이집 모두를 지칭한다.

이에, 표준보육과정과 누리과정은 다음과 같은 성격을 갖는다.

① 국가수준의 공통성과 지역, 기관 및 개인 수준의 다양성을 동시에 추구한다.
② 영유아의 전인적 발달과 행복을 추구한다.
③ 영유아중심과 놀이중심을 추구한다.
④ 영유아의 자율성과 창의성 신장을 추구한다.
⑤ 영유아, 교사, 원장, 부모 및 지역사회가 함께 실현해 가는 것을 추구한다.

2) 구성 방향

(1) 추구하는 인간상

표준보육과정과 누리과정에서 추구하는 인간상은 건강한 사람, 자주적인 사람, 창의적인 사람, 감성이 풍부한 사람, 더불어 사는 사람이다.

추구하는 인간상은 미래의 핵심역량을 반영한 초·중등학교 교육과정의 인간상과 연계되어 있으며, 영유아가 일상에서 놀이하며 배우는 현재의 모습에서 발견할 수 있으며 동시에 영유아가 앞으로 배우며 성장해 가야 할 모습이기도 하다. 따라서 교사는 영유아가 놀이를 통해 인간상을 통합적으로 경험하도록 지원하는 것이 필요하다.

(2) 목적과 목표

표준보육과정과 누리과정의 목적은 영유아가 놀이를 통해 심신의 건강과 조화로운 발달을 이루고 바른 인성과 민주 시민의 기초를 형성하는 데에 있다.

이러한 목적 아래 영유아가 추구하는 인간상으로 성장하기 위해 필요한 사항을 중심으로 목표를 구성하였다. 연령별 목표의 내용은 동일하며, 다만 영유아의 발달을 고려하여 목표 달성 기준점의 서술에서 차이가 있다.

① 0~2세 보육과정 목표

가. 자신의 소중함을 알고, 건강하고 안전한 환경에서 즐겁게 생활한다.
나. 자신의 일을 스스로 하고자 한다.
다. 호기심을 가지고 탐색하며 상상력을 기른다.
라. 일상에서 아름다움에 관심을 가지고 감성을 기른다.
마. 사람과 자연을 존중하고 소통하는 데 관심을 가진다.

② 3~5세 교육과정 목표

가. 자신의 소중함을 알고, 건강하고 안전한 생활 습관을 기른다.

나. 자신의 일을 스스로 해결하는 기초능력을 기른다.
다. 호기심과 탐구심을 가지고 상상력과 창의력을 기른다.
라. 일상에서 아름다움을 느끼고 문화적 감수성을 기른다.
마. 사람과 자연을 존중하고 배려하며 소통하는 태도를 기른다.

(3) 영역의 구성

표준보육과정은 6개 영역에 걸쳐 14개 내용 범주에 대해 0~1세는 40개의 내용으로, 2세는 43개의 내용으로 구성되어 있다. 그리고 누리과정은 5개 영역에 걸쳐 15가지 내용 범주에 대해 59가지 내용으로 구성되었다. 표준보육과정에서만 기본생활 영역이 추가로 있는데 이는 0~2세의 발달을 고려하여 구체적인 내용이 제시된 것이며, 관련 내용이 누리과정에서는 신체운동 영역에 포함되어 있으므로 큰 테두리의 내용 범주는 동일하다고 봐도 무방하다.

〈표 4-2〉 국가수준 교육과정별 영역 및 내용 구성

구분	4차 표준교육과정(2020)				2019 누리과정	
	0~1세		2세		3~5세	
	내용 범주	내용	내용 범주	내용	내용 범주	내용
기본생활	2	7	2	7		
신체운동	2	6	2	5	3	12
의사소통	3	7	3	8	3	12
사회관계	2	7	2	7	3	12
예술경험	2	5	2	6	3	10
자연탐구	3	8	3	10	3	13
합계	14	40	14	43	15	59

이 내용들은 추구하는 인간상, 목적과 목표를 달성하기 위해 영유아가 놀이를 통해 일상적으로 경험하게 된다. 각 영역별 목표와 내용은 〈부록〉에 소개되어 있다.

〈예〉 누리과정 내 의사소통 영역의 목표와 내용 범주 및 내용

Ⅱ. 의사소통

1. 목표

일상생활에 필요한 의사소통 능력과 상상력을 기른다.

1) 일상생활에서 듣고 말하기를 즐긴다.
2) 읽기와 쓰기에 관심을 가진다.
3) 책이나 이야기를 통해 상상하기를 즐긴다.

2. 내용

내용 범주	내용
듣기와 말하기	말이나 이야기를 관심 있게 듣는다.
	자신의 경험, 느낌, 생각을 말한다.
	상황에 적절한 단어를 사용하여 말한다.
	상대방이 하는 이야기를 듣고 관련해서 말한다.
	바른 태도로 듣고 말한다.
	고운 말을 사용한다.
읽기와 쓰기에 관심 가지기	말과 글의 관계에 관심을 가진다.
	주변의 상징, 글자 등의 읽기에 관심을 가진다.
	자신의 생각을 글자와 비슷한 형태로 표현한다.
책과 이야기 즐기기	책에 관심을 가지고 상상하기를 즐긴다.
	동화, 동시에서 말의 재미를 느낀다.
	말놀이와 이야기 짓기를 즐긴다.

3. 국가수준 교육과정의 운영

1) 편성 및 운영

(1) 편성

어린이집과 유치원의 운영 시간 차이로 인해 두 교육과정의 편성 내용은 다소 다르다.

가. 표준보육과정

① 어린이집의 운영 시간에 맞추어 편성한다.

종일제를 기반으로 한 어린이집의 일과 운영 시간에 따라 조정하여 편성할 수 있다. 어린이집의 운영 시간은 영유아가 편안하고 즐겁게 보육 내용을 경험할 수 있도록 휴식과 낮잠, 바깥놀이 등을 포함하여 영유아가 중심이 되고 놀이가 살아나는 시간이다.

나. 누리과정

① 1일 4~5시간 기준으로 편성한다.

누리과정 운영 시간은 유아가 중심이 되고 놀이가 살아나는 시간으로, 국가가 누리과정 운영에 필요한 행정적, 재정적 지원을 하는 시간을 의미한다.

② 일과 운영에 따라 확장하여 편성할 수 있다.

유치원과 어린이집의 운영 시간에 대한 기준이 다르므로, 각 기관의 실정과 지역적 특성을 반영하여 융통성 있게 편성, 운영한다.

(2) 운영

두 국가수준 교육과정의 운영 기준은 동일하다.

① 표준보육과정 및 누리과정을 바탕으로 각 기관의 실정에 적합한 계획을 수립하여 운영한다.

교사는 각 기관의 운영철학, 가정과 지역사회의 특성, 영유아의 요구 등을 반영하여 자율적으로 계획을 수립하되, 기존의 계획안의 종류, 형식, 분량 등을 자율적으로 조정하여 작성할 수 있다.

그리고 영유아가 주도하는 놀이는 미리 계획하여 운영하기 어렵기 때문에 교사는 영유아가 놀이하며 경험한 내용을 중심으로 계획안을 기술할 수 있다. 이때 영유아가 실제로 경험한 놀이 내용과 지원 계획을 기술하는 형식으로, 기존 방식에 비해 사전계획을 최소화하여 계획을 수립한다. 단, 교사는 자율적 계획 수립의 의미에 대해 계획안을 작성하지 않아도 된다거나 단순히 업무를 줄이는 방식으로 이해하지 않도록 주의해야 한다.

② 하루 일과에서 바깥놀이를 포함하여 영유아의 놀이가 충분히 이루어지도록 편성하여 운영한다.

교사가 미리 계획하여 하루 일과를 운영하기보다는 영유아의 흥미와 관심에 따라 놀이를 충분히 즐길 수 있도록 탄력적으로 운영하는 것이 중요하다. 놀이 시간을 짧게 여러 번 제공하기보다는, 긴 시간으로 편성하여 놀이의 흐름이 끊기기 않고 충분히 몰입하여 놀이할 수 있도록 한다. 하루 2시간 이상 놀이 시간을 확보하되 날씨, 계절, 기관의 상황, 영유아의 관심사와 놀이 특성을 고려하여 융통성 있게 운영한다.

③ 성, 신체적 특성, 장애, 종교, 가족 및 문화적 배경 등에 따른 차별이 없도록 편성하여 운영한다.

영유아가 다른 사람을 대할 때 자신과 상대와의 다른 점을 틀린 것이 아니라 다른 특성으로 받아들이고, 편견 없이 대하고 서로 다양성을 존중하고 배려할 수 있도록 지원해야 한다. 영유아를 성별, 신체적 특징 및 장애 유무에 따라 비교하고 평가하거나 불이익을 주며, 고정적인 성 역할과 특정 종교를 강요해서는 안 된다.

④ 영유아의 발달과 장애 정도에 따라 조정하여 운영한다.

동일한 연령이라 하더라도 흥미, 관심, 경험, 발달, 가정의 문화 등에서 차이가 있을 수 있으므로 자신에게 적합한 방식으로 놀이할 수 있도록 해야 한다. 그리고 특별한 요구를 가진 영유아가 차별 없이 또래와 함께 보편적인 환경에 접근하고 참여할 수 있도록 교육환경, 교육 내용, 교육 방법 등을 조정하여 운영할 수 있다.

기관에서는 특성학급 또는 통합학급을 편성하여 운영할 수 있으며, 개별화교육계획을 수립하고 효과적인 운영을 위해 부모, 특수교사, 사회복지사, 의료진 등의 전문가와 서로 소통하고 협력하며, 필요에 따라 특별히 고안된 장치나 보조기구, 자료를 활용하여 장애로 인한 불편함을 덜 수 있도록 지원한다.

⑤ 가정과 지역사회와의 협력과 참여에 기반하여 운영한다.

부모가 영유아의 놀 권리와 놀이의 가치를 이해하여 가정에서 놀이를 지원할 수 있도록, 유치원과 어린이집에서는 부모참여, 간담회, 워크숍, 상담 등 다양한 기회를 통해 부모 역할을 지원할 필요가 있다. 그리고 영유아들이 지역사회의 여러 기관이나 장소를 직접 경험하면서 지역사회에 관심을 갖고 참여할 수 있도록 지원한다.

⑥ 교사 연수를 통해 표준보육과정과 누리과정의 운영을 개선할 수 있도록 한다.

교사는 교육과정의 주체이자 영유아와 함께 배우고 성장하는 전문가이며, 누리과정의 실행자로서 영유아의 놀이를 지원해야 한다. 이를 위해 국가 및 지역사회 기관에서는 다양한 형태의 교사연수를 마련하고, 교사가 자율적으로 참여할 수 있는 기회를 제공해야 한다. 그리고 다양한 유형의 교육, 배움 공동체, 소모임 등을 지원해 준다.

2) 교수·학습

영유아중심 및 놀이중심의 교육과정에서 교사는 영유아의 놀이 지원자이다. 교사는 놀이의 특성, 의미, 가치를 이해하여 영유아가 즐겁게 놀이하면서 배우는 경험을 지원할 수 있다. 교사는 적절하게 환경을 구성하고, 영유아와 바람직한 상호작용을 하여 영유아가 놀이에 몰입하고 놀이를 확장하도록 돕는 역할을 해야 한다.

교사는 다음 사항에 따라 영유아를 지원한다.

① 영유아의 의사 표현을 존중하고 민감하게 반응한다.
② 영유아가 흥미와 관심에 따라, 놀이에 자유롭게 참여하고 즐기도록 한다.
③ 영유아가 놀이를 통해 배우도록 한다.
④ 영유아가 다양한 놀이와 활동을 경험할 수 있도록 실내외 환경을 구성한다.
⑤ 영유아와 영유아, 영유아와 교사, 영유아와 환경 사이에 능동적인 상호작용이 이루어지도록 한다.
⑥ 각 영역의 내용이 통합적으로 영유아의 경험과 연계되도록 한다.
⑦ 개별 영유아의 요구에 따라 휴식과 일상생활이 원활히 이루어지도록 한다.
⑧ 영유아의 연령, 발달, 장애, 배경 등을 고려하여 개별 특성에 적합한 방식으로 배우도록 한다.

3) 평가

평가는 유치원과 어린이집에서 영유아가 중심이 되고 놀이가 살아나는 교육과정의 운영을 되돌아보고 개선해 가는 과정이다. 이번 개정에서는 영유아 · 놀이중심 교육과정을 운영하는 데 도움이 되고자 평가를 간략화하고, 각 기관의 자율적인 평가를 강조하였다. 따라서 평가의 목적, 대상, 방법, 결과의 활용을 바탕으로 표준보육과정 및 누리과정 평가를 자율적으로 실시할 수 있다.

구체적으로 평가는 다음 사항에 중점을 두고 실시한다.

① 표준보육과정 및 누리과정 운영의 질을 진단하고 개선하기 위해, 평가를 계획하고 실시한다.
② 영유아의 특성 및 변화 정도와 표준보육과정 및 누리과정의 운영을 평가한다.

③ 평가의 목적에 따라 적합한 방법을 사용하여 평가한다.
④ 평가의 결과는 영유아에 대한 이해와 표준보육과정 및 누리과정의 운영 개선을 위한 자료로 활용할 수 있다.

4. 국가수준 교육과정 설계의 실제

이상의 내용과 같이 국가수준 교육과정에서는 영유아의 자율성과 더불어 교사의 자율성을 강조하고 있다. 이 때 교사는 어느 선까지 자율적으로 해야 하는지에 대해 막연하게 느껴질 때가 있어 오히려 더 어렵게 느낄 수 있다. 따라서 영유아 놀이중심 교육과정을 설계할 때 교사는 다음과 같은 요소에 대한 고려가 필요하다(곽향림, 2019).

1) 진정한 자유선택에 의한 놀이하기

진정한 놀이는 '마음대로 놀게 하는 것'이 아니라, 발현적 아이디어로 시작하여 영유아가 주도적으로 확장해 가면서 즐거움을 느끼고, 그 가운데 지적 혹은 도덕적 갈등을 경험하며 해결해 가는 가운데 다시 놀이로 이어 가게 되는 것이다. 따라서 이러한 놀이 속에서 영유아들은 매번 재밌고 즐겁기만 한 것은 아니며, 갈등을 해결하는 과정에서 실패와 좌절을 경험하고 다시 도전하면서 기쁨의 즐거움을 느끼게 된다.

이러한 놀이를 위해 영유아는 놀이주제, 친구, 매체, 공간을 자신이 원하는 대로 선택할 수 있어야 한다. 놀이주제는 영유아의 발현적 아이디어로 시작되거나 또래처럼 교사 역시 놀이 과정에서 발현적으로 아이디어를 발견하고 제안할 수도 있다. 이 과정에서 흥미가 같은 놀이친구와 함께 아이디어를 교환하면서 활발한 상호교류가 일어나기도 한다. 놀이매체는 교사가 제공해 줄 수도 있으며, 때로는 놀이에 필요한 매체를 직접 만들고 찾아서 해결할 수도 있다. 놀이 공간은 제한된 흥미영역 내에서의 선택을 확대하여 영유아가 원하는 영역 혹은 장소에서 놀 수 있도록 해야 하며, 이로 인한 문제 또한 영유아들이 함께 논의하며 해결해 나갈 수 있도록 한다.

2) 교사와 영유아 상호관점에 의한 생활주제 속의 놀이 실행하기

생활주제를 잘못 해석하는 사람들은 생활주제에 기초한 실행이 마치 교사 주도적으로 가르치는 것이라고 생각하거나, 국가수준 지도서에 나온 생활주제를 모두, 순서적으로 해야 하는 것으로 여기는 고정관념을 가지고 있다. 그리고 생활주제는 교사가 시작하는 것이고, 프로젝트는 영유아가 시작하는 것이라고 잘못 보기도 한다.

생활주제는 어느 날 갑자기 교사에 의해 시작하는 것이 아니라, 교사와 유아의 상호관점에 의해 진행되어야 한다. 물론, 이러한 생활주제 선정에 모든 유아가 참여할 필요는 없다. 따라서 이렇게 선정된 생활주제는 많은 프로젝트를 양산하기도 하며, 그 자체가 프로젝트가 되기도 한다. 이 과정에서 교사는 발현적으로 시작한 놀이주제 안에서 국가수준 교육과정의 교육 내용을 참고로 영유아가 놀이를 확장해 가도록 적절한 도움을 주는 것이 중요하다.

3) 매체중심 놀이와 주제중심 놀이 병행하기

놀이주제로부터 시작한 놀이는 영유아가 놀이를 기획하면서 가지고 놀 매체를 만들고 찾아가게 함으로써 '살아 있는 교육과정'으로 운영되게 한다. 가게놀이, 병원놀이, 자동차길놀이 등을 자발적으로 시작하여 주제중심의 놀이가 진행되기도 하고 그 과정에서 가게를 꾸미고 필요한 놀잇감을 만들거나 수집하기도 한다.

이렇게 매체가 주제와 연계된 경우도 있지만, 체스게임이나 경사로 활동, 패턴 블록, 카프라 등을 이용한 놀이는 영유아의 발달에 따라 다른 반응을 보이며 스스로 도전하게 한다. 그리고 레지오 에밀리아 교실에서의 빛테이블, OHP, 마른 꽃잎, 나뭇가지, 찰흙 등의 매체 혹은 재활용품 등은 매체중심 놀이를 이끈다. 이러한 매체중심 놀이 속에서 주제가 만들어지고 프로젝트로 연계되기도 한다.

4) 흥미영역을 자율적으로 운영하기

흥미영역에 교사가 제공한 주제와 관련된 교재와 교구가 꼭 있어야 한다는 고정관념은 교사의 부담을 높여 놀이를 할 동안 영유아와 상호작용하기보다는 교실관리에 더 집중하게 한다. 이렇게 흥미영역에 가득찬 교재교구는 영유아의 주도적 놀이를 방해하고 사고를 제한시키는 역할을 할 수 있다. 교사와 영유아가 함께 만들어 가는 교육과정 안에서 필요한 교재교구는 놀이 과정에서 직접 해결해 나갈 수 있으며, 교실의 게시판은 교사와 영유아가 함께 만들어 가는 방향으로 전환되어야 한다.

그리고 흥미영역 또한 놀이를 지원하고 확장될 수 있도록 물리적 공간의 변형을 융통성 있게 진행하여 영역 간 통합을 하거나, 때로는 몇몇 영역은 임시로 없앨 수도 있어야 한다.

5) 놀이중심교육 속에서 가르치는 순간과 배움의 순간 맞이하기

영유아는 주도적으로 놀이를 확장해 가며 자발적으로 문제를 만들고 이를 해결하기 위해 갈등을 겪기도 한다. 이 과정에서 교사와 영유아는 가르치는 순간과 배움의 순간을 맞이할 수 있다. 예를 들어, 이야기 나누기 시간은 교사가 주도적으로 가르치는 시간이라기보다는 토의나 토론 혹은 조사하거나 발견한 사실을 발표하는 시간이 되어 놀이를 공유하고 확장하며 이어 가는 원천이 될 수 있다.

이러한 순간들을 만들기 위해 교사는 영유아와 상호작용 속에서 그들의 이야기에 귀를 기울여야 하는데, 이는 단순히 대화하는 것만을 의미하는 것이 아니다. 교사는 개별 영유아 혹은 집단의 놀이에 몰입하여 그들이 해결하고자 하는 과제는 무엇이고 또래 간에 일어나고 있는 갈등은 무엇인지 발견하며, 실행 중 평가를 통해 적절한 순간에 적절한 방법으로 개입할 수 있어야 한다.

6) 순환적인 실행-평가-계획해 가기

순환적 교육과정에서 중요한 것은 실행을 바탕으로 계획이 이루어지는 것이다.

교사는 영유아의 자발적 놀이를 시작으로 일어난 놀이 활동을 통해 무엇을 지원해 줄 수 있는지, 영유아들이 무슨 생각을 하는지 등에 대한 반성적 성찰을 통해 계획을 해야 한다. 또한 유아 역시 놀이를 하면서 일어나는 많은 일들 가운데 반성적 사고를 통해 자신의 계획을 수정하여 새로운 계획을 세우고 그 결과를 평가하며 다시 새로운 계획을 세우는 일에 참여해 나가야 한다.

<의견 나누기>

1. 국가수준 교육과정은 영유아의 권리 차원에서 어떠한 의미를 갖는다고 생각하는지 의견을 나누시오.
2. 영유아중심-놀이중심의 접근은 구성주의 입장과 어떠한 관계가 있는지 이야기해 보시오.

CHAPTER

5

영유아 프로그램의 개발 및 평가

현대사회는 여성의 사회참여 증가와 가족 구조의 변화, 다문화 등 사회 구조의 변화에 따라 다양한 형태의 영유아 프로그램 개발이 절실히 요구되고 있다. 교사는 담당학급의 영유아들이 발달에 적합하고 의미 있는 경험을 할 수 있도록 내용을 구성한 프로그램을 개발하고 운영하여야 한다. 그러기 위해서는 영유아 프로그램 개발이 어떤 의미인지, 어떠한 과정을 거쳐 프로그램이 개발되는지 이해해야 하며 프로그램 개발 시 고려사항들이 영유아 프로그램에 어떻게 반영될 수 있는지에 대해 살펴보아야 한다. 이에 본 장에서는 영유아 프로그램을 개발하기 위한 프로그램 개발 개념 및 개발 과정에 대해 알아보고, 프로그램 개발 시 고려사항들에 대해 살펴보고자 한다.

1. 영유아 프로그램 개발의 이해

1) 영유아 프로그램 개발의 개념

영유아 프로그램은 어떤 특징이론이나 입장에 근거한 영유아교육과정의 한 형태로서, 일반적인 교육과정의 개념보다 구체화되고 현장에서 가르치는 교육 내용을 상세하게 기술하는 협의의 개념이다. 그래서 영유아 프로그램은 현장의 다양한 이론적 관점이나 철학적 배경, 기관이 처한 실제적 여건에 따라 다양한 형태로 개발 및 운영할 수 있다. 유아교육기관 현장에서 영유아 프로그램을 무엇으로 보느냐에 따라 달라질 수 있으나, 경우에 따라서는 교사용 지도자료집의 개발, 교수-학습자료 개발, 평가자료 개발 등을 포함하기도 한다. 그러나 본 장에서는 영유아 프로그램 개발의 개념을, 영유아의 발달과 사회문화적인 배경을 이해하고 이를 기반으로 프로그램을 구성하여 프로그램 개발의 목적에 적합한 교육계획을 수립하고 운영한 후 목적에 부합되는지를 평가하여 목적 달성 여부를 확인하고 계획을 재구성하는 과정이라고 정의하고자 한다.

영유아 프로그램의 사례를 들면, 카미 드브리스(Kamii/DeVries) 프로그램, 디스타

(DISTAR) 프로그램, 영아의 배변훈련을 위한 배변훈련 프로그램, 지역사회의 특성이나 요구를 반영한 맞벌이 부부를 위한 종일반 프로그램 등이 있다.

디스타(DISTAR) 프로그램은 저소득층 영유아의 학문적 기초 형성을 위한 프로그램이다. 헤드스타트 운동 이후 혜택 받지 못한 영유아에 대한 관심이 고조되면서 교육적 지체에 따른 학교에서의 실패를 막고, 학교생활을 성공적으로 수행할 수 있도록 도와주기 위한 노력의 일환으로 저소득층 영유아를 위한 실천적 유아교육 프로그램을 만들었다.

카미 드브리스(Kamii/DeVries) 프로그램은 피아제의 이론에 기초한 구성주의 교육으로, 피아제이론의 구조적인 측면인 인지발달적인 단계와 구성적인 측면인 지식의 구성 과정 모두에 초점을 맞춘 프로그램이다. 카미 드브리스 프로그램의 특징은 영유아의 독립성과 호기심을 신장시켜 주며, 또래 영유아들 간에 긴밀히 상호작용할 수 있도록 격려해 주고, 영유아와 교사의 관계는 서로 동등한 입장을 존중하며, 미리 교사에 의해 계획된 학습 활동에 영유아가 참여하는 것이 아니라 영유아 자신이 직접 사물과의 관계를 통해 논리를 발전시키도록 한다. 또한 학습내용뿐만 아니라 학습과정에도 그 역점을 두었다. 구성주의 프로그램의 일반적인 교수학습 원리는 영유아가 어떤 사물이나 대상에 흥미를 보이지 않는다면 그 사물이나 대상을 탐색할 기회가 없으며, 결국 지식을 구성할 수 있는 기회가 없기 때문에 영유아의 자발적 활동성을 강조한다.

2) 영유아 프로그램 개발의 구성요소

(1) 인적 자원의 선정 및 조직

인적 자원의 선정 및 조직은 영유아 프로그램 개발에 참여할 사람이 누구이며 몇 명으로 구성할지 등을 결정하는 것이다. 어떤 프로그램 내용을 개발할지에 따라 인적 자원을 선정 및 조직하게 되지만, 대체적으로 프로그램 개발에 참여하는 사람은 영유아 교육 및 보육 전문가, 행정가, 원장, 교사, 학부모, 지역사회 인사 등이 참여한다. 실질적으로 현장에서 이루어지는 대부분의 프로그램은 영유아교육

전문가들이 개발하고 원장이나 교사가 이를 수행하는 역할을 하게 된다. 그러나 최근 원장과 교사의 전문성이 신장되면서 원장이나 교사들이 협의하여 프로그램을 개발하고 전문가에게 타당성을 확보하는 경우가 있다.

(2) 자료수집 및 상황분석

상황분석은 프로그램을 개발한다면 현실적인 여러 가지 상황(예: 교육 대상, 가정환경 및 부모의 요구, 유아교육기관의 실내 · 외 환경, 지역사회의 실정, 연간 교육일수와 일일 운영 시간, 학급당 원아 수 등)들을 분석하는 것이다. 프로그램을 왜 개발해야 하는지, 개발을 한다면 프로그램을 사용하는 사람은 누구인지, 프로그램 대상의 어떤 특성을 고려해야 하는지, 개발 진행 일정을 어떻게 정해야 하는지, 어떤 방향성을 가지고 개발을 해야 하는지 등 현실적인 여건을 바탕으로 프로그램 개발의 필요성과 개발 방향, 개발 진행에 필요한 여러 가지 상황을 분석하기 위해 자료를 수집하고 분석한다.

(3) 기본가정의 설정

프로그램 개발에 있어서 기본가정 설정이란 프로그램의 이론적 · 철학적 방향을 의미한다. 어떤 신념과 철학을 가지고 프로그램을 그에 맞게 개발했느냐는 곧 프로그램의 개발 이유를 분명히 알고 중심을 잡고 다음의 목표나 내용 설정에 영향을 미칠 수 있음을 의미한다. 결국 교육 내용을 어떻게 규정하는지, 영유아를 어떤 존재로 보는지, 우리 사회문화가 요구하는 것은 무엇인지, 교사의 역할은 무엇인지에 대한 개발자와 실행자의 생각이자 신념이며, 이를 통해 프로그램의 방향을 결정하게 된다.

(4) 교육 목적 및 교육 목표의 설정

프로그램의 이론 및 철학을 결정한 후에는 좀 더 구체적인 교육 목적과 교육 목표가 필요하다. 교육 목표는 교육 목적을 보다 구체적으로 심화시킨 것이다. 교육 목적이 교육의 방향 또는 중점을 지극히 포괄적으로 진술한 것이라면, 교육 목표는 실제 프로그램에서 무엇을 다루어야 하고, 어떠한 것에 우선순위를 두어야 하고, 어떠한 내용을 선정하고, 어떠한 학습경험을 강조하여 무엇을 성취해야 하는지 구체적인 행동지침을 제시해 주는 것이다. 즉, 교육 목적이 가치규범적인 것이라면 교육 목표는 구체적인 행동 형성을 위한 수단이라고 할 수 있다.

교육 목표를 진술할 때는 행동적 목표와 표현적 목표로 구분할 수 있다(Eisner, 1985). 행동적 목표는 활동의 결과로 얻어진 지식, 기술, 태도 등을 명료하게 진술하는 목표를 말한다. 행동적 목표로 진술할 때는 영유아의 행동을 중심으로 표현되고 구체적인 행위동사를 통해 영유아의 도달점 행동을 명확하게 진술해 준다. 도달점 행동이 명확하게 진술되기 때문에 목표 성취 여부에 대해 정확하게 측정할 수 있다.

예:	1부터 10까지의 숫자들을	순서대로	셀 수 있다.
	조건	준거	도달점 행동
	새 노래를	음정과 리듬에 맞춰	부를 수 있다.
	조건	준거	도달점 행동

표현적 목표 진술은 설정된 도달점 행동 없이 과정을 통해 얻을 수 있는 다양성, 이질성, 개별적 독특성, 개인차를 인정하고 있는 목표 진술이다. 과정의 즐거움과 일어날 수 있는 다양한 결과에 대한 수용을 강조한다.

예:	재활용품을 이용해	소리를	만든다.
	상황	문제	과제
	음악을 들으면서	아름다움을	몸으로 표현해 본다.
	상황	문제	과제

음악을 감상하면서 영유아는 음의 빠르기와 느리기를 몸으로 표현하는 과정에 즐거움을 느끼고, 다른 친구들의 표현을 존중해 주는 태도를 배우게 될 수도 있다. 이처럼 표현적 목표는 결과적으로 무엇을 성취했는지 못했는지를 판단하기보다 개인적인 교육적 만남에 그 가치를 주고 있다.

(5) 교육 내용 선정 및 조직

영유아 프로그램의 개발을 위해서는 프로그램의 목표 달성에 필요한 내용 및 활동을 선정하는 단계가 필요하다. 프로그램의 내용은 크게 지식, 기술, 태도 등으로 나눌 수 있으며, 이러한 내용들은 활동 속에 담길 수 있다. 내용과 활동을 선정할 때는 몇 가지 원리가 있는데, 그 원리를 제시하면 다음과 같다.

〈표 5-1〉 내용 선정 원리

번호	내용 선정 원리	내용
1	타당성의 원리	프로그램의 내용이나 활동이 프로그램의 목표와 관련이 있어야 한다.
2	학습 가능성의 원리	교사는 선정한 내용을 가르칠 수 있어야 하며, 영유아는 학습이 가능해야 한다. 학습 가능성 판단은 영유아의 발달을 인식하고 이를 고려하여 학습의 가능성을 판단한다.
3	흥미 존중의 원리	영유아들이 흥미를 느낄 수 있고 친숙한 것이 적절하다.
4	중요성의 원리	선정한 내용은 알아야 할 필요가 있고 경험할 가치가 있을 정도로 중요해야 한다.
5	유용성의 원리	선정한 내용이나 활동이 기관에서 실행 가능한 것이어야 하며(예: 인적 · 물적 환경 여건), 실제 세계에서 얼마나 활용될 수 있는가를 고려해야 한다.

이렇게 선정된 내용과 활동은 연계성 있게 효과적으로 조직될 필요가 있다. 조직의 원리로는 첫 번째, 계속성의 원리이다. 계속성의 원리는 학습 내용이 일회적으로 끝나지 않고 지속적으로 반복될 수 있도록 하는 것이다. 즉, 하나의 지식이나 기술, 태도를 습득하기 위해 이를 연습할 수 있는 기회를 반복적으로 제공하는

것을 의미한다. 두 번째는 계열성의 원리로, 같은 내용이 점차적으로 심화되어 갈 수 있도록 하는 것이다. 교육 내용을 좀 더 넓고 깊게 진행하기 위해서는 프로그램의 교육 내용 특성을 고려하여 본질과 구조를 고려해야 하며 영유아의 발달 수준을 고려하여 순차적으로 조직되어야 한다. 예를 들면, 단순한 내용에서 복잡한 내용으로, 선수학습에 기초해서 그 다음 학습으로, 구체적인 개념에서 추상적인 개념으로 내용을 조직하는 것이 효율적이다. 세 번째는 통합성의 원리로, 다른 내용 영역과의 연계가 이루어지도록 하는 것이다. 계속성과 계열성이 수직적 조직이라면 통합성은 교육 내용의 수평적 조직이라 할 수 있다. 다양한 영역의 내용, 개념 등을 통합된 전체 경험으로 제공할 수 있도록 조직하는 방법을 말한다. 또한 단순히 개념을 그 시간에만 다루고 끝나는 것이 아니라, 영유아들에게 의미가 있는 일상생활 속에서 개념을 연결할 때 진정한 의미에서의 통합이라고 볼 수 있다.

(6) 개발과정에 대한 평가 및 피드백

프로그램 개발과정에서 평가 및 피드백이란 영유아 프로그램 개발의 전 과정에 대한 평가를 의미하며, 평가 결과 수정할 부분이 있으면 최종적인 문서의 작성 이전에 수정, 보완하여 다시 재구성하는 단계를 말한다. 이것은 프로그램의 실제에 적용하기 전에 실시하는 개발과정 자체에 대한 평가로서, 개발과정에 융통성을 줄 수 있는 요소이다.

프로그램 평가는 개발된 프로그램의 구성요인, 프로그램의 교육 목표, 교육 내용, 교수학습 방법 및 평가 자체에 대한 평가가 세심하게 이루어져야 하며, 각 요소들은 지속적으로 상호 밀접한 관련성을 가지며 발전하게 된다. 방인옥 외(2009)의 프로그램 개발과정의 목표, 내용, 교수학습 방법 및 평가에 대한 자세한 내용을 제시하면 다음과 같다.

목표에 대한 평가

목표가 목표 설정의 원리를 반영하고 목표 진술 방법에 맞추어 타당하게 설정되었는지를 평가한다.

〈예시〉
- 선정된 목표는 국가, 기관의 상위 목표들과 조화와 균형을 이루고 사회, 부모, 영유아의 요구를 잘 반영하여 타당하게 설정되었는가?
- 선정된 목표는 영유아의 현재뿐만 아니라 미래의 삶에도 가치가 있는 것인가?
- 선정된 목표는 영유아 개개인의 독특성을 인정하는가?
- 선정된 목표는 성취만을 평가하는 것이 아니라 장기적이고 과정적인 성취를 고려하고 있는가?

↓

내용에 대한 평가

프로그램의 목표가 지시하는 내용을 반영하고 있는지를 평가한다.

〈예시〉
- 선정된 프로그램 내용이 학문의 기본적인 개념을 다루고 있는가?
- 선정된 프로그램 내용이 실제 생활에서 활용될 수 있는 것인가?
- 선정된 프로그램 내용이 영유아 발달에 적합한 것인가?
- 선정된 프로그램 내용이 반복적으로 제시되어 있는가?
- 선정된 프로그램 내용이 교과 간, 영역 간, 활동 간에 적절하게 통합되어 있는가?
- 선정된 프로그램 내용이 영유아, 부모, 교사, 지역사회 등의 요구를 균형 있게 고려하고 있는가?

↓

교수학습 방법에 대한 평가

프로그램 교수학습 방법 평가는 프로그램 목표와 교육 내용을 얼마나 실천했는지를 평가한다.

〈예시〉
- 프로그램의 활동은 발표, 토의, 관찰, 조사, 견학 등 영유아 주도의 다양한 방법들을 활용했는가?
- 활동자료 및 흥미영역은 활동주제, 계절, 행사, 영유아의 요구 등에 따라 적절히 구성되었는가?
- 프로그램 활동으로 동적인 활동과 정적인 활동, 실내 활동과 실외 활동, 개별 활동과 대소집단 활동, 영유아주도 활동과 교사주도 활동 등이 균형 있게 이루어졌는가?
- 교사는 확산적 질문을 통해 영유아의 창의적 사고를 촉진했는가?

↓

평가에 대한 평가
평가 내용이나 방법이 타당하고 신뢰성 있게 객관적으로 프로그램의 효과를 평가했는지를 평가한다.
〈예시〉 • 프로그램의 평가 내용이 프로그램의 효과를 적절하게 검증하고 있는가? • 프로그램의 평가 방법이 프로그램의 효과를 적절하게 검증하고 있는가?

[그림 5-1] 프로그램 평가

3) 영유아 프로그램 개발의 과정

영유아 프로그램 개발의 과정은 프로그램을 구성할 기본적인 요소들이 포함되며, 이러한 요소들은 분석(Analysis), 설계(Design), 개발(Development), 실행(Implementation), 평가(Evaluation)의 5단계를 통하여 프로그램을 개발하게 된다. 이러한 프로그램 구성요소와 단계는 유기적으로 상호 연관되어 있으며, 순환적 혹은 역동적인 절차과정을 거친다. 국내에서는 일반적으로 널리 적용되고 있는 ADDIE(Analysis, Design, Development, Implementation, Evaluation) 모형과 이를 좀 더 체계적으로 세분화시킨 딕과 캐리의 모형(Dick & Carey, 1996)이 있는데, 이들 모형은 다음과 같은 다섯 가지 요소를 포함한다. 이는 일반적으로 ADDIE 절차로 불린다.

〈표 5-2〉 ADDIE 절차(Dick & Carey, 2005)

분석 (Analysis)	설계 (Design)	개발 (Development)	실행 (Implementation)	평가 (Evaluation)
• 요구 분석 • 시작점과 종결점 분석 • 교수에 포함될 기술과 지식의 확인 및 분석 • 학습자 분석 • 교수 내용 분석	• 학습 목표 및 수행 목표 설정 • 평가도구 및 측정 문항의 준비 • 내용 전달 방법 및 교육 내용의 구조화 및 계열화 • 학습 전략 수립 • 평가 전략 수립 • 매체 설계	• 학습 내용 전달 방법의 검토 • 학습 계획, 교수 자료 및 지원자료 개발 • 교수의 효율성을 높이기 위한 평가 설계 • 평가 후 보완	• 프로그램 실시 자료 만들기 • 주별 교육 내용, 교수 방법, 전달 매체 연습 • 자원 확인	• 교수자료 개선을 위해 필요한 정보의 수집 • 프로그램 총괄평가 • 학습 효과에 대한 최종평가

최근에 ADDIE 모형은 평가가 마지막에 통합적으로 이루어지며, 전체적 프로세스의 기간이 길어 변화에 대응력이 떨어진다는 비판점도 있다. 그럼에도 불구하고 이러한 모형에 따라 개발된 프로그램은 여러 가지 장점을 가진다. 교수체제 개발이 논리적인 순서를 따르기 때문에 체계적(Systematic)이며, 학습과정에 영향을 미칠 수 있는 모든 상황적 맥락 변인을 동시에 고려하기 때문에 체계적(Systemic)이다. 변인에 상관없이 동일하게 수행될 수 있도록 구성한 프로그램이기 때문에 안정적이며(Reliable), 5단계(분석, 설계, 개발, 실행, 평가)의 과정이 반복 가능하기 때문에 순환적이다.

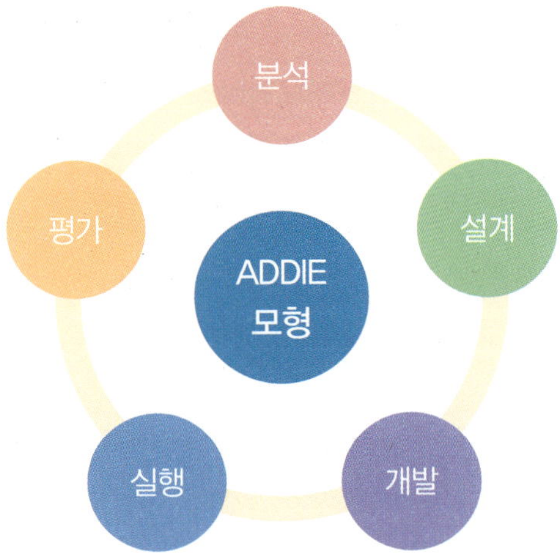

[그림 5-2] 순환적 ADDIE 모형

ADDIE 모형은 교수체제 설계과정의 일반적 형태를 나타낸 가장 널리 알려진 모형으로, 분석(Analysis), 설계(Design), 개발(Development), 실행(Implementation), 평가(Evaluation)의 5단계 과정을 통하여 개발과정을 거친다. 개발된 영유아 프로그램은 현장에 적용하여 문제점과 개선점이 발견되면 프로그램을 수정하거나 보완하는 과정을 통해 완성되어 간다. 그러므로 ADDIE 모형의 각 단계는 유기적으로 상호 연관되어 있으며, 순환적 혹은 역동적인 절차과정을 거친다고 할 수 있다. 이에 본 장에서는 영유아 프로그램 개발 절차과정을 분석-설계-개발-실행-평가 단계로 설명하고자 한다.

(1) 분석(Analysis)

분석 단계는 학습과 관련된 요인들을 분석하는 것으로, 프로그램을 통해 학습에 들어가기 전에 반드시 선행되어야 한다. 분석 단계에서는 요구분석, 학습자분석, 과제분석을 통해 왜 교육을 해야 하는지를 분석한다.

- 요구분석: 사회문화적 상황에 비추어 영유아들에게 필요한 교육 내용을 끌어내는 것이다. 사회문화적인 변화가 지속적으로 이루어지는 현대의 시대와 상황에서 요구되는 교육 내용을 찾아내고, 이를 영유아 프로그램 개발에 반영하는 것이다. 또한 어떤 방향으로 프로그램을 진행하는 것이 좋은지, 지역사회 실성은 어떠한지 등에 대한 상황분석을 통하여 그 결과를 프로그램 개발에 반영해야 하는 것이다.
- 학습자분석: 학습자가 누구인지, 현재 어느 수준인지, 학습자의 특성을 파악하고 학습자가 필요로 하는 것과 기대되는 것이 무엇인지 학습자의 요구를 분석한다.
- 과제분석: 개발하고자 하는 프로그램의 구성요소별 구조를 분석한다. 아울러 영유아가 할 수 있는 일이 무엇인지 분석하여 프로그램 내용에 포함시킨다.

이외에도 영유아 프로그램 개발에 있어서 요구란, 영유아와 학부모, 기관, 즉 원장이나 교사들의 요구가 포함된다. 이는 프로그램의 필요성과 개발 방향, 개발의 진행 등을 결정하는 데 중요한 요소가 될 수 있다. 요구분석 방법으로 관찰, 면접, 설문조사 등의 방법을 활용하여 자료를 수집하고 이를 체계적으로 분석하면서 프로그램이 나아가야 할 방향을 잡는다. 예를 들면, 작년에 진행되었던 '교육 프로그램'에 대한 학부모와 교사에 대한 만족도 조사를 실시하여 '성교육 프로그램'이 44%, '역사 프로그램'이 36%, '경제 프로그램'이 20%의 결과로 '성교육 프로그램'이 가장 높은 비율을 차지하였다면 학부모의 요구에 따라 프로그램을 계획할 수 있다.

〈표 5-3〉 학부모 대상 요구분석 설문지 예시

프로그램 운영을 위한 교사 설문지

유아 연령		반 이름	

1. 이번에 이루어진 지리교육 프로그램 운영이 잘 되었다고 생각합니까?

   가. 그렇다.　　나. 보통이다.　　다. 아니다.

2. '다' 에 답을 하였다면 그 이유는 무엇입니까?

   ____

3. 어떤 부분을 개선해야 한다고 생각합니까?

   가. 운영 시간　　나. 프로그램 활동　　다. 가정 연계

4. 내년에 이루어졌으면 하는 사회교육 프로그램은 무엇입니까?

   가. 역사 프로그램　　나. 성교육 프로그램　　다. 경제 프로그램

5. 그 이유는 무엇입니까?

   ____

(2) 설계(Design)

설계는 분석과정에서 나온 결과를 토대로 교육 제반사항에 대해 설계하는 것이다. 수행 목표를 행동적인 용어로 명확히 하며, 그 목표가 제대로 이루어지는지 평가도구를 선정한다. 학습자에게 효율적인 프로그램이 되도록 내용을 계열화하며 어떻게 가르칠 것인가? 하는 교수전략을 수립한다. 또한 학습 활동을 촉진시킬 수 있는 적절한 교수매체가 무엇인지를 선정하는 것이 설계 단계이다. 교수학습 방법과 교사의 전략에는 여러 가지 형태가 있다. 학습 주체에 따라 교사 중심, 유아 중심, 교사 –유아 상호작용의 형태로, 집단의 크기에 따라 대집단, 소집단, 개별학습 등으로, 학습 형태에 따라 경쟁학습, 개별학습, 협력학습 등으로 나누어 볼 수 있다. 또한 교사의 전략으로 인정하기, 모범 보이기, 조성하기, 지원하기, 지지하기, 함께 구성하기, 시범 보이기, 지시하기 등과 같은 여러 형태가 있다. 설계가 잘 이루어지면 이후 개발과 실행, 평가의 단계는 무난하게 이루어질 수 있다.

(3) 개발(Development)

개발은 수업에 사용될 교수자료를 실제로 개발하고 제작한다. 개발과정에는 먼저 교수자료의 초안 또는 시제품을 개발하여 형성평가를 실시하고, 프로그램을 수정한 뒤에, 마지막으로 최종 산출물을 제작하는 일이 포함된다. 교수학습자료는 프로그램을 진행해 나가는 동기유발의 대상이자 지속시켜 나가는 데 중요한 역할을 할 수 있으므로, 교재 · 교구와 환경을 매력적으로 개발하는 것은 곧 프로그램 진행과 지속에 중요하다.

(4) 실행(Implementation)

실행이란 실제 현장에서 실행하는 단계이다. 교사는 실행하기 전에 프로그램 목표와 내용을 충분히 숙지하고, 설계된 교수학습 방법을 정확히 이해해야 한다. 이를 바탕으로 교재교구와 환경의 준비를 체크한 후 실행을 한다. 교사는 실행되는 모든 활동이 개발된 프로그램의 목표를 구현하고 그 내용을 설계된 방법에 따라 진행하고 있는지, 활동이 다양하여 영유아의 흥미를 끌기에 충분히 매력적인지, 활동들을 실행함에 있어서 교사가 영유아들에게 전달하는 방법이 적절한지를 고려해야 한다(박찬옥 외, 2011). 뿐만 아니라 실행할 때 프로그램을 장기계획과 단기계획으로 나누어 프로그램 일정을 계획할 수 있다. 프로그램 일정은 다음과 같은 원칙하에 세워져야 한다(이명환, 김은숙, 최경숙, 2008).

첫째, 프로그램의 일정은 가급적 학급별 혹은 연령별로 계획하되, 영유아의 개별성을 최대한 보장하여야 한다.

둘째, 발달적 적합성을 고려해야 한다. 프로그램의 일정 계획은 영유아의 발달에 적합하여야 하며, 발달의 전 영역을 균형 있게 계획하여 운영해야 한다.

셋째, 프로그램의 일정을 계획할 때 융통성을 고려해야 한다. 프로그램의 일정을 수립한 후 상황, 날씨에 따라 융통성 있게 수정하고 변화를 주어 실시하도록 한다.

넷째, 연간교육계획과 월간교육계획을 수립하고, 이를 토대로 주간교육, 일일교육계획, 하루 일과를 계획한다. 유치원의 경우는 연간 180일 이상 하루 교육 시간 4~5시간을 기준으로 하되 영유아의 발달 수준, 지역사회의 실정, 유치원의 특성, 활동 내용 및 계절 등을 고려하여 조정, 운영한다. 어린이집은 공휴일을 제외하고 연중 계속 운영하며, 설립 목적과 현실적 요구에 의해 운영 시간이 달라질 수 있으나 주 6일 12시간 이상 운영한다.

(5) 평가(Evaluation)

평가는 실행과정에서의 모든 결과를 평가하는 것이다. 설계, 개발한 교수자료와 프로그램, 교수매체의 적합성과 효율성, 그 과정을 계속 이어나가도 될지에 대한 지속성 여부, 문제점이 발생했다면 어떻게 수정해서 재적용할 것인지에 대한 수정사항 등을 평가한다. 평가는 요구분석 단계부터, 목표 설정, 교육 내용, 교수학습 방법, 교재교구와 환경 등이 적절하였는지 점검해 보고 평가하는 것이다. 평가는 신뢰할 만하고 타당하게 이루어져야 하며, 지속적으로 평가 결과 환류를 통한 프로그램 개선이 필요하다.

위의 ADDIE 모형에 따른 텃밭 프로그램 개발 절차를 제시하면 다음 [그림 5-3]과 같다.

분석

- 학습자분석: 5세 영유아만 25명
- 요구분석: 텃밭 프로그램에 대한 문헌분석, 학부모 및 교사, 유아 요구분석
- 환경분석: 유아교육기관 내 텃밭 활용 가능성 분석
- 과제분석: 프로그램 구성 요소별 구조분석

설계

- 수행 목표 진술: 프로그램 구성요소별 목표 진술
- 평가도구 개발: 체크리스트, 평정척도
- 교수전략 및 매체 선정: 체험 시기 및 텃밭 장소 선정, 수업 시간 배정 및 농사 체험 도우미 선정, 농기구 구입

개발

- 교수자료 개발: 텃밭 프로그램 활동자료 개발
- 제작: 텃밭 활동 학습지도안 작성 및 관련 학습자료 개발

실행

- 사용 및 관리: 텃밭 활동 전개(수업 내용에 대한 반성적 저널 쓰기)

평가

- 내용 평가: 연구자, 교사에 의한 내용 평가
- 효과 검증: 참여 유아의 텃밭 활동 프로그램 평가 체크리스트 사전 · 사후분석

[그림 5-3] ADDIE 모형에 따른 텃밭 프로그램 개발 절차

2. 영유아 프로그램의 평가

영유아 프로그램 평가란 본질적으로 교육 프로그램에 의해 교육 목표가 어느 정도 달성되었는지를 밝히는 과정이다(Tyler, 1949). 전통적인 관점에서 평가는 교육 목표에 대한 평가로 학습자가 무엇을 할 수 있도록 하는가에 관심을 갖고 있었다. 그러나 최근에는 학습자의 행동 변화 과정을 관찰하여 유의미한 학습이 일어나도록 하는 데 평가의 목적을 두고 있다. 영유아의 전반적인 생활과 활동을 통해 정보를 수집하여 학습자의 실제적인 능력을 파악하는 것을 목적으로 하고 있다. 2019 개정 누리과정에서의 평가도 형식적인 평가에서 벗어나 국가가 제시한 최소한의 평가 기준과 방향을 바탕으로, 각 기관의 상황에 따라 자율적으로 시행하는 것을 강조하고 있다. 교사는 관찰과 기록, 자료수집, 부모 설문지 등의 다양한 방법을 이용하여 영유아와 누리과정 운영에 대한 평가를 실시한다. 본 장에서는 영유아프로그램 평가의 목적, 내용, 방법, 결과 활용으로 간략히 제시하고자 한다.

1) 평가의 목적

평가의 목적은 영유아가 중심이 되고, 놀이가 살아나는 프로그램 운영을 자체적으로 평가하여 보다 나은 방향으로 개선해 가도록 하는 것이다. 어린이집과 유치원은 지역 특성, 각 기관 및 학급의 상황과 요구를 고려하여, 프로그램 운영의 질을 진단하고 개선하기 위해 평가를 계획하고 실시한다. 평가의 내용, 평가 주기 및 시기, 평가 방법 등에 대한 계획은 어린이집과 유치원 구성원들 간의 자율적이고 민주적인 협의를 통해서 실시한다.

2) 평가의 내용

평가의 내용은 영유아에 대한 평가와 프로그램 운영에 대한 평가로 구성된다. 영유아에 대한 평가는 개별 영유아의 고유한 특성과 시간의 흐름에 따른 변화를 이해하고자 한다. 누리과정 운영에 대한 평가는 유치원과 어린이집에서 놀이중심 누리과정이 잘 실행되고 있는지를 점검한다.

(1) 영유아 평가

영유아의 특성 및 변화 정도에 대한 평가는 교사가 놀이, 일상생활, 활동을 통해 나타나는 영유아의 모습에서 고유한 특성과 의미 있는 변화를 발견하고 이해하는 것이다. 영유아를 이해하기 위해서는 영유아 자신의 능력과 기술을 표현할 수 있는 다양한 놀이 상황에서 평가가 이루어져야 하며, 이때 놀이를 영역별로 분절하여 관찰하거나 영유아의 발달적 성취 결과로 평가하는 것을 지양한다.

영유아별로 수집한 놀이에 대한 기록(예: 계획안 또는 일지에 기록한 영유아들의 실제 놀이 모습, 영유아의 놀이 결과물, 작품, 사진이나 동영상 등)을 통해 영유아의 발달, 영유아의 흥미와 관심, 놀이 선호, 또래와의 상호작용 등을 평가할 수 있으며, 시간의 흐름에 따른 변화도 평가할 수 있다. 특히 관찰은 교사가 영유아를 위한 프로그램에 대해 무엇인가를 결정지을 때 중요한 정보를 제공한다. 영유아는 자기중심적인 사고의 틀 안에서 자신의 경험을 통하여 세상을 발견하고 이해하므로, 교사는 영유아가 세상에 대해 어떠한 발견과 호기심을 가지고 있는지 관찰을 통해 최대한 이해할 수 있다. 따라서 관찰은 영유아가 배우는 과정을 기록하는 지속적인 과정이어야 하며, 교사는 관찰한 내용을 기록하고 해석하는 방법을 아는 것이 중요하다.

〈표 5-4〉 영아를 위한 개별 관찰 서식

영아 이름 :	
관찰 날짜 :	
관 찰 자 :	
• 관찰 중점사항: 영아의 정서, 학습 (관찰사항 기록, 사진이나 자료 부착) 1. 영아가 무엇을 하고 있는가? 2. 영아의 기분이 어떤가? 3. 무엇을 배우는가?	
• 교사의 지원: 발달과 학습을 지원하기 위해 무엇을 할 것인가? 1. 반응적인 상호작용 (예: 격리불안 지원하기, 낯선 사람에게 관심 갖기) 2. 환경 3. 기회 제공 등	

〈표 5-5〉 영아의 놀이 관찰 및 평가 사례

<놀이의 흐름 및 놀이지원>	
놀이의 배경	 "애들아 이리 와. 문이 닫혀." 영아들이 교구장과 교구장 사이에 있는 빈 공간에 들어갔다 나왔다를 반복하며 놀이를 했다. 교사가 "애들아, 너희들이 있는 곳이 어디예요?"라고 묻자 영아들은 "우리 지금 엘리베이터예요."라고 대답했다.
교사의 지원	영아들의 놀이가 단순하게 이루어지지 않고 흥미가 지속되면서 '확장될 수 있는 방법은 어떤 것이 있을까?' '놀이가 함께 이루어지면 어떻게 될까?' 궁금증이 생겼고, 엘리베이터에 대한 교사의 놀이지원이 시작되었다.

<table>
<tr><td>놀이의 시작</td><td>
"원선아 여기 2 써 있어. 눌러 볼까?"
영아들과 엘리베이터를 어디에 만들면 좋을지 이야기를 나누고 교실 내 교구장 위치를 변경하여 엘리베이터를 만들었다.
"엘리베이터에 이렇게 누르는 게 있어요."
영아와 함께 색지에 끼적이기와 숫자를 적어 숫자버튼을 만들고 엘리베이터에 붙여 주었다. 영아들은 숫자에 관심을 보이고 원하는 숫자를 누르며 놀이를 했다. 놀이에 흥미를 느낀 아이들은 서로 가게주인이 되고 싶어 하였다.</td></tr>
<tr><td>교사의 지원</td><td>• 내일 놀이지원 : 엘리베이터를 견고하게 만들기 위해 큰 와플블록 교구 제공. 영아들이 종이벽돌블록과 작은 와플블록으로 문을 만드는 모습이 관찰되었다. 문이 부서지고 높이 쌓아지지 않아 큰 와플블록을 제시하여 좀 더 쉽게 만들어 볼 수 있도록 제공하기로 했다.</td></tr>
<tr><td>놀이, 그 즐거움</td><td>
"문 닫아야지. 문이 닫힙니다."
영아들이 큰 와플블록으로 엘리베이터에 문을 만들었다. 완성된 엘리베이터를 보며 "우와 엘리베이터다. 우리가 만들었어요."라며 자랑을 했다. "**야 나 어디 있게?" 말하며 와플블록 사이 틈으로 까꿍놀이도 하며 즐거워했다.</td></tr>
</table>

출처: 충청남도육아종합지원센터(2020).
제6회 우수 프로그램 공모전 「놀고 배우고 go go 프로젝트」 자료집 발췌.

관찰기록지의 질문들은 교사가 영아를 대상으로 관찰하기 위한 질문이다. 이러한 질문들은 영아의 놀이, 영아의 흥미와 관심 표현, 영아 자신의 요구를 표현하기 위한 것이다. 이러한 관찰을 통해 교사는 영아를 이해하고 영아의 흥미와 발달을 더 지원할 수 있으며, 관찰 결과를 토대로 활동을 계획하고 상호작용할 수 있다.

또한 교사는 영유아의 놀이에서 누리과정 5개 영역의 내용이 어떻게 경험되고 어떤 배움이 일어났는지 살펴본 후 이를 추후 놀이지원에 반영할 수 있다.

〈표 5-6〉 영유아 놀이 관찰 및 평가 사례

<table>
<tr><th colspan="3">놀이 흐름 따라가기</th></tr>
<tr><th>누가</th><th>언제</th><th>어디서</th></tr>
<tr><td>3세 유아</td><td>2019년 7월, 오전 놀이 시간</td><td>음률 공간</td></tr>
<tr><th colspan="3">이야기 1. “여기가 바로 수영장이래”</th></tr>
<tr><td colspan="2">음률 공간에서 악기소리를 탐색하던 은지와 수연이가 코끼리 코 악기 두 개를 연결한다.

코끼리 코 악기는 수영장과 미끄럼틀이 되고, 실로폰 채는 수영하는 사람이 된다. 은지와 수연이는 실로폰 채를 들고 수영하는 흉내를 낸다.</td><td>
</td></tr>
<tr><th colspan="3">〈교사의 놀이 이해〉</th></tr>
<tr><td colspan="3">교사는 악기도 유아에게 이야기 짓기의 소재가 되는 놀이자료가 될 수 있다는 것을 알게 되었다. 또한 3세 유아도 또래와 상상 이야기를 주고받으며 놀이할 수 있다는 것을 알게 되었다.</td></tr>
<tr><th colspan="3">5개 영역 내용 연계</th></tr>
<tr><td>의사소통</td><td colspan="2">듣기와 말하기 → 상대방이 하는 이야기를 듣고 관련해서 말한다.
책과 이야기 즐기기 → 말놀이와 이야기 짓기를 즐긴다.
• 유아는 놀이하는 또래의 이야기를 듣고 관련지어 말하며 놀이를 이어 간다. 유아는 상상을 통해 다양한 상황(수영장, 침대, 이불, 표류하는 배, 다리 등에서 놀이하는 상황)을 지어내고, 지어낸 상황에 맞게 이야기 짓는 것을 즐긴다.</td></tr>
</table>

<table>
<tr><td>예술경험</td><td>창의적으로 표현하기 → 극놀이로 경험이나 이야기를 표현한다.
• 유아는 수영장, 침대, 이불, 표류하는 배, 다리 등에서 놀이하는 상황을 자유롭게 이야기로 표현한다.</td></tr>
<tr><td colspan="2">교사 지원의 특징</td></tr>
<tr><td colspan="2">유아가 재미있게 놀이하고 있었기 때문에 중간에 개입하지 않고 주도적으로 놀이하도록 하였다.</td></tr>
<tr><td colspan="2">〈유아의 놀이 상황〉</td></tr>
</table>

출처: 누리과정: 놀이이해자료(2019).

교사가 영유아들의 놀이를 관찰하면서 영유아의 놀이에서 개정 누리과정 5개 영역의 내용과 영유아들의 놀이 경험을 이해할 수 있다면 놀이하며 배우는 영유아의 유능함을 발견하게 된다. 이때 교사는 영유아의 놀이 경험에 대하여 짧은 2~3줄의 문장이나 몇 장의 사진 등을 남길 수 있다. 이 기록은 영유아의 배움의 내용, 방식, 과정을 포함한다. 기록을 통해 교사는 개정 누리과정이 어떻게 실행되었는지를 보여 줄 수 있으며 영유아들의 유능함을 드러내게 되는 것이다. 따라서 기록은 교사의 중요한 교육적 행위이다.

(2) 교육과정 운영 평가

교육과정 운영에 대한 평가는 일과구성이 적절하였는지, 일상생활이나 활동이 놀이를 지원하는 방식으로 진행되었는지, 놀이를 통해 어떤 경험이 어떻게 일어났는지 등 반성적인 사고를 하는 것이다. 이는 영유아에게 의미 있는 통합적 경험의 내용으로 운영되었는지를 교사 스스로 되돌아보거나 동료 교사들과 함께 살펴보는 것을 포함한다. 교사는 학급 내 놀이의 종류, 놀이를 통해 학급에서 일어나고 있는 영유아들의 배움과 참여 등에 대한 기록을 바탕으로 교육과정을 평가하고, 교육과정 개선 계획에 이를 반영할 수 있다. 누리과정의 5개 영역은 영유아가 놀이를 통하여 경험해야 할 내용이므로 교사는 놀이 상황에서 5개 영역과 관련한 경험이 어떻게 이루어졌는지 검토하고 지원을 계획할 수 있다. 다음은 영유아들의 놀이를 관찰하면서 교사가 놀이를 지원한 사례이다.

〈표 5-7〉 놀이지원 사례

<놀이지원 사례>

〈놀이 배경〉

교사와 함께 동물의 특징에 대해 알아보고 난 후, 영유아들이 동물원으로 현장학습을 다녀왔다. 동물원을 갔다 온 뒤 영유아들이 동물들에게 많은 관심을 가진다. 교사는 영유아들의 관심을 발전시키고자 동물 사진과 특징이 담긴 동물카드를 제공하였다.

〈영유아 놀이 관찰〉

동물카드를 탐색하는 모습

동물 퀴즈 맞히기를 하는 모습

교사는 영유아들에게 동물카드를 소개하고, 자유롭게 놀이하도록 한다.
"우와~ 코뿔소도 있고 토끼도 있네?"
"얘들아, 그런데 코뿔소는 어떻게 울어?"
"코뿔소는 안 울어!"
영유아들은 동물카드를 관찰하고 그림을 따라 그려 보거나, 흉내 낸다.

이때, 한 명의 영유아가 카드를 이용하여 퀴즈를 하자고 제안한다.
카드를 몰래 보려는 영유아의 반칙으로 놀이가 잠시 중단되나 했지만,
교사의 도움을 받아 안대를 사용하여 놀이를 계속한다.

"카드가 조금밖에 안 남았네…."
카드가 몇 장 남지 않아 아쉬워하는 영유아들에게 교사는 필요한 것을 물어본다.
"무슨 일 때문에 그러니?"
"퀴즈를 낼 카드가 없어요. 제가 좋아하는 동물로도 만들고 싶어요!"
영유아들이 동물카드를 직접 만들고 싶다고 요청하자 교사는 카드 도안을 영유아에게 제공한다.

"나 병아리가 뭐 좋아하는지 잘 모르는데…."
"그럼, 저기 언어영역에서 동물 책 보고 해!"
영유아들은 읽기영역의 동물사전을 보고 스스로 카드를 만들기 시작한다. 교사는 영유아들의 카드를 코팅해 준다.

교사의 놀이지원 실제	편성 및 교수학습
교사는 동물에 관심을 보이는 영유아를 위해 동물카드를 준비하였다. 영유아들은 낱말카드 속 동물의 특징을 흉내 내고, 퀴즈를 낸다. 이러한 활동은 타인의 말이나 이야기를 관심 있게 듣도록 돕는다.	교사의 역할 (자료 제공, 놀이 확장할 수 있도록 상호작용)
영유아들의 놀이가 원활하게 진행되지 않을 때 교사는 영유아들에게 문제를 물어보고 문제를 해결할 방법에 대해 같이 이야기를 나눈다. 동물카드 뒷면이 보이는 문제를 해결하기 위해 영유아들에게 역할영역에 있는 안대를 제안한다.	
직접 동물 낱말카드를 만들고 싶어 하는 영유아들을 위해 도안을 제공하고, 코팅해 주었다.	
교사는 영유아들과 함께 놀이를 하는 동안 "우와. 지연이 참 잘 맞춘다!", "지혜야, 선생님처럼 해 볼까?" 등의 적절한 반응을 보인다.	상호작용 (질문하기)

→ 영유아 놀이 관찰을 토대로 누리과정 운영 평가를 실시하고 추후 교육과정 운영지원에 반영할 수 있다.

3) 평가의 방법

평가의 방법은 무엇을 평가할 것인지, 왜 평가하는지에 따라 달라질 수 있다. 유아교육기관에서는 평가의 목적과 평가하고자 하는 내용에 따라 가장 적합한 평가 방법을 자율적으로 정하여 활용할 수 있다. 영유아의 특성과 변화 정도를 알아보기 위해서는 영유아의 놀이를 관찰하거나, 영유아의 놀이 결과물이나 작품, 부모나 동료교사와의 대화(면담법), 표준화 검사 등을 통해 얻은 정보 등을 일상적으로 수집하는 것이 필요하다. 이 중 관찰법은 영유아를 대상으로 하는 연구 방법 중에서 가장 오랜 역사를 가진 방법이며, 기본적이고 대표적인 평가 방법이다. 관찰법은 영유아의 자연스런 일상 속에서 표면적으로 나타나는 영유아의 태도와 행동 등을 직접적이고 객관적으로 살피고 기록하여 그 자료를 수집한 것에 기초하여 영유아를 이해하고 평가한다. 특히 의사소통에 한계가 있는 영유아를 대상으로 하고 있는 유아교육기관에서 가장 광범위하게 이용되고 있다. 관찰은 일화기록, 시간표집, 행동목록법, 평정척도법 등 다양한 방법으로 기록할 수 있다. 이러한 관찰 방법은 교사가 무엇을 평가할 것인지 관찰 목적에 따라 적절한 방법을 선택하여 사용하는 것이 바람직하다.

(1) 일화기록법

일화기록이란 관찰자가 중요하다고 생각되는 한 가지 행동이나 상황에 초점을 맞추어 관찰하는 방법으로, 사건이나 행동에 대해 사실적이고 객관적으로 기록한다. 직접적인 관찰 방법 가운데 가장 쉽고 간단한 기록이다. 일화기록에 의한 평가 시 유의할 점은 일화가 발생한 후 즉시 기록하여야 한다는 점이다. 교사는 즉시 기록이 힘든 상황이라면 메모장에 영유아에 대한 일화나 상호작용 등을 간략히 기록하고, 추후 약식으로 기록된 내용들을 보면서 기록을 정리한다. 교사는 일화기록을 통해 개별적인 영유아에 대한 관심을 갖는 것이 용이하며, 영유아의 문제점을 파악하여 개별화된 교육과정을 실시하는 데 도움을 받을 수 있다는 장점이 있다. 그러나 다른 관찰 방법에 비해 비교적 덜 체계적이고 분석이 주관적일 수 있다는 단점이 있다.

〈표 5-8〉 일화기록의 예

관찰 유아	장효성(남)	연령	만 5세
관찰자	장선희 교사	관찰 일시	2020년 04월 24일 (10시 00분~10시 40분)
관찰 장면	오전 자유선택활동 중 언어영역에서 이야기 나누는 장면		
관찰 내용	준원, 채영이와 책을 보던 교사가 "채영아, 어제 속상했었어요?"라고 묻자 "네"라고 대답한다. 옆에 있던 준원이가 교사를 보며 "왜 속상했었어요?"라고 말한다. 교사가 "그럼 준원이가 채영이에게 왜 속상했었는지 물어볼까요?"라고 말하자 "왜 속상했어? 채영아, 왜 속상했어?"라고 작은 목소리로 묻는다. 채영이는 고개를 숙이고 동화책을 만진다. 준원이는 채영이 옆으로 다가가 자신의 얼굴을 채영이 얼굴 가까이 댄다. 채영이가 "준원아 하지 마."라고 이야기하자 웃으며 다시 채영이의 얼굴을 본 후 자신의 두 손으로 눈을 가린다. 준원이는 채영이의 얼굴을 다시 보며 오른손으로 채영이의 티셔츠의 팔 부분을 잡는다. 채영이가 "준원아, 옷 잡지 마."라고 말하자 웃으며 손으로 눈을 가린다. 교사가 채영이를 보며 "준원이가 채영이가 어제 왜 속상했는지 궁금한가 보다."라고 말하자 준원이는 "안 궁금해, 안 궁금해, 채영이 싫어해."라고 말하며 교사의 얼굴을 쳐다본다.		
분석	준원이는 친구의 이야기에 관심을 갖지만, 친구의 마음을 알고 공감하는 부분에서는 어려움을 느끼는 것으로 보인다. 교사는 준원이가 감정을 언어로 표현해 주어 다양한 정서 및 감정의 범주를 배우고 다른 사람의 감정을 이해할 수 있도록 도와주어야겠다(발달영역: 사회성발달).		

(2) 시간표집법

시간표집법은 미리 선정한 행동을 정해진 시간 동안 일정 간격을 두며 반복적으로 관찰하는 방법이다. 비교적 짧은 시간 사이에 행동이 얼마나 발생하는가를 양적으로 측정하는 방법으로, 중요한 것은 관찰의 시간 단위와 시간 단위 간격, 관찰 횟수를 정하는 것이다. 교사는 시간표집법을 사용하고자 할 때에는 적어도 15분에 한 번은 그 행동이 나타날 때 사용하는 것이 적절하다. 이 관찰 방법은 관찰양식이 정해지면 기록하는 방법이 간단하고 편리하여 짧은 시간에 다수의 영유아를 관찰하고 수량화할 수 있는 장점이 있다. 그러나 정해진 범주의 특정한 행동 발생 여부에만 관심이 있으므로 행동의 원인을 파악하거나 영유아의 감정, 생각을 파악하는 데에는 어려움이 있다는 제한점이 있다.

〈표 5-9〉 시간표집법의 예

<table>
<tr><td>관찰 유아</td><td>이선화(여)</td><td>연령</td><td colspan="4">만 3세</td></tr>
<tr><td>관찰자</td><td>이화영 교사</td><td>관찰 일시</td><td colspan="4">2020년 03월 24일
(10시 00분~10시 30분)</td></tr>
<tr><td>관찰 장면</td><td colspan="6">자유선택활동 시간</td></tr>
<tr><td rowspan="2">놀이 유형 / 시간</td><td rowspan="2">기능놀이</td><td rowspan="2">구성놀이</td><td rowspan="2">극놀이</td><td colspan="3">게임</td></tr>
<tr><td>테이블</td><td>신체</td><td>언어</td></tr>
<tr><td>10:00~10:05</td><td>V</td><td></td><td></td><td></td><td></td><td></td></tr>
<tr><td>~10:10</td><td></td><td>V</td><td></td><td></td><td></td><td></td></tr>
<tr><td>~10:15</td><td></td><td>V</td><td></td><td></td><td></td><td></td></tr>
<tr><td>~10:20</td><td></td><td></td><td></td><td></td><td></td><td></td></tr>
<tr><td>~10:25</td><td></td><td></td><td></td><td></td><td></td><td></td></tr>
<tr><td>~10:30</td><td></td><td></td><td></td><td></td><td></td><td></td></tr>
</table>

(3) 행동목록법

행동목록법은 특정 행동의 출현 유무를 확인하기 위한 것으로, 관찰자의 주관적 평가를 가능한 배제하기 위해 사전에 영유아 발달이나 행동 특성의 목록을 미리 작성하여 행동의 출현 유무를 체크하는 방법이다. 행동목록법의 장점은 빠른 시간 안에 작성이 가능하며, 논리적으로 잘 범주화된 목록일수록 기록의 신속성을 한 층 더 높일 수 있다. 반면에 문항 외의 관찰이 불가능하며, 관찰된 출현 빈도나 질적 수준에 대한 정보를 제공하지 못한다는 단점이 있다.

〈표 5-10〉 행동목록법의 예

관찰 유아	박영화(여)	연령	만 4세
관찰자	나이슬 교사	관찰 일시	2020년 04월 21일
관찰 내용	사회성발달		

다음의 행동이 나타나면 ∨로 표시한다.

번호	내용	예	아니오
1	차례를 잘 지킨다.		
2	문제 상황이 생기면 말로 해결한다.		
3	친하게 지내는 친구가 많다.		
4	친구의 놀이를 방해하지 않는다.		

(4) 평정척도법

평정척도법은 어떤 행동의 출현 여부뿐만 아니라 행동의 질적 특성 정도를 수량화하여 점수로 평가할 때 사용하는 방법이다. 평정척도법의 종류에는 기술평정척도, 숫자평정척도, 어의평정척도 등이 있다. 그중 기술평정척도법은 영유아 행동 특성의 한 차원을 연속성 있게 몇 개의 행동 단계로 나누어 기술한 것으로, 보편적으로 1~5, 1~3개의 범주로 구분하여 평가를 한다. 평정척도법은 빠른 시간 안에 영유아의 행동을 평가할 수 있다는 장점이 있으나, 관찰자의 편견이나 오류가 있을 수 있다. 관찰자는 이러한 오류를 줄이기 위해서 영유아에 대한 선입견, 인상이 판단에 영향을 주지 않도록 객관적인 시각을 유지해야 한다.

〈표 5-11〉 숫자평정척도법의 예

관찰 유아	이선화(여)	연령	만 3세			
관찰자	이화영 교사	관찰 일시	2020년 03월 24일 (10시 00분~10시 30분)			
관찰 내용	자조성(다음의 행동이 나타나면 V로 표시한다.)					
평정 단계 자조성	1 (아주 못함)	2 (못함)	3 (보통)	4 (잘함)	5 (아주 잘함)	0 (관찰 못함)
옷 입기	V					
손 씻기			V			
신발 신기						
장난감 치우기				V		

(5) 표준화된 검사

표준화된 검사는 신뢰도와 타당도가 검증된 검사도구를 활용하여 검사를 실시하며, 개관적인 자료를 얻을 수 있어 개별 영유아의 행동이나 성취 정도를 비교할 수 있다. 그러나 영유아들에게 표준화된 검사를 실시하기에는 다음과 같은 이유가 있어 제한적으로 사용되어 왔다. 첫째, 영유아는 문해능력이 부족하기 때문에 표준화된 검사에서 사용하는 검사지를 이해하기 어렵고, 둘째, 검사지 질문에 대한 이해력 부족으로 인해 응답 결과에 대한 일관성이 부족하여 신뢰하기 어렵고, 셋째, 검사 결과에 영향을 줄 수 있는 주의집중, 동기, 불안 등의 내적 요인과 신체적 건강 상태의 요인들이 작용할 수 있기 때문이다. 그럼에도 불구하고 영유아의 정상적인 발달 상태를 진단하는 검사로써 아래와 같은 표준화된 검사를 실시해 왔다.

〈표 5-12〉 표준화된 검사의 종류

검사명	대상	검사 내용
베일리(Bayley)영아발달검사	1~42개월	영아의 대 · 소근육 운동, 개인/사회적 능력, 언어능력, 인지/적응능력
덴버(Denver)발달선별검사	출생~만 6세	개인적-사회적 기능, 소근육-적응기능, 언어기능, 대근육운동
밀러(Miller)유아용 평가검사	만 2~5.8세	좌우 인식, 언어 기억, 도안 그리기, 수 기억, 개념 분류, 다리 통합
CIBT 아동상호작용검사	12개월~ 6세 11개월	사회적 상호작용, 정서적 상호작용, 주도적 상호작용, 의도적 상호작용 등 32문항
KCDR-R 영유아 발달선별검사	0~6세	사회성, 자조행동, 대근육운동, 소근육운동, 언어영역
유아 창의성검사 - 유아용 (Creative Yests for Children:CTC)	만 4~5세	탐구심, 자신감, 자발성, 호기심, 정직성, 독자성, 개방성, 집중성, 유추성, 민감성, 독창성, 정교성, 융통성, 유창성, 상상력 등 15개

영유아들의 발달검사를 가장 객관적이고 정확하게 측정하기 위해서는 평상시와 같은 안정적이고 편안한 분위기가 중요하다. 그리고 표준화된 검사는 부모나 교사가 아닌 낯선 검사자에 의해 수행되는 경우가 대부분이므로 영아와의 신뢰감을 형성해야 정확한 검사 측정을 할 수 있다. 검사 결과는 비밀이 보장되어야 하며 검사 목적 이외의 용도로 사용되어서는 안 된다.

4) 평가의 유의사항 및 결과 활용

(1) 평가의 유의사항

영유아를 평가할 때 유의사항은 평가자료의 수집과 기록 때문에 교사가 영유아를 지원하는 데 어려움을 갖지 않도록 유의해야 한다. 특히 5개 영역을 바탕으로 개별 영유아를 반드시 관찰하지 않아도 되며, 놀이를 고르게, 매일, 정기적으로 관찰해야 한다는 경직된 평가를 하지 않도록 한다. 많이 기록해야 한다는 부담과 다양한 방법으로 평가를 해야 한다는 부담에서 벗어나, 영유아의 이해 및 놀이지원에 중요하고 의미 있다고 판단되는 평가 방법을 선택하여 기록하고 평가 결과물을 남기는 것이 중요하다. 이에 개정 누리과정에서도 교사에게 과도한 부담이 되는 평가의 형식을 탈피하고자 하였으므로 기록 및 평가에 있어서 틀에 맞춘 과도한 문서화를 요구하지 않으며, 형식과 분량에 있어 기관별 · 학급별로 자율성을 부여한다.

(2) 평가 결과 활용

평가의 결과는 놀이, 일상생활, 활동에서 영유아의 배움을 지원하는 방안을 모색하는 데 활용될 수 있다. 교사는 프로그램을 운영하면서 일상적으로 수집한 자료를 평가의 목적에 따라 해석하여, 이를 바탕으로 영유아를 이해하고 배움을 지원하는 데 순환적으로 활용해야 한다. 또한 부모와의 면담자료로 활용하여 가정과의 연계를 도모할 수 있다. 유치원과 어린이집에서는 자율적인 방식을 통해 정기적 또는 비정기적으로 평가한 결과를 분석하여 프로그램 운영을 개선하는 데 활용할 수 있다. 진행된 주제 및 놀이나 활동에 따라 누리과정 5개 영역 중 일부 영역이나 인간상이 두드러질 수 있으므로, 평가를 함에 있어서 단편적인 놀이 에피소드나 활동보다는 전개된 놀이와 일상생활, 활동에 대한 누적된 기록을 총체적으로 고려해야 한다.

영유아 프로그램의 전반적인 운영 평가로는 교육 목표, 교육 내용, 교육 방법, 물리적 환경, 건강관리, 영양관리, 안전관리, 가정과의 연계, 교직원관리 등의 모든 영역을 평가하는 것이다. 프로그램에 대한 자체 평가는 상대적인 비교가 아닌 자발적인 과정으로, 프로그램의 질을 평가하고 전문성에 대한 신뢰를 증진시키는 방법이다. 따라서 영유아 교사와 기관 운영자인 원장은 프로그램의 시작, 중간, 종료 시에 정기적으로 평가를 실시하여 장점과 단점을 점검하고, 그 결과를 바탕으로 보다 개선된 영유아 프로그램을 수립하여 프로그램의 질적 수준을 효과적으로 관리할 수 있어야 한다.

<의견 나누기>

1. 교육 내용 선정의 원리와 조직의 원리에 대해 설명하시오.
2. 놀이지원의 사례를 읽고 '내가 교사라면' 어떻게 놀이지원을 더 할 수 있는지 이야기 나누어 보시오.

CHAPTER

6

영유아 프로그램의 실제

1. 영아 프로그램의 실제
: 탐색과 놀이중심의 0~1세 프로그램

피아제에 따르면 생애 첫 2년 동안은 감각운동기로, 이 시기 영아는 자신의 눈, 귀, 손 그리고 다른 감각운동 장치들을 통해 '생각'하는 존재이다. 0세반에 해당되는 영아들은 주변환경에 대해 흥미로운 효과 반복을 목적으로 하는 행동이 가능하다. 그리고 의도적이고 목적지향적 행동, 대상영속성이 발달하며 다양한 방식으로 물건을 다루고 물건의 특성을 탐색해 나가며 점차 지연모방 및 표상능력을 보인다. 나아가 최근 연구들에 따르면, 대상의 특징에 대한 이해, 대상영속성에 대한 첫 조짐, 지연모방, 유추에 의한 문제해결은 피아제가 예측했던 것보다 더 이른 시기에 시작됨을 보고하고 있다. 그러나 이러한 차이에도 불구하고 피아제의 생각과 일관되게 영아들은 감각운동적 행동을 통해 스스로 지식을 구성해 가는 존재임은 일관되게 동의하고 있다(Berk, 2018).

한편, 최근 진행된 뇌발달 연구 결과에 따르면, 인간은 무엇인가를 채워야 하는 텅빈 상태로 태어나지 않는다. 이미 태어날 때 스스로 탐색하고 자기발달 속도에 따라 세상을 탐구하기 위한 능력을 가지고 있으며, 외부의 움직임에 반응할 수 있는 존재로 태어난다. 즉, 영아는 주도적으로 움직일 수 있는 능력을 가지고 있으며, 주도적인 움직임이 활성화되기 위해서는 신뢰롭고 안정된 성인과의 관계맺음이 중요하다(이창미, 2017).

이렇게 인간발달의 중요한 기초 시기라고 할 수 있는 영아에게 최적의 성장 발달을 돕는 보육 프로그램의 제공은 어린이집 운영에서 가장 중요한 업무이다. 특히 0세 영아를 위한 보육은 일상 양육을 기본으로 개별 영아의 발달 정도와 기질에 따라 구성되어야 하며, 낯가림과 분리불안을 느끼는 0세 영아를 위해 자연스럽고 개별적인 프로그램을 계획하고 운영해야 하므로(보건복지부, 2013) 타연령 대상 프로그램의 개발보다 더 구체적이고 신중한 접근이 필요하다.

1) 프로그램의 개발 배경

(1) 영아의 발달적 요구

출생 후 첫 1년은 모든 감각운동기관이 정상적으로 발달되면서 지각 · 인지능력이 급속히 발달하는 시기로, 이 기간 동안 뇌신경망의 60%가 완성된다. 짧은 기간 대비 발달 속도가 다른 어느 시기보다 빠른 관계로 변화의 폭 또한 매우 크다. 이로 인해 빠른 성장에 따른 급격한 발달적 적응이 요구되는데, 만일 성장의 속도에 적절하지 못한 반응은 잠재적 위기를 유발시킬 수 있는 부가적 원인이 될 수 있다. 이 시기에 적절한 보호와 자극이 제공되지 못하면 발달이 지연될 수 있다(장영희, 2000). 따라서 교사는 각 월령에 따른 영아의 발달적 특성과 함께 심리적, 생리적 측면을 고려하여 개별 영아의 요구를 수용해야 한다. 그리고 영아마다 개인차가 크므로 이에 대한 개별적 특수성을 함께 고려해야 한다.

한편, 영아들은 본질적으로 자신과 자신을 둘러싸고 있는 세상에 대해 알아가기 위해 탐색하고, 탐색을 통해 알게 된 사물의 특성이나 상황에 익숙해지면 놀이를 하게 된다. 이렇게 내적 동기유발과 과정 중심의 특징을 갖는 탐색과 놀이는 영아가 자발적으로 사물의 속성을 파악하고 사전 경험과 통합하여 새로운 경험이나 지식을 형성하는 데 효과적인 교육매체의 역할을 한다. 영아는 탐색이나 놀이를 하면서 목표 달성에 대한 부담을 갖지 않고 즐겁게 활발한 시도를 할 수 있다. 특히 영아에게 탐색과 놀이는 성인의 행동을 단순히 모방하거나 성인의 기존 관념에 맞추어진 개념을 습득하는 것이 아니라, 주도적이고 자율적인 시도를 격려하고 이러한 시도를 통해 획득한 지식이나 기술을 일상생활에 적용하여 내면화할 수 있는 기회를 제공한다. 나아가 영아 프로그램 과정에서 교사는 다양한 놀이와 탐색 활동에서 나타나는 기술과 태도 및 행동을 통해 주의깊게 관찰하고 경청해 가면서 영아의 욕구, 흥미, 능력에 대해 많은 것을 파악할 수 있다(이영자, 이종숙, 신은숙, 곽향림, 이정욱, 2001).

2) 사회적 요구

과학기술의 발전에 따른 진단용 의료첨단기구 등의 개발은 뇌발달에 대한 연구를 자연스럽게 이끌었으며, 이러한 연구들을 통해 영아들이 의존적이고 수동적이지 않으며 오히려 상호적이고 능동적이며 유능한 존재임이 증명되고 있다. 더불어 영아의 최적의 발달을 위한 결정적인 경험이 무엇인지도 밝혀 주면서 영아 시기가 인간발달에 매우 중요한 기초를 이루는 시기임을 강조하고 있다.

한편, 여성의 고학력 및 사회진출의 증가, 핵가족화에 따른 가족 지지기반의 약화, 자녀교육에 대한 높은 관심도 등으로 인해 양질의 영아 보육 프로그램에 대한 요구가 높아지고 있다.

게다가 최근 표준보육과정의 개정으로 인해 영아놀이중심 보육과정이 강조되며 양질의 보육 프로그램의 계획과 운영에 대한 관심이 높아지고 있다. 자신의 생각을 말이나 몸으로 어느 정도 표현할 수 있는 유아에 비해 아직 독립적인 움직임 조차도 제한적이며, 한 단어 출현 전후 시기인 영아들을 대상으로 이들의 흥미나 요구 등을 파악하여 이에 적절한 놀이 경험을 제공해 주는 것이 효과적이기 때문이다. 그동안 보육현장에서는 나름 영아중심, 놀이중심으로 보육 프로그램을 계획하고 실행해 왔었다. 이에 대해 교사들은 개정된 국가수준의 교육과정을 실제에 적용하는 과정에서 영아와 함께 '무엇을', '어떻게' 해야 그들에게 적절한 경험이 될 수 있는지에 대해 현재의 상황을 하나씩 점검하며 더 나은 보육이 되기 위한 노력을 기울여야 한다.

3) 프로그램 개발

(1) 대상

어린이집에서 0세반은 전년도 1월 1일 이후 출생한 영아들로 구성된다. 법적인 월령으로 보자면 출생 1개월 이후부터 입학이 가능하게 되어, 3월 기준으로 봤을 때 동일반 영아들의 월령 차이가 14개월로 그 편차가 가장 큰 반이라고 할 수 있다. 따라서 0세반 프로그램 대상이 되는 영아들은 올해 3월 기준 4개월 영아(전년 12월생)는 가장 어린 월령이 되며, 내년 2월말에는 25개월 영아(전년 1월생)로 가장 높은 월령이 된다.

(2) 목적

0세반 프로그램의 목적은 영아의 발달과 표준보육과정의 목적을 고려하여 영아의 전인발달을 도모하며, 기본적인 신체적 보호와 개인적 · 사회적 발달을 지원하기 위해 자연스럽고 놀이지향적이며 영아중심적인 경험을 제공하여 바른 인성과 민주 시민의 기초를 형성하는 것이다.

(3) 내용

0세반 프로그램의 내용은 영아에게 필요한 지식, 기술, 태도와 관련하여 일상의 경험에 대해 교육적 의미를 갖는 경험으로 제공되며, 이 과정에서 영아의 신체적, 사회적, 정서적, 인지적 측면의 발달이 포함된다. 이러한 영아의 발달, 흥미, 요구, 가족과 사회의 특성을 고려하여 일상생활과 탐색 및 놀이를 중심으로 여러 영역을 통합할 수 있는 것으로 선택하였다. 그리고 제4차 표준보육과정에서 0~1세의 발달 특성과 발달 과업을 중심으로 구성한 보육 내용을 함께 반영하였다.

〈표 6-1〉 제4차 표준보육과정의 0~1세 보육 내용

영역	내용 범주	내용
기본생활	건강하게 생활하기	• 도움을 받아 몸을 깨끗이 한다. • 음식을 즐겁게 먹는다. • 하루 일과를 편안하게 경험한다. • 배변 의사를 표현한다.
	안전하게 생활하기	• 안전한 상황에서 놀이하고 생활한다. • 안전한 상황에서 교통수단을 이용해 본다. • 위험하다는 말에 주의한다.
신체운동	감각과 신체 인식하기	• 감각적 자극에 반응한다. • 감각으로 주변을 탐색한다. • 신체를 탐색한다.
	신체활동 즐기기	• 대소근육을 조절한다. • 기본 운동을 시도한다. • 실내외 신체활동을 즐긴다.
의사소통	듣기와 말하기	• 표정, 몸짓, 말과 주변의 소리에 관심을 갖고 듣는다. • 상대방의 이야기를 들으면서 말소리를 낸다. • 표정, 몸짓, 말소리로 의사를 표현한다.
	읽기와 쓰기에 관심 가지기	• 주변의 그림과 상징에 관심을 가진다. • 끼적이기에 관심을 가진다.
	책과 이야기 즐기기	• 책에 관심을 가진다. • 이야기에 관심을 가진다.
사회관계	나를 알고 존중하기	• 나를 인식한다. • 나의 욕구와 감정을 나타낸다. • 나와 친숙한 것을 안다.
	더불어 생활하기	• 안정적인 애착을 형성한다. • 또래에게 관심을 가진다. • 다른 사람의 감정과 행동에 관심을 가진다. • 반에서 편안하게 지낸다.
예술경험	아름다움 찾아보기	• 자연과 생활에서 아름다움을 느낀다. • 아름다움에 관심을 가진다.
	창의적으로 표현하기	• 소리와 리듬, 노래로 표현한다. • 감각을 통해 미술을 경험한다. • 모방 행동을 즐긴다.

영역	내용 범주	내용
자연탐구	탐구과정 즐기기	• 주변 세계와 자연에 대해 호기심을 가진다. • 사물과 자연 탐색하기를 즐긴다.
	생활 속에서 탐구하기	• 친숙한 물체를 감각으로 탐색한다. • 물체의 수량에 관심을 가진다. • 주변 공간과 모양을 탐색한다. • 규칙성을 경험한다.
	자연과 더불어 살기	• 주변의 동식물에 관심을 가진다. • 날씨의 변화를 감각으로 느낀다.

(4) 교수 방법

탐색과 놀이에 기초한 학습 방법은 영아로 하여금 좀 더 자율적이며 다양한 학습경험을 가능하게 하는 바람직한 교수 · 학습 원리라 할 수 있다. 구체적인 탐색 및 놀이중심 교수 · 학습 원리와 교수 · 학습 과정에 대해 살펴보면 다음과 같다(이영자 외, 2006).

가. 탐색 및 놀이에 기초한 교수 · 학습 원리

첫째, 교사는 놀이과정에 중심을 두고 자율적이며 자발적인 교수 · 학습과정을 강조하기 위해 제시과정, 탐색과정, 놀이과정, 놀이 확장과정의 방법을 사용한다.

둘째, 영아에게는 일상생활과 밀접한 관련성이 있는 놀이가 효과적이므로 구체적인 상황 속에서 영아가 탐색한 지식과 경험을 활용할 수 있도록 한다.

셋째, 영아의 발달적 특성을 고려하여 탐색과 놀이가 풍부하고 자발적으로 일어날 수 있는 사회문화적, 물리적 환경을 제공한다.

넷째, 교사와 부모에 의한 개별 영아 행동관찰에 기초해 교수 · 학습을 계획한다. 영아의 연령이나 능력에 따라 개별 혹은 소집단놀이를 한다. 자발적 집단 구성 시 연령이나 능력의 차이는 6개월 이상 나지 않도록 한다.

다섯째, 교사의 고정화된 방식에 따라 획일적으로 가르치거나 놀이의 결과를 강요하지 않는다. 환경 조성하기, 관찰하기, 인정해 주기와 같은 소극적 교수전략을 통해 자발적인 탐색을 격려하고, 탐색과 놀이 진행 상황에 따라 비계 설정하기, 함께 구성하기와 같은 적극적인 교수전략을 통해 영아에게 필요한 도움을 제공한다.

나. 탐색 및 놀이에 기초한 교수 · 학습과정

탐색 및 놀이에 기초한 교수 · 학습과정은 제시 단계, 탐색 단계, 놀이 단계, 놀이확장 단계의 4단계로 진행된다.

① 제시 단계

영아가 마련된 놀이자료, 놀잇감, 또래에게 관심과 흥미를 보이는 단계로, 교사는 계획한 놀이자료를 놀이영역에 비치하여 놀이자료에 대한 영아의 행동을 관찰한다.

교사는 환경 조성하기, 관찰하기, 인정하기 등의 상호작용을 통해 영아의 흥미, 지식, 기술을 파악하고 탐색 단계로 자연스럽게 전이할 수 있도록 충분한 시간을 제공한다.

② 탐색 단계

제시된 놀이자료나 사람에 대해 주의집중하며 알아보려는 단계로 교사는 제시 단계에서 보다 좀 더 적극적인 모델 보이기, 조성하기 등의 상호작용을 통해 영아가 다양한 방법으로 놀이자료나 상황을 탐색하도록 유도하여 새로운 경험과 지식 형성을 돕는다.

③ 놀이 단계

탐색을 통해 익숙하게 된 기술이나 경험을 영아 스스로 반복하거나 다른 상황에 적용하며 즐겁게 놀이하는 단계로 교사는 탐색 단계에서의 경험을 또래와 공유하도록 격려하거나 놀이로 통합될 수 있도록 유도한다. 영아의 놀이가 만족스럽고 활발하게 진행되도록 돕기 위해 교사는 다양하고 폭넓은 상호작용 전략을 사용하되 영아가 놀이의 주도성을 잃지 않도록 유의한다.

④ 놀이 확장 단계

놀이 단계에서 나타난 영아의 아이디어가 발전하거나, 또래나 교사의 아이디어가 첨가되어 놀이가 심화, 확장되는 단계로, 교사는 놀이 확장에 필요한 자료를 추가로 제공하거나 다른 영역의 놀이자료와 통합하여 놀이할 수 있도록 안내한다.

(5) 평가

가. 관찰 기록

탐색 및 놀이에 기초한 관찰은 영아의 발달 특성 및 상호관련성을 밝힐 수 있는 중요한 방법이다. 관찰에 의한 정보는 영아를 보다 잘 이해하는 데 도움을 주며, 교사들에게 적절한 환경을 준비하게 하고 적절한 개입 시기를 알려주어 영아의 흥미와 요구를 만족시키는 놀이가 이루어지도록 하는 데 가치 있는 정보로 활용될 수 있다(신은수, 김은정, 유영의, 박현경, 백경순, 2011).

① 반성적 기록

곽향림(2015)에 따르면 교사의 반성적 기록은 영유아에게 중요한 의미를 갖는다. 교사의 기록은 영유아가 무엇을 생각하고, 무엇에 대해 질문하고, 주변 세계에 대해 어떻게 해석하고, 현재 경험하고 있는 것에 대해 사전지식을 가지고 어떻게 해석하고 있으며, 또래와 또래 간, 또래와 교사와의 관계에 대해 어떻게 해석하고 있는지를 파악하고자 하는 노력이다. 따라서 교실에서 교사와 영유아가 무엇을 하고 있고 왜 하고 있는지를 기록하고 분석하는 일은 반성적 사고에 의한 삶의 의미의 발견이다.

그리고 교사의 기록을 통해 영아의 발달적 측면을 연구하고 교사 자신의 놀이 운영을 되돌아보면서 보육과정을 수정, 보완하여 계속적으로 발전시키는 역할을 한다. 평가와 보육과정은 서로 분리될 수 없는 요소이므로 매일의 교수 실행에 대한 지속적인 기록과 평가가 필요하다. 이를 위해 본 프로그램에서는 별도의 기록지를 사용하는 것도 좋지만, 기존 보육일지를 활용하여 이 2가지가 모두 가능하도록 융통성 있게 활용하는 방법을 사용하였다.

이렇게 기록되고 평가된 자료는 영아와 영아 간, 영아와 교사 간, 영아와 학부모 간의 의사소통을 위한 중요한 정보 역할을 하며, 교사 및 영아의 내면과 외면 간, 교사와 동료교사, 원장, 부모 간에도 중요한 의사소통 수단이 된다.

4) 프로그램의 실행 및 평가

0세반 프로그램은 영아의 발달과 흥미, 생체리듬이나 컨디션, 날씨 등을 고려하여 융통성 있게 실행해야 한다. 그리고 영아가 관심을 보이는 놀이뿐 아니라 영아의 발달을 고려하여 교사가 계획한 놀이와 활동, 일상생활의 진행 등을 고려한 진행이 될 수 있어야 한다.

(1) 동일 놀이에 대한 월령 차이 고려

어린이집의 0세반은 생후 4개월부터 15개월의 영아가 함께 보육된다. 타연령 또한 월령 차이가 11개월로 크게 나기는 하지만, 0세반은 워낙 급속한 발달적 변화를 겪는 시기이므로 발달의 개인차가 가장 큰 연령이라고 할 수 있다. 따라서 개별 영아들의 발달 특성 및 요구를 분석하는 작업과 함께 영아 간 발달 차이를 고려한 놀이와 놀이의 계획 및 실행을 위한 연구 또한 중요한 과정이다.

다음은 퍼즐놀이에 대한 월령별 차이를 고려한 실행의 예이다.

■ 사례1 : 6개월, 퍼즐 조각 탐색하기

제시

OO는 딸랑이를 잡고 입에 넣거나 흔드는 것은 가능하나 놀잇감을 양손에 쥐는 것은 어려움. 손에 쥐고 흔들거나 놓쳤을 때 튕겨나가지 않도록 약간의 무게감 있는 원목 퍼즐을 제시함.

탐색

매트에 놓여 있는 흑백 동물 한 조각 퍼즐에 관심을 보이며 기어와 주먹 쥐고 두드리거나 손바닥을 펴 잡기를 시도함. 손바닥으로 두드리다가 버둥거리며 잡기를 시도한 후 잘 잡히지 않자 교사를 바라보며 손가락을 폈다 접었다 하는 모습을 보임.

놀이

교사가 흑백 동물 한 조각 퍼즐을 보며 "따그닥 따그닥~ 얼룩말도 있고, 느릿느릿 거북이랑 달팽이, 음매~ 소도 있네."라고 하자 팔과 다리를 버둥거리며 교사의 손에 있는 얼룩말 퍼즐을 잡으려고 함. 영아가 퍼즐 조각을 잡을 수 있도록 영아의 손 앞에 놓아 주자 오른손을 뻗어 움켜쥐듯 잡기를 시도함. 오른손가락을 쥐었다 폈다 하며 잡기를 시도하다가 잘 잡히지 않자 왼손을 뻗어 양손으로 얼룩말 퍼즐을 입에 가져다 댐. 얼룩말 퍼즐 조각을 가지고 있는 OO에게 퍼즐판을 가리키며 "여기도 따그닥~ 따그닥~ 얼룩말이 있네."라고 이야기해 주자 미소 지으며 팔과 다리를 버둥거린다.

확장

관심이 있는 놀잇감을 갖기 위해 이동할 수 있으며, 한 손으로 쥐기와 양손으로 잡기를 시도함. 아직 놀잇감을 움켜쥐듯 잡거나 내려놓는 것에 어려움이 있으므로 퍼즐 조각을 잡고 놓치지 않고 내려놓거나 이동할 수 있는 경험을 해 볼 수 있도록 해야겠음.

■ 사례2 : 11개월, 모양블록을 구멍에 넣어보기

제시

OO는 작은 크기의 장난감을 손바닥에 대고 손가락으로 감싸 쥐듯 잡을 수 있고, 잡고 있던 물건을 놓치지 않고 내려놓거나 이동할 수 있음. 가방 또는 구멍에 놀잇감 넣는 것을 즐거워하여 모양블록 조각 넣기를 제시함.

탐색

교사가 손에 쥐고 있던 별 모양 조각을 OO에게 보여준 후 통 속에 넣으며 “반짝반짝 연두색 별이 어디로 갔지?”라고 묻자 모양블록통 쪽으로 걸어와 쪼그려 앉음. 동그라미 구멍 속에 손을 넣고 “오오~” 하고 이야기하며 손가락을 쥐었다 폈다 함. 교사가 “별 모양 조각이 별 모양 구멍에 쏙~ 들어갔네.”라고 이야기하고, 동그라미 조각을 구멍에 넣으며 “어? 동그라미 조각은 어디로 갔지?”라고 묻자 몸을 앞으로 기울여 모양블록통에 눈을 가져다 대고 들여다 봄. 양손으로 모양블록통을 들고 흔들며 “어~어~”하고 내밀어 “어? 동그라미, 별 모양 조각이 데구르르 굴러가는 소리가 나네.”라고 하자 모양블록통 흔들기를 멈추고 구멍 속을 바라봄.

놀이

모양통을 바닥에 내려놓고 구멍 속에 손을 넣어 모양 조각 꺼내기를 시도하다가 꺼내지지 않자 교사를 바라보며 “어어~” 하고 두드림. 교사가 “통 속에 모양 조각이 있어?”라고 묻자 고개를 끄덕이며 구멍 속에 손을 넣어 꺼내기를 시도함. 교사가 통을 분리하여 통 속에 있는 모양 조각을 꺼내 주자 “따~” 하고 이야기하며 다시 구멍에 넣기를 시도함. 교사가 통을 조립하여 “빨간색 네모도 쏘옥~ 파랑색 동그라미도 쏘옥~” 하고 이야기하자 교사를 모방하여 세모 모양 조각을 움켜쥐듯이 잡고 동그라미 모양 구멍에 넣기를 시도함. 교사가 “요기~ 뾰족뾰족 세모는 세모 모양에 넣어 볼까?”라고 하며 손가락으로 세모 모양 구멍을 가리키자 넣기를 시도함. 세모 모양 조각이 잘 들어가지 않자 손목을 좌우로 움직이며 세모 구멍 안에 넣기를 시도함.

확장

작은 놀잇감을 움켜쥐듯이 잡고 떨어뜨리지 않고 옮길 수 있으므로, 움켜쥘 수 있는 다양한 크기의 놀잇감을 제시하여 모양에 맞추어 넣기를 시도해 볼 수 있도록 해야겠음. 모양 구멍에 관심을 보이지만 스스로 넣는 것에 어려움이 있어 교사와 함께 모양을 찾아 넣기를 반복적으로 시도하며 모양의 이름과 색 등의 명칭을 이야기해 주어야겠음.

■ 사례3 : 17개월, 한 조각 퍼즐 맞추기

제시

엄지와 다른 손가락을 이용하여 꼭지가 있는 한 조각 퍼즐을 잡고 이동할 수 있음. 동물에 관심이 많으며 교사가 가리키는 동물과 같은 동물을 찾기가 가능하여 동물 모양 퍼즐을 제시하여 맞추기를 시도함.

탐색

바구니에 담겨 있는 동물 모양 퍼즐에 관심을 보이며 엄지와 나머지 손가락을 이용하여 꼭지를 잡음. 왼손으로 개구리 퍼즐의 꼭지를 잡고 있는 OO에게 "개굴~개굴~개구리~" 노래를 부르며 "개구리 퍼즐이네."라고 하자 "개~굴~" 하고 퍼즐을 손에 쥐고 흔들며 노래를 흥얼거림.

놀이

왼손에 개구리 퍼즐을 들고 있는 OO에게 "뻐끔~ 뻐끔~ 물고기는 어디에 있지?"라고 묻자 오른손으로 물고기 퍼즐을 손가락으로 가리킴. 퍼즐판을 손가락으로 가리키며 "뻐끔뻐끔 물고기, 폴짝~개구리, 뾰족뾰족 불가사리가 있네."라고 하자 "무~", "개~", "부~" 하고 따라서 이야기함. 교사가 불가사리 조각을 놓으며 "불가사리는 불가사리 자리에 쏘옥~" 하고 이야기하자 왼손에 들고 있는 개구리 조각 퍼즐을 개구리 그림 위에 놓기를 시도함. 퍼즐이 잘 맞추어지지 않자 좌우로 움직이며 퍼즐 맞추기를 시도함. 퍼즐을 맞춘 후 "와~" 하고 만세를 부르며 미소 지은 후 물고기 퍼즐 맞추기를 시도함.

확장

같은 모양, 같은 그림 찾기 등에 관심을 보여 단순한 모양의 한 조각 퍼즐부터 시작하여 다양한 모양의 한 조각 퍼즐을 제시하여 맞추기를 시도해 볼 수 있도록 해야겠음. 퍼즐 맞추기를 시도하며 사물의 명칭과 움직임, 소리 등을 언어로 반복적으로 이야기하여 모방해 볼 수 있도록 해야겠음.

(2) 발달에 따른 놀이 전개 변화

다음은 한 영아가 월령이 높아짐에 따른 블록놀이의 진전을 기록한 사례이다.

■ 사례 1 : 6개월, 스펀지블록 잡아 보기

제시

놀잇감을 양손으로 잡거나 두드리기, 입에 넣으며 탐색하여 입에 넣거나 떨어뜨려도 안전한 스펀지블록을 제시함. 매트에 스펀지블록을 제시하자 다가와 양손에 스펀지블록을 쥐고 입에 넣기, 위로 올렸다 내리기, 손으로 두드리기 등 관심을 보임.

탐색

교사가 매트에 있는 스펀지블록을 보며 "말랑말랑하고 네모난 스펀지블록이 있네."하고 스펀지블록을 한 손으로 잡아 보여주자 배밀이를 하며 기어옴. 스펀지블록을 양손으로 잡아 주무르며 탐색하다가 오른손을 주먹 쥐듯이 쥐고 스펀지블록을 두드림. 스펀지블록을 두드리는 모습을 보며 "통통통~ 스펀지블록이 말랑말랑하지?"라고 이야기하자 교사를 보며 미소 지음.
"스펀지블록이 데굴데굴 굴러갔네? 어디로 갔지?"라고 묻자 스펀지블록이 굴러간 방향을 바라본 후 손을 뻗어 잡기를 시도함. 스펀지블록이 잡히지 않자 엎드려 스펀지블록이 있는 곳으로 기어가 스펀지블록을 잡음.

놀이

교사가 영아가 있는 곳으로 스펀지블록을 굴리며 "데구르르~ 이번엔 노랑색 길쭉한 네모블록이 OO이의 발이 있는 곳으로 굴러갔네."라고 이야기하자 노랑색 직사각형 스펀지블록이 굴러간 곳을 바라봄. 손에 있던 연두색 네모블록을 내려놓고 손을 뻗어 노랑색 직사각형 블록을 손에 쥐고 입에 넣어 탐색함. 교사가 반복하여 스펀지블록을 굴려 주자 작은 크기(영아의 주먹 크기)의 스펀지블록은 양손에 하나씩 쥐고 박수치듯이 부딪히는 모습을 보여 "곰 세 마리가 한 집에 있어~ 아빠곰~ 엄마곰~" 하고 노래를 불러 주자 교사의 노래에 맞추어 박수를 치거나 손을 위아래로 흔듦. 박수 치며 발을 구르다 블록이 굴러가는 것을 보고 반복하여 블록을 발로 참.

확장

큰 블록은 양손으로 잡기와 던지기(떨어뜨리기), 작은 블록으로는 각각의 손에 쥐고 입에 넣거나 노래에 맞추어 두드리며 탐색함. 작은 블록을 쥔 손으로 커다란 블록 위를 두드리는 모습이 보여 큰 블록 위에 작은 블록 놓아 보기, 교사가 쌓은 블록 손으로 밀쳐 쓰러뜨리기 등의 놀이를 경험해 볼 수 있도록 해야겠음.

■ 사례 2 : 14개월, 스펀지블록 쌓기 시도하기

제시

스스로 일어서거나 앉기, 놀잇감 손에 쥐고 이동하기 등이 능숙하지 않아 스펀지블록을 제시하여 안전하게 쌓기를 시도해 볼 수 있도록 함. 쌓기 매트 위에 스펀지블록을 쌓아 놓은 것을 보고 손가락으로 가리키며 다가와 손으로 밀침. 스펀지블록이 쓰러지는 것을 보고 "오?" 하고 교사를 바라봄. 교사가 "어? 스펀지블록이 우르르~ 쓰러졌네."라고 하자 쪼그리고 앉아 스펀지블록을 잡은 후 교사에게 건넴. "선생님하고 같이 스펀지블록 쌓아 볼까?"라고 묻자 고개를 끄덕이며 자리에 앉음.

탐색

교사가 블록을 매트에 놓으며 "연두색 네모블록 하나, 그 위에 연두색 네모블록 또 하나." 하고 이야기하며 블록을 쌓자 관심 있게 바라봄. 교사가 주변을 둘러보며 "또 블록이 어디에 있지?"라고 묻자 주변을 둘러보며 자신의 옆에 있는 검정색 스펀지블록을 오른손으로 쥐어 교사에게 건넴. "OO가 연두색 블록 위에 올려 볼까?"라고 이야기하자 손을 뻗어 연두색 블록 위에 검정색 블록을 올리려고 시도함.

놀이

연두색 블록 위에 검정색 블록 올려놓기를 시도하다가 블록이 쓰러지자 "오!" 하고 이야기하며 교사를 바라봄. 교사가 "와~ 블록이 우르르~ 무너져 버렸네!" 하고 미소 짓자 교사를 따라 미소 지으며 박수를 침. 무너진 블록을 바라보다 검정색 블록을 교사에게 건네어 "이번에는 OO가 먼저 놓아 보자."라고 하자 매트 바닥에 내려놓음. "OO가 놓은 검정색 블록 위에 연두색 블록을 올리고, (연두색 블록을 들고 있는 OO이를 보며) 연두색 블록 위에 또 연두색 블록을 놓아 볼까?"라고 묻자 미소 지으며 고개를 끄덕임. 블록의 곁으로 다가와 쌓기를 시도하다가 블록으로 밀치며 무너뜨림. 블록이 무너질 때마다 "우와~ 블록이 무너져 버렸네."라고 이야기하자 교사가 쌓은 블록을 손으로 밀치는 것에 흥미를 보임.

확장

블록을 이용한 놀이 방법을 이해하고 쌓기를 시도할 수 있으며 점차 대소근육의 발달로 인하여 놀잇감 쥐고 앉았다 일어나기, 놀잇감 손에 쥐고 이동하기가 가능하여 스펀지블록뿐만 아니라 다양한 블록을 이용하여 쌓기를 시도해 볼 수 있도록 해야겠음.

■ 사례 3 : 18개월, 블록 높이 쌓아 보기

제시

교구장 앞에 쪼그리고 앉아 종이벽돌블록을 하나씩 꺼내기를 시도함. 하나씩 꺼낸 후 손으로 밀어 교구장 밖으로 종이벽돌블록을 떨어뜨림. 떨어진 종이벽돌블록을 하나씩 잡고 매트 위에 가로, 세로, 좁은 면과 넓은 면으로 놓기를 시도함. "우와~ 매트에 종이벽돌블록이 많아졌네~"라고 이야기하자 교사를 바라본 후 바닥에 있는 종이벽돌블록 위에 다른 종이벽돌블록 올려놓기를 시도함.

탐색

종이벽돌을 양손으로 하나씩 잡고 바닥에 놓여 있는 종이벽돌블록 위에 가로 넓은 면으로 놓으며 높이 쌓기를 시도함. 교사가 "초록색 블록 위에 빨간색 블록이 올려져 있네." 라고 이야기하자 자신의 손에 있는 초록색 블록을 빨간색 블록 위에 올리며 "초~" 하고 이야기함.

종이벽돌블록을 가로로 넓은 면으로 쌓기를 하다가 좁은 면 위에 넓은 면으로 올려놓기를 하자 균형이 잡히지 않아 종이벽돌블록이 쓰러짐. 교사가 "종이벽돌블록이 무너져 버렸네."라고 이야기하자 무너진 블록을 들고 다시 쌓기를 시도함. 교사가 넓은 면으로 높이 쌓기를 시도하며 "블록이랑 블록이랑 딱! 만날 수 있도록 넓게 쌓아야지~"라고 이야기하자 교사를 모방하여 넓은 면으로 높이 쌓기를 시도함. 넓은 면으로 쌓기를 하다가 좁은 면으로 쌓으면 "이번에는 좁게 쌓아 보자."라고 하며 영아와 같이 좁은 면으로 블록을 쌓음.

놀이

종이벽돌블록의 좁은 면과 넓은 면을 이용하여 쌓기를 반복적으로 시도하다가 종이벽돌블록이 무너지면 교사를 보며 "우와~" 하고 손을 들어 미소 지음. 교사가 무너진 종이벽돌블록을 들고 쌓기를 시도하며 "세 번째 돼지가 집을 짓는데 벽돌로 차곡차곡 집을 짓는데~"라고 노래를 부르며 쌓기를 시도하자 교사의 곁으로 다가와 교사가 쌓은 종이벽돌블록 위에 블록을 내려놓음. 높이 쌓은 종이벽돌블록 뒤에 몸을 숨기며 "선생님 없다~" 라고 하자 종이벽돌블록 뒤로 몸을 기울이며 교사를 찾음. 교사가 "선생님은 늑대다~ 늑대가 나타나~ 후~ 늑대가 나타나~ 후~"하고 종이벽돌블록에 입김을 부는 흉내를 내자 교사와 함께 입김 불기를 하다가 손으로 밀치며 무너뜨림. 교사와 함께 노래를 부르며 종이벽돌블록 쌓기를 반복적으로 하며 놀이함.

확장

교사와 함께 종이벽돌블록의 가로와 세로, 좁은 면과 넓은 면을 탐색하며 쌓고 무너뜨리는 것에 흥미를 보임. 반복적인 쌓기를 통해 좁은 면으로 쌓으면 더 잘 무너진다는 것을 이해하기 시작하였으며, 단순하게 쌓고 무너뜨리는 것뿐만 아니라 높이 쌓은 종이벽돌블록 뒤에 숨어 까꿍놀이하는 것에도 흥미를 보여 집과 테이블 등의 구조물 쌓기를 시도해 볼 수 있도록 해야겠음.

■ 사례 4 : 6개월, 퍼즐 조각 탐색하기

제시

자동차를 무척 좋아하여 교구장과 놀잇감 바구니, 종이벽돌블록 위를 밀고 다니는 것에 흥미를 보임. 친구들이 놀이하는 종이벽돌블록 위를 자동차로 밀고 다녀 자동찻길을 만들어 볼 수 있는 놀이를 진행함.

탐색

자동차로 교구장과 놀잇감 바구니 위를 밀고 다니는 OO를 보며 "쌔앵~자동차가 교구장을 지나서, 바구니를 지나서, 어디로 가고 있나?"라고 묻자 교사를 바라본 후 다른 놀잇감 바구니 위로 자동차를 밀며 놀이함. 교사가 종이벽돌블록 2개를 연결한 후 "빵빵~선생님 자동차는 자동찻길로 간다~"라고 하자 교사가 있는 곳으로 자동차를 밀며 다가옴. 교사와 번갈아가며 자동차를 밀며 놀이하다가 "자동찻길이 너무 짧네. 더 길게 만들어볼까?"라고 하며 종이벽돌블록을 길게 나열하자 교사가 놓은 종이벽돌블록 옆에 다른 블록을 내려놓음.

놀이

종이벽돌블록을 길게 나열하기 시작하며 "선생님은 초록색 옆에 놓아야지."라고 하자 종이벽돌블록을 가져와 3개를 나열한 후 자동차를 밀고 지나감. 교사가 OO를 따라 자동차를 밀고 가다가 "어? 길이 이제 없네?"라고 하자 종이벽돌블록을 손에 들며 "여기~!"라고 이야기함. 교사가 "그 블록은 어디에 놓을까?"라고 묻자 "여기~"라고 이야기하며 블록을 내려놓음. 교사가 "빵빵~내가 먼저 가야 해요. 삐뽀~ 삐뽀~" 하고 노래를 부르자 "삐뽀~ 삐뽀~ 앵~" 하고 자동차를 밀며 놀이함.

확장

종이벽돌블록을 이용하여 자동찻길 만들기에 흥미를 보여 교사의 도움을 받아 인형의 집, 침대 등과 같이 구조물 만들기를 시도해 볼 수 있도록 해야겠음. 자동차, 인형의 집을 만들며 놀이하던 것에서 영아들이 앉거나 누울 수 있는 의자와 침대 등에도 관심을 보여 큰 사이즈의 종이벽돌블록을 제시하여 구조물 만들기를 시도해 볼 수 있도록 해야겠음.

(3) 영아의 발달을 고려한 교사의 의도적 놀이 계획

다음은 영아의 발달을 관찰한 후 영아의 발달에 적절한 실제를 계획하고 실행해 본 예이다.

송OO라는 영아는 8월 기준 17개월로, 3월에서 7월까지 교사 관찰 결과 2층 식당을 오갈 때 "난간을 붙잡고 한 계단에서 양발을 모은 뒤 한발씩 한발씩 계단을 올라가기", 그리고 그림책 읽기에서 "이름을 듣고 해당 동물의 그림이나 사진을 찾아내거나, 그림에 나온 그림과 같은 실제 사물을 찾기" 및 등하원 시간에 "엄마에게 엄마, 혹은 아빠에게 아빠라고 말하기"가 전혀 관찰되지 않았다.

따라서 어린이집에서는 "계단을 자발적으로 오르내리기"와 "자신의 생각을 말이나 행동, 표정 등으로 표현하기"를 위해 놀이를 계획하여 환경을 구성한 후, 아이의 자발적 참여를 기다리며 놀이로 연결하여 놀이를 적용하였고, 반응을 관찰, 기록하며 부모의 협력 또한 요청하였다.

■ 스펀지 매트 계단 기어서 올라가 보기

제시 및 탐색

교실에 스펀지 매트를 준비하여 대근육 영역에 며칠간 비치했더니, OO가 2일차에 관심을 보이며 블록 매트를 바라보고 있었다. 이후 2일 동안 매트의 하단만 발로 밟는 탐색을 계속 시도하였고, 3일차에 매트의 계단에 발을 올리며 망설이고 있는 OO를 발견.

놀이

스펀지블록 매트의 계단에 발을 올리고 있는 OO에게 "OO야, 선생님하고 계단 위로 올라가 볼까?"라고 이야기하며 손을 내밀자 오른손을 내밀어 교사의 손을 잡았다. 교사가 손을 잡아주자 고개를 들어 교사의 얼굴을 바라본 후 오른발을 계단에 올려놓는다. OO의 발을 보며 "오른발, 왼발, 하나~ 둘~" 하고 이야기하자 한 발씩 번갈아가며 계단 오르기를 시도하였다. 계단 오르기를 시도하다가 손에 힘을 주며 교사의 손을 잡고 오르는 OO에게 "엄청 잘 올라간다~"라고 이야기하자 교사를 바라보며 미소 짓고 반대로 돌아 교사의 손을 잡고 한 걸음씩 계단 내려오기를 시도한다. 뒤뚱이며 내려오다가 교사의 손을 세게 잡아 중심을 잡기도 한다. 계단을 내려온 후 "다 내려왔다." 하고 박수를 쳐주자 교사의 손을 잡고 다시 계단 오르기를 시도한다.

확장

스펀지 매트에 관심을 보이며 교사의 손을 잡고 계단 오르기를 경험한 후 교사의 도움 없이 스스로 계단 오르기를 시도한다. OO의 걸음을 보며 "오른발, 왼발." 또는 "하나, 둘" 하고 이야기해 주자 "하~", "오~" 하고 이야기하며 계단 오르기를 시도하는 것을 볼 수 있었다. 또한 계단을 오르고 내려왔을 때 방향을 전환하여 이동하기를 할 수 있었으며, 물렁한 스펀지 계단을 밟고 중심을 잡지 못할 때는 교사의 손을 잡고 지탱하며 중심 잡기를 시도하였다.

추후 계획

다양한 스펀지블록(낮은 계단 블록, 높은 계단 블록, 물결 매트 블록 등)을 이용하여 계단 오르기와 내려오기를 시도해 본 후 계단 위에 올라서 나무에 있는 열매 따기와 그림 그리기 등의 놀이를 계획하여 실시해 볼 수 있도록 해야겠음.

〈20**년 9월 9일 보육일지 내 관찰기록〉

☞ 이후 관찰기록에 따르면, 계단을 오르거나 매트를 오를 때 교사에게 손을 내밀며 도움을 요청하던 것에서 점차 스스로 오르기를 시도하는 모습을 보였다. 동적 놀이 시 반복적으로 놀이를 계획하여 놀이했던 스펀지터널 계단과 물결블록의 경우 교사의 도움을 받지 않고 낮은 계단 오르기가 가능하였으며, 물결블록의 높은 매트는 양손으로 매트를 짚고 오른쪽 다리를 걸쳐 올리고 올라서기를 시도하는 것을 볼 수 있었다. 또한 계단 및 매트 오르기 놀이를 반복적으로 계획하여 실행하자 실 · 내외 놀이터에 있는 미끄럼틀의 계단 오르기에 거부감을 보이지 않고 적극적으로 오르기를 시도하는 것을 볼 수 있었다. 등원 시간에 어머니와의 대화를 통해 주말 동안 백화점이나 놀이터를 갔을 때 적극적으로 계단 오르기를 시도하며 놀이의 양이 많아졌음을 전달받았다.

■ 과일(바나나) 잘라 요리해 보기 - 바나나 이름 말해 보기

제시

OO는 과일간식을 아주 좋아한다. 그래서 좋아하는 과일로 요리해 보는 과정을 통해 사물의 이름을 말로 표현해 볼 수 있도록 제시해 주었다.

탐색

접시와 바나나가 담긴 쟁반을 제시하자 오른손 검지손가락으로 바나나를 만지며 관심을 보인다. 교사가 "바나나~"라고 이야기하자 바나나를 양손에 쥐고 입에 가져다 대기를 시도한다. 교사가 바나나를 가리키며 "노란색 바나나, 바나나 껍질 벗겨서 먹어 보자."라고 하며 바나나 껍질의 끝을 살짝 벗겨 건네자 바나나를 손에 쥐고 교사를 바라본다.

놀이

교사가 살짝 벗겨진 바나나 껍질을 엄지와 검지손가락으로 잡으며 "OO가 바나나 껍질 잡고 당겨 볼까?"라고 하자 엄지와 검지손가락으로 바나나 껍질을 잡는다. 그러나 바나나 껍질을 잡아당기는 것은 어려워하여 교사와 함께 바나나 껍질을 잡고 벗기기를 시도하였다. 껍질을 벗긴 바나나를 쟁반에 내려놓고 "OO가 칼로 바나나를 잘라 보자."라고 하며 안전칼을 건네자 거꾸로 쥐고 바나나 찌르기를 한다. 안전칼을 바르게 쥘 수 있도록 도와준 후 "선생님하고 같이 바나나 잘라 보자."라고 하며 바나나를 자르자 작게 잘라진 바나나를 입에 넣는다. 교사가 "바나나~ 바나나 맛이 어때?"라고 묻자 교사를 바라보며 다른 바나나를 오른손에 쥐고 입에 넣기를 시도하여 "냠냠~ 꼭꼭 입에 있는 바나나 다 먹고 먹어 보자."라고 하자 고개를 끄덕인다. 바나나를 먹는 OO에게 "이게 뭐야?" "바나나가 어디에 있지?"라고 묻자 고개를 끄덕이며 다른 바나나를 손에 쥐고 먹기를 시도한다.

확장

바나나를 탐색하고, 껍질 벗기기, 안전칼로 자르기, 손에 쥐고 입에 넣기 등을 하며 반복적으로 '바나나'의 이름을 들려주자 바나나를 보며 고개를 끄덕이거나 손에 쥔 것을 교사에게 보여준다. 그러나 아직 좋아하는 과일인 '바나나'의 이름을 표현하지는 않는 모습이다. 따라서 앞으로 일상생활에서 쉽게 접할 수 있는 사물에 대해 반복적으로 이름을 들려주며 관심을 가질 수 있도록 놀이를 계획하여 진행해야겠다. 실제 사물뿐만 아니라 사진과 그림책, 놀잇감을 가지고 놀이하는 동안 반복적으로 사물의 이름을 제시해 주고 실외놀이 시 앞마당에 있는 다양한 채소와 과일의 이름, 급간식 시간에 제공되는 음식의 재료들을 반복적으로 이야기하며 관심을 가지고 찾거나 이야기해 볼 수 있도록 할 계획이다.

〈20**년 9월 20일 보육일지 내 관찰기록〉

☞ 이후 관찰기록에 따르면, 점차 어린이집 일과 속에서 자주 접하게 되는 사물들의 이름을 반복적으로 이야기하며 익숙해질 수 있도록 놀이를 계획하여 진행하자 "~발(신발)", "치~(치카)" 등을 언어로 표현할 수 있었다. 아이가 관심을 보이는 놀잇감인 딸기와 바나나 음식 모형을 가지고 놀이할 때마다 "딸기", "바나나"라고 반복적으로 이야기해주자 "따~ㄹ(딸기)", "빠~(바나나)"라고 말할 수 있었으며, 교사가 "딸기 주세요."라고 이야기하면 바구니에서 딸기를 찾아 교사에게 건네주기도 했다. 또한 기저귀 갈이대에 뽀로로와 아기상어 스티커를 붙인 것을 보며 "뽀로로가 어디에 있지?"라고 하자 손가락으로 가리키며 찾을 수 있었고, 「뽀로로와 목욕해요」 그림책을 보며 뽀로로를 찾아 손가락으로 가리킬 수 있었다. 가정에서도 고구마를 먹을 때 "고~마", "따~ㄹ", "치~푸(치카하고, 세수)"라고 이야기하며 일상에서 자주 접한 것들을 언어로 표현한다고 전달받았다.

■ 선생님과 함께 '바깥놀이 하는 사진책' 보기 – 엄마, 아빠라고 말해 보기

제시 및 탐색

언어영역에 가정연계놀이 결과물인 부모님과 아이가 함께 바깥놀이 했던 사진을 모아 책으로 만들어 제시하였다. OO뿐 아니라 반 아이들이 언어영역에서 사진책에 대한 관심을 많이 보이는 모습이다.

놀이

OO가 사진책을 무작위로 넘기며 보고 있어 옆으로 다가가 앉아서 "수호가 코끼리를 타고 있네. 아빠랑 같이 놀이공원에 갔나 봐."라고 말하자 OO가 자발적으로 책장을 넘긴다. 다음 장에 나오는 OO의 사진을 보며 "OO는 오빠랑, 엄마랑 아빠랑 같이 있네. 어디에 다녀왔을까?"라고 묻자 가족사진을 손가락으로 가리키며 관심을 보인다. 교사가 엄마, 아빠, 오빠, OO를 차례로 손가락으로 가리키며 "엄마, 아빠, 오빠, OO"라고 이야기하자 손가락으로 자신의 얼굴 쪽을 반복적으로 가리키지만, 언어로 표현하지는 않는 모습이다. 교사가 엄마와 아빠, 오빠, OO를 반복하여 손가락으로 가리키며 이야기한 후에 "OO 엄마는 어디에 있지?"라고 묻자 엄마와 오빠 사이를 손가락으로 가리킨다. 그래서 교사가 엄마를 손가락으로 가리키며 "OO 엄마." 하고 이야기한 후에 "아빠는 어디에 있지?"라고 묻자 엄마와 아빠의 사이를 손가락으로 가리키는 모습이다. 다음장의 친구들 사진을 보며 이야기한 후에 "OO 엄마랑, 아빠랑, 오빠는 어디에 있는지 찾아볼까?"라고 묻자 책장을 넘기며 가족사진을 찾아 교사에게 보여주기는 하나, 말로 표현하지는 않는다.

확장

친구 또는 자신의 가족사진에 관심을 보이며 책장을 넘겨 찾기와 손가락으로 가리키기를 시도하고, 교사가 사진 속에 있는 엄마, 아빠, 오빠, 자신 등을 손가락으로 가리키며 호칭을 이야기하자 그림 언저리를 가리킨다. 아직 엄마, 아빠를 찾아 호칭을 부르거나 손가락으로 가리키는 것에는 어려움이 있으나 자신의 가족사진 찾기, 친구의 가족사진 보기 등에는 관심을 보이며 자발적인 참여를 보인다. 따라서 가정에서 다양한 놀이 형태의 가족사진을 제공받아 엄마, 아빠, 오빠, 자신 등을 찾으며 이야기해 볼 수 있도록 놀이를 진행해야겠다. 그리고 친구들과 놀이하는 사진을 책으로 만들어 언어영역에 제시해 주어야겠다.

〈20**년 11월 5일 보육일지 내 관찰기록〉

☞ 이후 관찰기록에 따르면, 가족 손인형으로 인사놀이 하기, 가족사진 보며 엄마, 아빠 찾아보기 놀이 등을 통해 "아빠", "엄마"라고 조금 더 정확하게 이야기할 수 있었으며, 가족사진 속에 있는 엄마와 아빠를 찾아 손가락으로 가리키는 것을 볼 수 있었다. 또한 가족사진 속에 있는 OO를 보며 "**가 오빠랑 같이 있네.", "**는 어디에 있지?"라고 묻자 사진 속의 자신을 가리키며 "이유"라고 이야기할 수 있었음. 또한 친구들의 가족사진을 보며 "어~엄~", "아빠~", "이유~"라고 이야기했다. 자신의 가족사진을 보는 동안에는 엄마, 아빠를 손가락으로 가리키는 것이 가능해졌다. 가정에서도 '엄마와 아빠'를 모두 '아빠'라고 부르다가 이제는 엄마에게 '엄마'라는 단어를 사용하기 시작하여 부른다고 전달받았다. 이후 어린이집에서 전화기를 이용한 놀이 시 "아빠 바꿔 주세요."라고 이야기하면 "아빠~" 하고 부르며 수화기를 가져다 대는 모습이 보였으며, "엄마 바꿔 주세요."라고 이야기하면 "어어~엄~" 하고 이야기하며 수화기를 가져다 대며 놀이하기 시작했다.

(4) 교사들의 이야기

0세반 영아를 위한 탐색과 놀이중심 보육 프로그램을 실행해 본 후 연말에 진행된 교사면담 내용 중 일부를 인용하여 프로그램에 대한 평가를 대신하고자 한다.

처음 0세반을 맡게 된 데다가 놀이중심으로 보육과정을 운영해야 한다는 표준보육과정 개정 내용이 큰 부담이 되었던 게 사실이에요. 아직 0세반 영아의 발달에 대한 사전 지식도 부족한데, 보육 프로그램을 짜려니 더 자신이 없었어요. 그런데 탐색과 놀이중심 교수전략에 대한 교사교육도 하고 매주 보육에 대해 선생님들끼리 얘기를 나누면서 꼭 교사가 무엇인가를 계획해서 아이들에게 제공해 주는 것이 최선이 아니라는 것을 알게 된 거 같아요. 무엇을 해야 할지는 아이들이 알려주고 보여주기 때문에 저는 환경을 구성해서 기다리고 관찰하며 때를 기다리면 되는 거였어요. 올해는 그걸 실제로 관찰하고 기록하면서 알게 된 거 같아요.

〈경력 4년차 교사면담〉

올해 만 0세반을 맡아 운영하면서 각 월령에 따른 영아의 발달적 특성과 함께 심리적, 생리적 측면을 고려하면서 동시에 개별 영아의 요구를 수용해야 한다는 걸 잘 알게 된 거 같아요. 아무리 제가 재미있어 할 거 같은 놀잇감과 놀이를 준비해도 아이가 졸려 하거나 컨디션이 안 좋으면 전혀 관심을 주지 않더라구요. 그러다 보니 다른 연령과 다르게 개별화 보육과정이 정말 필요한 거 같고, 그런 것을 제대로 연구하고 실행해 볼 시간이 조금 부족해서 그 점이 제일 아쉬워요. 그래도 올해 아이들에게 제가 계획한 놀이를 권유하듯이 하는 것이 아니라, 일단 환경을 구성해 준 후에 아이들이 관심을 보이고 탐색하면서 스스로 놀이로 이끌 수 있도록 하고 저는 그것을 좀 더 확장해 줄 수 있는 역할만 잘 해도 충분하다는 것을 배운 거 같아요. 기다리면 되는데 그동안은 제가 계획한 걸 아이들에게 무조건 해 보도록 강요했던 건 아닌가 하는 반성도 많이 했구요. 제가 진정한 지원자가 되어 가는 거 같아서 내년이 기대돼요.

〈경력 6년차 교사면담〉

저는 사실 처음 0세반 담임을 맡으라고 하셨을 때 조금 불만이었어요. 같은 또래들은 만 2세반 이상을 맡아서 아이들이랑 게임도 하고 재미있는 대화도 나누고 하는데 나는 말도 못 하는 아가들을 밥 먹여 주고 재워 주고 기저귀 갈아 주는 돌봄자가 되는 느낌이었거든요. 그래서 교사라기보다는 시터가 되는 느낌이었어요. 그런데 아이들과 생활하면서 아이들이 보여주는 자발적으로 뭔가를 해 나가려는 모습도 보고, 제가 또 그 아이들의 발달을 공부하면서 교구를 제시해 줘서 아이들이 그것을 탐색하며 놀이로 이끌고…. 그것을 제가 하나하나 관찰하고 분석하며 계획하는 가운데 진행되는 경험을 해 가면서 저 또한 유아반 교사들과 동일한 작업을 하는 선생님이라는 생각이 들더라구요. 오히려 저는 아이들이 확확 커 가면서 변화되는 모습을 보면서 더 보람을 많이 느꼈던 거 같아요.

〈경력 2년차 교사면담〉

0세반 담임을 맡게 되면 부모님들이 우리를 교사보다는 아이를 키워 주는 사람으로 보는 시선이 사실 제일 힘들었던 거 같아요. 그런데 아이들의 놀이를 관찰하면서 사진과 함께 탐색, 놀이로 진행된 내용을 간단하게 정리해서 부모님들께 **노트로 보내 드리면 "우리 아이들이 선생님과 함께 뭔가를 해 나가고 있군요."라는 답글을 보내 주실 때 정말 보람되는 거 같아요. 게다가 우리가 2번씩 부모님들과 면담하면서 관찰자료들을 2장으로 정리해서 보여 드리면 부모님들께서 깜짝 놀라는 모습을 보이세요. 게다가 2학기 면담자료를 1학기와 비교하면서 정리해 드리니 아이들이 어떻게 커 나가고 있는지 잘 알 수 있어서 더 좋다고 하셨구요. 큰 유아반 아이들의 면담자료와 같은 구성으로 내용이 만들어지니 우리들도 전문성을 갖춘 교사라는 인식을 더 하시게 되는 거 같아요. 이런 반응을 볼때마다 더 아이들을 위해 공부하고 연구해야겠다는 도전감을 더 갖게 되구요.

〈경력 12년차 교사면담〉

2. 유아 프로그램의 실제 : 교사와 유아가 함께 만들어 가는 구성주의 관점의 그림자놀이

1) 구성주의교육에서의 그림자

그림자 현상은 구성주의교육에서 강조하는 좋은 물리적 지식활동의 기준을 충족한다(DeVries 외, 2007). 영유아는 그림자를 만들고, 관찰하고, 자신의 행동을 통해 그 그림자를 변화시킨다. 물체에 직접 행위를 가하는 것과는 다르고, 같은 행위가 같은 결과를 가져오는 것은 아니지만, 영유아는 거리 간격을 두고 행위를 가한 것에 대한 즉각적인 반응을 볼 수 있고 이를 통해 실험을 할 수 있다. 때로는 그림자가 없어지기도 하고, 그 크기, 모양, 밝기에서도 영유아의 기대와는 다른 결과가 나타나기도 하면서, 그림자는 영유아가 놀이 속에서 모순을 느끼고 계속 행동을 변화시키면서 그림자에 대한 추론을 발달시키게 한다.

이런 측면에서 그림자놀이를 계획하고 실행하려는 교사는 그림자에 대한 영유아의 사고발달을 이해하는 것이 필요하다. DeVries(1986)는 그림자에 대한 영유아의 사고에 관한 연구를 통해 그림자 현상에서 영유아가 구성하게 되는 규칙성과 관계를 규명하므로써 그림자놀이를 위한 교수학습에 도움을 주고 있다.

그림자 현상에 대한 영유아의 사고발달은 물체와 그림자와 벽, 그리고 그림자를 만드는 빛, 이 네 가지 요소 간의 지적 관계를 점차 구성해 가면서 일어난다.

- 물체와 그림자 관계

처음에는 주로 바깥에서 나와 나의 그림자를 알아차리면서 단순히 물체와 그림자에 대한 두 가지 관계에 대한 인식이 시작된다.

- 물체와 그림자와 벽의 관계

실내에서 영유아가 처음으로 벽에 생긴 그림자를 경험하게 되면서 이제 관계에 대한 인식은 좀 더 발달한다. 주로 벽 쪽으로 향해 가면서 물체와 그림자가 생기는 벽 간의 근접성에 신경을 쓰며 빛은 의식하지 않은 채 물체와 그림자, 벽의 세 가지 요소 간에 관계를 조정하기 시작한다.

• 물체와 그림자와 벽, 그리고 방향성이 배제된 빛이 포함된 관계

빛에 대한 의식은 제일 나중에 나타나는데, 처음에는 빛이 있어야 그림자가 생긴다고 생각하지만 공간관계, 즉 방향성을 고려하지 않는다. 그래서 빛의 진로와는 상관없이 물체를 흔들면서 그림자가 벽에 나타나기를 기대하곤 한다.

• 물체, 그림자, 벽, 그리고 빛의 전체적 인과관계

영유아가 빛에 대해 좀 더 적극적으로 생각하기 시작할 때 빛과 물체, 벽, 그림자 간의 전체적 인과관계가 역동적으로 일어남을 인지하며 물체가 빛을 가로막기 때문에 그림자가 생기게 된다는 것을 알게 된다.

2) 흥미, 실험, 협동의 그림자놀이

그림자는 영유아가 흥미, 실험, 협동을 바탕으로 실행한 놀이와 활동에 대해 교사가 반성적 평가를 통해 지속적으로 지원해 가면서 일련의 놀이가 일어나게 만든다. 바로 교사와 영유아가 그림자놀이를 함께 만들어 가게 되는 것이다. 그림자는 앞서 언급했듯이 영유아가 발달적으로 아직은 이해하기 어렵고 예측할 수 없는 뜻밖의 결과로 모순을 느끼게 만드는데, 바로 이런 점이 영유아가 흥미와 관심으로 그림자 만들기에 도전하며 실험을 하는 요인이 된다. 이러한 과정에서 영유아는 개인 내 갈등을 통해 지적 성장을 해 가고, 영유아 간의 흥미나 생각의 차이로 인해 개인 간 갈등이 일어나며, 이를 극복해 가는 과정에서 다른 사람의 관점을 알아차리기도 하고, 협동의 근원이 되는 조망수용능력이 증진되어 간다. 이렇게 흥미로 시작한 그림자놀이는 영유아가 다양한 실험에 참여하면서 배움이 일어나고 또한 또래 간에 협동이 생성되게 하는 일련의 놀이가 된다.

3) 그림자놀이를 위한 설계

그림자놀이를 위한 설계는 먼저 구성주의 교실에서 그림자놀이의 설계의 방향을 살펴본 후 앞서 4장에서 밝힌 프로그램 개발과 평가의 과정인 요구분석, 설계, 개발, 실행, 평가를 통해 일련의 그림자놀이 개발과정을 소개한다. 프로그램은 크게는 전반적인 기관의 프로그램이기도 하고, 작게는 교실에서 교사와 영유아가 함께 만들어 가는 놀이 프로그램에 초점이 맞추어질 수도 있다. 여기서 제시하는 프로그램의 실제는 후자의 경우에 속하는 것으로, 구성주의교육을 실행하는 한 기관의 방과후과정반에서 그림자놀이를 발현해 가는 영유아와 함께 교사가 일련의 활동을 개발하고 평가해 가는 프로그램의 실제를 부분적으로 소개한다.

(1) 설계의 방향

구성주의 교실에서 그림자놀이는 교사와 영유아가 함께 개발해 간다. 일반적으로 교육 패러다임과 전체적인 프로그램 설계의 방향은 기관의 장이 주관하고 결정하지만, 세부적으로 실천적 지식을 가지고 실행해 가는 사람은 교사와 영유아이다. 구성주의 교실에서는 바로 영유아와 교사가 프로그램 개발의 공동디자이너가 되는 것이다(곽향림, 2019).

공동디자이너라 함은 교사와 영유아 둘 다 프로그램 개발과 평가의 주체가 됨을 의미한다. 교사는 분석과 설계, 개발 그리고 실행과 평가 모든 부분에 직접 참여하게 되는 주체이지만, 영유아 역시 자신의 흥미에 따라 놀이에 적극적으로 참여하면서 교사가 영유아 자신의 요구를 반영하여 지원 계획을 변형해 가게 함으로써 프로그램 개발에 주체가 되는 것이다. 즉, 영유아는 놀이를 발현해 가고 교사는 이를 지원하면서 영유아의 아이디어와 교사의 아이디어가 역동적 교류를 통해 일련의 놀이와 활동을 함께 만들어 가는 것이다.

이런 교실의 교사는 수업 실행에 대한 반성적 성찰을 하면서 순환적인 개발과 실행 그리고 평가의 과정을 반복해 간다. 따라서 교사는 프로그램 개발을 위해 그림자놀이를 중심으로 계획을 세우지만, 실행에서는 매번 개별 영유아와 그 영유아가 속한 교실공동체에 의미 있는 맞춤교육을 위해 수행평가를 한다. 이 과정에서 그림자놀이에 대한 영유아의 흥미와 발달이 중요한 역할을 하면서 교사와 영유아는 그림자놀이 프로그램을 함께 만들어 간다.

이는 결국 교실공동체 유아의 흥미에 맞는 맞춤교육 속에서 교사와 영유아가 함께 즐기며 배워 가는 프로그램으로 개발해 가게 하는 것이다. 그러나 사실 이렇게 개발된 프로그램이 어느 교실에서나, 어느 영유아에게나 똑같이 적용되는 것은 아니다. 영유아들에 따라 변형되고 새로워지면서 또 다른 프로그램으로 재탄생하게 되는 것이다.

(2) 그림자놀이에 대한 요구 분석

가. 영유아의 요구

영유아는 일상생활 속에서 우연히 발견하게 된 그림자에 관심을 가지고 주변 곳곳에서 그림자를 찾기 시작한다. 그림자 찾기 놀이를 하면서 커다란 나무 그림자에 들어가자 자신의 그림자가 보이지 않는 것에 당황해하는 영유아도 있고, 그림자를 찾다가 갈라진 땅, 잔디밭 등 다양한 바닥과 그림자 간의 관계에 관심을 보이는 영유아도 있다. 나를 따라 움직이는 그림자가 마냥 신기한 영유아들의 재미있는 반응도 발견된다. 이러한 영유아들의 그림자에 대한 관심과 흥미는 빛과 그림자 간의 관계에 대한 관심으로 확장해 가는 계기가 된다.

나. 교사의 요구

그림자 현상에 관심을 보이는 영유아의 요구를 발견한 교사는 일과기록을 통해 반성적 성찰을 하면서, 그림자에 대한 교사 자신의 관심을 일깨우고 영유아와 함께 그림자 탐색에 동참할 준비를 한다. 교사는 문헌에서 찾은 그림자 현상에 대한 영유아의 사고의 오류를 실제로 그림자놀이에서 접하게 되면서, 적절한 질문과 자료로 영유아의 실험과 탐구를 돕고자 하는 자신의 요구를 발견하게 된다. 지원 계획을 고민하고 실행하면서 영유아의 반응을 통해 조금씩 실천적 지식을 쌓아 갈 때 교사는 영유아의 계속적 놀이지원을 위해 일련의 그림자놀이 개발의 필요성을 느끼게 된다.

한 교사는 영유아들의 그림자에 대한 흥미를 발견하고 이에 부응하는 일련의 그림자놀이 개발의 필요성을 다음과 같이 기록했다.

> 영유아들의 일상생활 속 경험을 바탕으로 하는 물리적 지식활동 중에서 빛과 그림자는 영유아의 행동 변화에 따라 결과를 바로 확인할 수 있어 다양한 탐색과 탐구에 적합한 활동이라 생각한다. 놀이 안에서 영유아가 주체가 되어 활동을 이끌어 가고 영유아들의 호기심과 흥미가 탐색과 탐구의 과정에 큰 원동력이 되어야 하는데, 단순하게 개념적 지식을 가르치게 되지는 않을까라는 걱정이 있어 영유아가 각각의 개념과 필요성을 일상생활과 연결지어 다양하게 생각하고 실험해 볼 수 있는 경험을 지원해 주는 프로그램 개발이 필요하다고 생각한다.

그림자놀이 개발을 위해 교사는 이전 놀이를 반성적으로 헤집어 보면서 다음 놀이를 위한 지원전략을 짜낸다. 어떤 순간에 어떤 지원으로 좀 더 영유아의 실험을 도울 수 있었을지에 대해 고민해 보고 전략을 만들어 다음 놀이에 반영하기 위한 노력이다. 때로 다음 날 영유아의 흥미 전환으로 실패하기도 하지만, 자신의 전략이 성공하여 다양한 탐색과 탐구를 주도적으로 실행해 가는 영유아를 발견하게 될 때, 교사는 그림자놀이 속에서 영유아와 함께 배우고 함께 가르치는 순간을 만끽하게 된다. 이는 단순히 그림자에 대한 개념을 직접 가르치려고 하는 교사주도적 교실에서는 느낄 수 없는 경험으로, 교사가 계속적으로 프로그램을 개발해 가게 하는 요구를 지니게 하는 힘이고 원천이다.

다. 학부모 요구

주간 알림통지나 사이버 클럽에 탑재된 그림자놀이에 대한 일과 내용에 접한 학부모는 다음과 같이 그림자놀이에 대한 관심과 요구를 표현하기도 한다.

"과학에 대해서는 무언가를 가르쳐 줘야 할 것 같은 마음에 조급해지기도 하는데, 유치원에서 놀이를 통해 알아 가고 나와 다른 생각을 하는 사람들의 의견을 들어 보며 생각을 키워 가는 경험은 영유아에게 좋은 기회인 것 같아요. 집에서는 기다려 주기 힘들거든요."

"정말 어렵게 배우기 시작하면 정말 어려운 부분인데, 고등학교에 가면 수학보다 더 어려운 물리 시간에나 배우는 거요. 그렇죠? 그런데 놀이 속에서 함께 고민하고 생각하며 경험할 수 있다는 건 정말 좋은 기회인 것 같아요."

이처럼 학부모들은 그림자놀이가 과학이라는 어려운 과제를 재밌게 실험하면서 배워 가도록 하는 기회를 제공하게 된다는 사실을 이해하고 이에 대한 기대와 요구를 드러낸다.

라. 방과후과정반의 요구

최근 맞벌이 부부의 증가와 사회 구조 변화에 따라 방과후과정반의 질 높은 서비스에 대한 요구가 증대하고 있다. 방과후과정반의 맞벌이 부부의 자녀는 배움과 돌봄을 동시에 필요로 한다. 구성주의 관점의 그림자놀이를 통한 과학은 특히 방과 후 과정 혼합연령의 영유아가 가족과 같은 분위기 안에서 흥미 있는 주제를 가지고 과학적 사고와 지식을 구성해 가면서 방과후과정반의 요구를 충족시킬 수 있다. 영유아는 생활 속에서 경험하는 그림자를 직접 탐색하고 실험해 보면서 과학적 사고와 지식 구성에 몰입하며 그들의 방과 후의 삶을 즐기곤 한다.

이와 같은 그림자놀이는 일반적으로 많은 기관에서 특별활동 교사가 방문하여 방과 후 프로그램을 운영하는 것과 달리, 방과 후 전담교사에 의해 기관의 교육적 관점을 유지하면서 영유아의 배움과 돌봄을 실행할 수 있다는 점에서 방과후과정반의 질적 프로그램을 풍부화시킬 수 있다. 혼합연령의 방과후과정반에서는 같은 연령의 또래가 모인 교육과정반과는 달리 형과 동생과의 관계 속에서 다양한 상호작용을 통해 그림자에 대한 탐구과정과 지식을 공유하는 경험을 하게 된다. 동생들은 형들의 놀이를 모방하기도 하지만 형들의 말에 자신의 행동을 조절하며 그림자에 관한 사고와 지식을 구성하게 되고, 형들은 동생들에게 자신이 알고 있는 그림자 이야기를 들려주기 위해 알고 있는 지식을 재구성하는 과정을 거치게 된다. 그림자놀이는 연령 간에 함께 즐길 수 있고 나름의 수준에서 지능과 지식을 구성할 수 있는 주제이기 때문에 방과후과정반의 요구를 충족시킬 수 있다.

(3) 교사와 영유아가 함께 만들어 가는 그림자놀이 설계

교사와 영유아가 함께 만들어 가는 그림자놀이 프로그램 운영을 위한 설계는 아래와 같이 이루어질 수 있다.

교사와 영유아가 함께 만들어 가는 그림자놀이			
흥미	그림자놀이 시작	• 영유아의 발현적 놀이를 탐색하고 이로부터 시작하기	실행
	영유아의 오개념 조사하기	• 먼저 그림자놀이 관찰과 문헌연구를 통해 영유아의 오개념 조사하기	
	놀이지원 계획수립	• 놀이 목표, 놀이자료, 놀이 방법 생각해 보기 • 누리과정 점검해 보기	
실험	놀이 실행	• 영유아의 반응(오개념)에 따라 적절한 자료와 질문으로 지원하기 • 발달과 연령에 따른 적합성 고려하기 • 또래 간, 연령 간 활발한 상호교류 도모하기 • 영유아와 교사가 함께 배우고 가르치기 • 영유아의 관심과 흥미에 따른 일련의 그림자놀이 운영하기	평가
	놀이 마무리	• 영유아가 그림자놀이를 마무리해 가도록 기다려 주기	
협동	놀이 평가	• 계속적인 수행평가와 종합평가해 가기 – 영유아 평가: 포트폴리오 – 교사 평가: 반성적 저널 쓰기 • 총괄적 주제 평가하기 – 영유아는 그림자놀이를 자발적으로 만들어 갔나? – 영유아는 놀이를 즐겼나? – 영유아는 그림자놀이를 통해 무엇을 배웠나? – 교사는 무엇을 배웠나? – 교사와 영유아는 어떤 점에서 함께 가르치고 함께 배웠나? – 영유아가 몰입할 수 있도록 충분한 시간을 들였나?	계획

4) 그림자놀이 실행

(1) 그림자놀이 시작

그림자놀이의 시작은 영유아가 발현적으로 그림자를 찾고 즐기는 상황을 포착하면서 가능하다. 맑은 날 바깥놀이에서 우연히 그림자를 발견한 영유아는 흔히 그림자밟기놀이를 하곤 한다. 이렇게 그림자놀이를 위해 처음 시작하게 되는 그림자 밟기 놀이는 이 자체만으로는 구성주의 관점에서 좋은 물리적 지식활동으로 간주하지는 않는다(DeVries 외, 2007). 영유아가 타인의 그림자를 밟기에는 성공하나 타인이 자기 그림자를 밟았을 때는 볼 수 없으므로 그저 타인을 피해 뛰어다니는 즐거움을 느낄 뿐이기 때문이라는 것이다. 그러나 처음에 이러한 놀이가 영유아에 의해 발현되는 것을 계기로 물리적 지식활동으로서의 그림자놀이에 대한 동기유발이 자발적으로 일어날 수 있다는 점에서 그림자놀이의 시작점이 될 수 있다. 만일 여기서 그친다면 단지 그림자놀이는 놀이 속에서 배움으로 연결되지 못할 것이다.

많은 현장에서 그림자놀이를 위해 풍부한 자료를 제공하면서도 스스로 배움이 일어나도록 하지 못하는 것은 영유아가 그림자 현상에 대해 스스로 의문을 갖고 도전해 보도록 하는 상황을 지원해 주지 못하기 때문이다. 흔히 그림자놀이를 위해 교사는 그림자 밟기놀이, 그림자 윤곽 그리기, 그림자 인형놀이를 제공하고 영유아는 이를 즐길 수 있다. 이는 그림자 관련 내용이기는 하지만 그림자 현상과는 특별히 관계없는 놀이가 될 수 있다.

(2) 영유아의 오개념 조사하기

그림자놀이가 발현적으로 시작되면 교사는 그림자 현상에 대한 영유아의 오개념을 놀이 관찰과 문헌연구를 통해 조사한다. 일반적으로 과학놀이를 위해서는 영유아의 오개념 조사가 선행될 필요가 있다. 그림자놀이에서 영유아의 오개념을 미리 알아두는 것은 교사가 놀이를 지속해서 지원해 주며 일련의 놀이가 일어나도록 돕기 위해 필수적으로 실행해야 한다.

구성주의 교실에서 영유아는 처음에 그림자 자체에 관심을 보이며 그림자 만들기를 시작하지만, 점차 빛, 물체, 스크린, 그리고 그림자 간에 나타나는 그림자 현상을 가지고 실험하는 과정에서 실수적 아이디어(DeVries 외, 2007)를 드러내게 된다. 이는 일반적으로 오개념이란 용어로 표현하지만, 구성주의교육에서는 잘못된 개념이 아니라 그림자 현상을 가지고 실험하면서 점차 인과관계를 구성해 가는 과정에서 영유아가 보여주는 사고의 오류이다.

따라서 교사는 이를 직접적으로 가르치기보다 영유아가 자신의 기대와 어긋나는 그림자 현상을 통해 스스로 생각을 조절하고 변형해 가면서 그림자에 관한 과학적 사고와 지식을 구성해 가도록 지원한다. 드브리스 외(DeVries 외, 2007)는 다음의 6가지로 영유아가 갖게 되는 그림자 현상에 대한 모순을 설명한다.

- 물체와 그림자가 생기는 벽은 직접적 접촉이 있어야 한다고 생각하여 어린 영유아는 벽으로 가서 그림자를 만지거나 벽 위에 물체를 가져다 놓아서 그림자가 사라지게 만든다.
- 막연히 빛은 어떤 것을 어둡게 만든다고 생각하며 신비하게 여긴다.
- 그림자가 반대편에도 생기게 하라고 했을 때 영유아는 빛은 배제한 채 단지 뒤로 돌아 반대편 벽을 향해 걸어간다.
- 뒤에 생긴 그림자가 앞에도 생기게 하도록 단지 몸을 앞으로 숙이거나 돌면서 그림자의 위치가 자신의 행동에만 의존한다고 생각한다.
- 빛의 진로 밖으로 벗어나 그림자가 사라질 때 단지 그림자가 '방에서 나갔다.'라고 생각하고 확인하러 나간다.
- 빛의 방향에 따라 물체의 그림자 형상이 물체의 모양과 일치하지 않는 것을 수수께끼로 여긴다.

(3) 놀이지원 계획 수립

그림자놀이는 영유아가 자기 생각을 실행해 보고, 실행의 결과에 따라 다시 가설을 세우고 실행해 보는 일련의 순환적 과정을 통해 과학적 사고를 발달시킬 수 있다. 이런 측면에서 그림자놀이는 연속성 없이 일회성의 놀이로 진행될 경우 과학적 사고나 태도를 기를 수 없으므로 영유아의 흥미와 호기심을 바탕으로 지속적이고 체계적인 그림자놀이에 대한 지원 계획이 필요하다.

따라서 그림자놀이는 영유아의 흥미와 호기심을 고려하여 계획하며, 놀이를 진행하는 과정에서 영유아가 궁금증을 가지고 자신의 의문점을 해결해 나갈 수 있도록 지원 계획을 수립한다. 이렇게 교사가 수립한 계획은 영유아와 함께 실행해 가는 과정에서 수정 · 보완되고, 이러한 내용을 기록하여 다음의 실행에 반영하도록 한다.

가. 목적 및 목표

영유아는 그림자를 이해하는 데 긴 과정을 거치는데, 만 9세가 되어도 이해가 불완전하다(DeVries 외, 2007). 따라서 영유아 단계에서 그림자놀이의 목적은, 빛과 그림자를 탐색하고 즐기는 가운데 영유아가 물체, 그림자, 스크린, 그리고 빛의 네 요소 간에 관계를 점차 발전적으로 조절하고 구성해 가면서 그림자 현상에 대한 사고를 발달시켜 가도록 하는 것이다. 이와 관련하여 구체적인 목표는 아래와 같이 설정될 수 있을 것이다.

- 그림자가 만들어지기 위해 빛이 필요함을 안다.
- 빛과 물체의 거리에 따라 그림자의 크기가 달라짐을 안다.
- 빛이 비치는 방향에 따라 그림자가 생기는 위치가 달라짐을 안다.
- 투명한 물체와 불투명한 물체의 그림자가 다름을 안다.
- 그림자에 대해 알게 된 것을 표상한다.
- 그림자놀이를 즐긴다.

나. 내용

빛과 그림자를 탐색해 가는 그림자놀이를 위해서 교사는 다음과 같이 크게 네 가지 측면의 내용에서 지원 계획을 수립할 수 있다. 이러한 계획은 영유아의 관심과 흥미에 따라 변형될 수 있다.

	내용	세부 내용	교수전략
빛과 그림자 탐색하기	생활 속 그림자	• 일상생활 속 그림자에 관심을 가지고 찾아본다. • 다양한 날씨(맑은 날, 흐린 날, 비가 내리는 날, 바람이 부는 날 등), 다양한 장소(모래, 잔디밭, 나무 그늘 아래 등)에서 그림자를 찾아본다.	• 영유아가 그림자를 관찰하고 발견하면서 흥미를 유지하도록 일상생활 속 영유아의 경험을 바탕으로 놀이 진행
	빛-물체-스크린의 관계에 따른 그림자	• 빛을 가리면 그림자가 생김을 경험한다. • 빛과 물체 사이의 거리에 따라 그림자의 크기가 달라짐을 탐색한다. • 물체의 움직임에 따라 그림자가 움직임을 탐색한다. • 빛이 비치는 방향에 따라 그림자의 위치가 달라짐을 탐색한다.	• 빛-물체-스크린과의 관계 안에서의 실험을 통해 궁금증을 가지고 다양한 생각을 탐구하도록 적절한 질문으로 지원 • 관찰, 비교, 토론(브레인스토밍), 예측, 창안 • 지식 공유
	물체의 투명도에 따른 그림자의 색	• 다양한 투명도와 색을 가진 물건의 그림자를 탐색한다. • 투명필름에 그림을 그려 색이 있는 그림자를 만들 수 있다.	• 물체의 투명도에 따라 다른 그림자의 색에 대해 경험하고 자기 생각을 확장해 가며 발견한 것을 함께 토론하고 공유하면서 원하는 결과를 도출해 가는 경험을 지원
	그림자를 이용한 극	• 그림자의 특징을 활용하여 그림자극을 만들 수 있다.	• 그림자에 대해 영유아가 발견하고 알게 된 것을 활용한 극화놀이를 통해 자신의 경험을 되돌아보고 생각을 재구성하는 시간을 가지며 그림자에 대한 과학적 개념을 정리하는 시간을 가지도록 지원(표상과 영상자료로 재방문)

다. 교수전략

흥미, 실험, 협동의 구성주의 교수원리를 바탕으로 다음과 같은 구체적인 교수전략을 세운다.

- 영유아가 무엇을 알아채고 무엇에 궁금증을 갖는지 관찰하고 발견한다.
- 교사의 개입은 영유아가 해결하려고 고심하고 있는 규칙성과 관계에 근거한다.
- 영유아의 흥미와 의문에 근거해서 놀이를 계획한다.
- 영유아가 그림자에 대한 자기 생각을 탐구하고 실험하도록 지원한다.
- 영유아가 그림자 현상에 대한 규칙성을 관찰하기 쉽도록 변인을 통제한다.
- 영유아가 그림자 현상을 예측해 보게 하고, 그림자에 대한 자신의 예상과 실제로 일어난 현상 간에 모순을 깨닫도록 돕는다.
- 영유아가 그림자를 특정한 방법으로 움직이게 하는 방법을 알아내도록 격려한다.

라. 자료

- 암막: 어두운 방은 빛의 강도에 따라 달라진다. 손전등과 같이 빛의 양이 적은 경우에는 암막이 있는 방을 필요로 하고, 강한 빛을 비추는 OHP나 프로젝터는 많이 어둡지 않은 방에서도 사용될 수 있다.

- 빛: 빛의 근원으로 손전등, 프로젝터, OHP, 햇빛 등을 이용할 수 있다. 그러나 전기를 이용해 빛을 내는 물건들은 시간이 지나면 뜨거워지기 때문에 사용과정에서 안전에 유의하여야 한다. 프로젝터나 OHP는 뚜렷한 그림자를 만들기에 적합하다. 프로젝터는 커다란 화면에 움직이는 대상을 포함하여 다양한 그림자를 만들 수 있고, OHP는 판 위에 물건을 올려두어 그림자를 만들기 때문에 각각의 특징을 활용하여 영유아들에게 제공해 줄 수 있다. 손전등의 경우 또렷한 그림자를 만들기는 어려우나 프로젝터나 OHP와는 달리 영유아가

손전등을 들고 움직이며 물체에 빛을 비추었을 때 나타나는 그림자를 다양하게 경험할 수 있어 좋은 자료가 될 수 있다.

- 물체: 영유아들이 그림자놀이를 할 때 교실에 영유아들이 발견할 수 있는 투명한 물체와 불투명한 물체, 다양한 크기의 물체와 다양한 모양의 물체들을 비치해 두면 자연스럽게 그림자를 탐색하며 다양한 그림자를 만들어 보고 경험할 수 있다. 구멍이 있는 물건, OHP 필름, 구슬, 다양한 투명도를 가진 플라스틱 통, 셀로판지, 다양한 액체와 고체를 담을 수 있는 투명한 용기는 영유아가 그림자를 탐색하고 탐구할 수 있는 자료가 된다.

- 스크린: 표면이 매끄러운 교실 벽 또는 흰 종이나 흰 천을 이용해 스크린을 만들 수 있다.

마. 평가도구

그림자놀이를 통한 영유아의 과학적 사고와 지식에 대한 평가를 위해 포트폴리오와 반성적 일과기록을 작성한다. 포트폴리오는 그림자에 대한 현상을 알아 가는 과정에서의 일화 기록, 자기 생각을 담은 그림, 작품 사진 등을 포함하여 교사뿐만 아니라 영유아도 자기 생각을 방문하도록 돕고, 다른 영유아들의 생각을 확인하며 협력할 기회를 제공한다. 또한, 교사는 반성적 일과기록을 작성하면서 자신의 교실 운영에 대한 평가자료로 삼는다. 이러한 평가도구는 영유아의 발달에 대한 특성을 이해하고 놀이를 진행하는 과정에 반영하면서 새로운 교수전략을 개발하고, 학부모 또한 영유아가 가지는 생각의 변화를 함께 공유하며 교육 활동에 참여할 수 있도록 독려할 수 있는 근거가 된다. 포트폴리오는 오프라인으로만 공유되는 것이 아니라 온라인 공간을 통해 공유되며, 교사-영유아-학부모가 함께 평가하고 협동적으로 활동할 기회를 가져온다.

바. 놀이지도안의 예

놀이명	나무 구멍에 다람쥐 그림자 넣기
목표	물체가 빛과 벽(스크린) 사이에서 움직일 때 그림자의 크기와 밝기는 변화한다. – 물체가 빛에 가까울수록 그림자의 크기가 크고 희미하다. – 물체가 빛에서 멀어질수록 그림자의 크기가 작고 뚜렷하다.
자료	빔프로젝터, 스크린, 종이, 색연필, 다양한 막대
방법	그림자 관찰 및 탐색을 위해 적절한 질문을 한다. – 다람쥐의 그림자를 나무 구멍에 넣으려면 어떻게 해야 할까? – 어! 그림자가 안 보이네? 그림자를 보이게 하려면 어떻게 하면 좋을까? – 어떻게 하니까 그림자가 커졌니? – 어떻게 하니까 그림자가 작아졌니? – 그림자 색이 어떻게 변했니?
평가	– 다람쥐의 그림자를 나무 구멍에 넣기 위해 다양한 방법을 시도하는지 관찰한다. – 빛, 물체, 스크린과의 관계를 이해하고 그림자의 크기를 변화시키려고 노력하는지 관찰한다. – 다람쥐 그림자를 나무 구멍에 넣기 위해 자신이 무슨 행동을 했는지 설명하는가 확인한다.
추후활동	빛, 물체, 스크린과의 관계를 활용하여 이야기를 만들고 이야기에 따라 그림자극으로 표현해 본다.

5) 그림자놀이 프로그램 실행

다음에 제시하는 그림자놀이는 구성주의교육을 실행하는 한 기관에서 그림자놀이를 발현해 가는 영유아와 함께 교사가 일련의 놀이와 활동을 개발한 실제이다. 이 그림자놀이는 교육과정을 마친 후 오후에 재편성되는 만 3, 4, 5세 방과후과정반에서 진행되었다. 만 3세 6명, 만 4세 10명, 만 5세 2명과 교사 1명이 함께하고 있었으며, 매주 수요일 세대 간 선생님이 방문하였다. 이 그림자놀이는 만 4세나 5세 교실에서도 발달에 따라 마찬가지로 실행할 수 있다. 교사는 구성주의 교실에서 만 3세에서 만 5세까지 6년의 경력을 가지고 가르쳐 왔고, 구성주의 관점의 교수학습법을 충분히 숙지하면서 실행연구를 했다. 그림자놀이를 진행하는 과정에서 교사는 영유아가 어떤 생각을 하고 무엇을 궁금해하는지 발견하고 관찰한 내용을 바탕으로 놀이 실행에 대해 반성적으로 저널을 기록하였다. 여기서 이 교사의 실행 일부를 소개한다.

(1) 그림자 찾기

한 만 3, 4, 5세 혼합연령의 방과후과정반에서 그림자놀이에 대한 영유아의 관심과 발현적 놀이가 나타났다. 영유아들이 관심을 가지기 시작한 그림자는 이제 영유아들이 가는 곳곳에서 이를 발견하게 만들고, 또한 갖가지 물건의 그림자 만들기 놀이를 하게 했다. 또한 그림자가 생기기 위해서는 빛이 있어야 한다는 것을 생각하고 빛이 있는 곳에서 그림자를 만들기 시작했다. 영유아들은 블록을 쌓으면서도, 손을 씻으러 가면서도, 그리고 간식을 먹을 때에도 그림자를 찾고 있었다. 동물모형을 멀리 놓았다 가까이 놓아 보기도 하고, 또 흔들흔들 흔들어 보면서 그림자를 만들어 보았다. 다양한 방법으로 그림자를 찾아보다가 "선생님! 밖에도 그림자가 있는지 찾으러 가요"라는 제안을 하기도 했다.

"오호호호~ 여기 문어 다리다!"
"이렇게 빙글 빙글 돌리면 그림자가 안 보이겠지?"
"멀리 멀리 하면?"
"어! 잘 안 보인다."

이렇게 교실 안에서 발견하는 모든 물건의 그림자를 찾아보던 영유아들은 밖으로 나가 그림자를 찾아보기 시작했다. 그러다 그림자밟기놀이가 진행되었고, 그렇게 신나게 그림자밟기놀이를 하며 그림자에 더욱 관심을 갖게 되었다. 이젠 주변의 어디에서건 그림자를 찾아내기 시작하는 영유아들 속에서는 그림자가 아닌 것들도 발견할 수 있다. 하지만 마음껏 찾아보고 즐기는 시간을 통해 많은 영유아가 걸어가면서도 생기는 그림자에 관심을 가지고 있는 것을 발견할 수 있었다.

과학 활동을 하면서 계속 생각하는 것이지만, 놀이가 교사나 성인에게 이끌려

가는 것이 아니라 영유아 스스로 개념을 찾아갈 수 있도록 하기 위해서는 자유롭게 탐색할 수 있는 시간을 많이 제공해야 한다는 것이다. 영유아들은 이 과정에서 많은 실수적 아이디어를 드러내고 그것들을 조절해 가고, 과학 활동 중에서 가장 중요하게 생각하는 탐구하는 자세를 바탕으로 다양한 개념들을 알아 가게 될 것이다. 이렇게 생각하고 고민하는 과정 속에서 영유아들은 다양한 문제해결 방법을 찾아가고 스스로 뿌듯함을 느끼게 될 것이라고 생각한다.

영유아들이 이렇게 맑은 날 바깥놀이를 하며 그림자를 우연히 발견하고 나면, 실내에 영상이나 자료들을 보기 위해 설치된 빔프로젝터를 통해 나타나는 그림자에도 관심을 보이기 시작한다. 교사는 영유아들이 그림자를 발견하고 관심을 가지는 순간을 놓치지 않고, "정말 여기 그림자가 생겼네."와 같이 상호작용하며 그림자에 대한 흥미를 이끌어 갈 수 있도록 지원했다. 또 그림자에 관심을 가질 수 있도록 교실에 빔프로젝터를 제공해 주거나, 바깥놀이를 하며 "어! 여기 뭔가가 있네?"라며 질문하기도 했다. 영유아들이 흥미와 관심을 가지기 시작하면 영유아들은 그림자를 이용해 무언가를 하고자 한다. 교사는 충분히 영유아가 관심을 가지고 탐색하며 궁금증을 키워 갈 수 있도록 기다려 주며, 그 안에서 영유아가 무엇을 알아 가고 무엇을 궁금해하는지 관찰하고 기록해 갔다.

(2) 빛과 그림자에 관심 가지기

그림자에 대한 영유아들의 생각

영유아들과 생활 속의 그림자를 찾아보면서 영유아들이 그림자에 대해 가지고 있는 생각을 알아보기 위해 질문해 보았다.

교사: 얘들아! 그림자는 왜 생기는 걸까?

영유아들: 빛 때문에요.

교사: 그럼, 만약에 빛이 없으면 그림자가 생기지 않을까?

상비: 달도 없으면 그렇게 그림자도 없어요.

은서: 해가 지면….

건이: 해가 지는 게 아니고 해는 그대로 있는데 깜깜해서 안 보이는 거야.

은서: 아니. 해가 산으로 이렇게 기울어지면 산에 가려서 안 보이는 거야.

상비: 그런데, 어떻게 선생님 해가 있는 걸까요?

영유아들은 그렇게 그림자와 함께 빛에 대해 관심을 보이기 시작했다. 그리고 이야기를 하는 내내 자신의 주변에서 그림자를 찾기도 했다.

건이: 그런데, 북극과 남극은 해가 안 비치니까 그림자가 없는 것 같아요.

교사: 건이는 북극과 남극에는 해가 잘 비치지 않기 때문에 그림자가 없다고 생각하는구나?

은서: 아닌데. 북극과 남극에도 해가 비치는데….

건이: 알아봐야겠다.

기우: 나는 그림자가 없는데….

상비: 어떻게 그림자가 없냐? 여기 있고만.

기우: 아니. 손 그림자가 없다고.(손을 모으고 있어 몸통의 그림자에 가려 보이지 않음.)

영유아들은 이렇게 모든 물체에 그림자가 있는지 궁금해하기 시작했다. 대부분의 영유아들이 빛이 있다면 모든 물체에는 그림자가 있다고 생각했지만, 얼음이나 투명한 유리와 같은 것들에는 그림자가 없을지도 모른다고 생각하기도 했다. 그리고 어제 바깥놀이터에서 찾아보았던 그림자처럼 그림자놀이를 하고 싶어 했다. 그러면서 영유아들은 그림자놀이를 위한 여러 가지 방법도 생각하고 제안하였다.

승수: 깜깜한 곳에서 손전등을 비추어 보면 그림자가 생길 것이니 그렇게 놀이를 해 보자.

은서: 모든 물체에 그림자가 생기는지 물건을 가지고 빛이 있는 밖으로 나가 실험해 보자.

건이: 지난 번 애니메이션을 볼 때 사용했던 것(빔프로젝터)을 이용하여 그림자를 만들어 보자.

교사는 영유아들의 제안을 가지고 할 수 있는 것과 그렇지 않은 것을 생각해 보며 지금 당장 할 수 있는 것부터 시작해 보자고 제안하였다. 영유아들과 결정한 것은 은서가 제안한 모든 물체에 그림자가 생기는지 물건들을 이용하여 실험해 보는 것이었다. 그렇게 이야기를 마치고 간식을 먹은 후 바깥놀이터에서 그림자 찾기 놀이와 함께 물건의 그림자에 대해서도 알아보기로 하였다.

만 4, 5세 영유아들은 그림자가 만들어지는 데 필요한 것과 빛을 가려서 그림자가 생긴다는 것에 대해 알고 있는 듯하다. 하지만 만 3세 영유아들은 아직 그림자의 특징이나 만들어지는 과정에 대해 알지 못하고 우연히 발견된 그림자에 관심을 가지는 모습을 발견할 수 있었다.

이야기를 나누는 과정에서 '실험해 보자' '관찰해 보자'라고 제안하는 영유아들을 볼 수 있었다. 자신들이 알고 있는 지식 중 헛갈리거나 명확하지 않은 것에 대해 실험해 보고자 하는 영유아들을 발견할 수 있었다. 영유아들이 이야기한 것들을 진짜 해볼 수 있을지 잘 모르겠지만, 앞으로 조금씩 알아 갈 수 있기를 기대해 본다.

(3) 빛-물체-그림자-벽(스크린)과의 관계 알아보기

나무 구멍에 다람쥐 그림자 넣기

영유아들이 단지 그림자를 만들어 보거나 그 특징을 찾는 것에서 벗어나 조금 더 도전해 볼 수 있는 무언가를 제시해 주기 위해 커다란 나무의 다람쥐 집에 다람쥐 그림자를 넣어 보자고 제안하였다. 우선 영유아들에게 방법에 관해 이야기해 주고 활동을 하는 데 필요한 나무 그리기부터 시작했다. 교사는 영유아들이 직접 나무를 만들고 다람쥐 그림자를 만들 수 있다고 생각했다. 그래야 의미가 있다고 생각했다. 하지만 나무 그리기에는 참여하였지만, 다람쥐 인형을 만드는 활동은 만 5세인 건이와 만 4세인 수연이 정도만 활동할 수 있었다. 다른 영유아들은 만드는 것을 힘들어했다. 교사는 이렇게 해서는 활동을 이끌어 갈 수 없으리라 판단하고 인터넷으로 다람쥐 그림을 찾아 오린 후 그림자를 넣어 보았다.

건이 형님이 첫 번째 성공!! 모두 오~~ 소리와 함께 그림자 넣기에 도전했다. 하지만 다람쥐를 손으로 잡고 구멍 안에 넣다 보니 손에 가려 그림자가 잘 보이지 않았다.

건이: 선생님! 그런데, 이거 손으로 잡고 하니까··· 막대기가 필요할 것 같은데.
교사: 막대기? 나무젓가락 같은 거?
건이: 네. 내가 조리사 선생님께 빌려 올게요.

건이가 이렇게 놀이에 참여하면서 막대를 만들어 놀이가 시작되었고, 뒤이어 동생들이 도전하였다. '나무의 구멍에 다람쥐 그림자 넣기'였는데, 동생들은 그림자를 만들어 구멍에 넣기보다 직접 그 구멍에 다람쥐 혹은 물체들을 가져다 붙였다. 교사는 영유아들에게 "애들아! 나무 구멍에 그림자를 넣을 수 있겠니?"와 같이 질문하며 영유아들이 그림자에 관심을 가질 수 있도록 하였다. 그리고 건이형님의 놀이를 관찰할 수 있도록 했다. 그러나 만 3세들은 아직 다람쥐 그림자를 구멍에 넣기 위해 무엇을 시도해야 하는지 이해하지 못했다. 교사는 계속해서 "어! 그림자가 안 보이네."라고 이야기하며 그림자를 만들어 볼 수 있도록 하였으나 만 3세 동생들의 행동은 계속되었다.

영유아들은 그림자 만들기를 하면서 나무에 사는 동물들을 더 만들어 보기 원했다. 나무 위의 새, 장수풍뎅이 등을 만들어 그림자놀이에 첨가하기도 했다. 그리고 이야기를 만들어 꾸미기도 했다. 어느 날 이상한 도토리를 먹은 다람쥐의 몸이 아주 많이 커졌다가 새의 도움으로 제 모습을 찾았다는 이야기!! "이렇게 하면 그림자가 커지고 이렇게 하면 그림자가 작아져."와 같이 다람쥐를 가지고 놀이하면서 영유아들은 그림자의 다양한 특징들을 이용해 이야기를 만들어 갔다.

	첫 번째 시도에서 나무 구멍 속에 그림자 넣기를 성공한 만 5세 건이
 	나무 구멍 속에 그림자를 넣어 보려는 시도보다는 오히려 스크린에 물체를 붙이고 있는 만 3, 4세 영유아들. 하지만 건이형님의 놀이를 보면서 점점 그림자에 관심을 가지고 물체의 그림자를 만들어 보기 시작함.
 	놀이를 통해 발견한 거리에 따른 그림자의 특징을 이용하여 이야기를 만들어 가는 건이

그동안 그림자 만들기를 많이 해 왔기 때문에 이 놀이를 하면서도 당연하게 그림자와 빛과 스크린과의 관계를 생각하고 놀이에 참여할 줄 알았지만, 만 5세 건이와 만 4세 수연이를 제외한 다른 영유아들은 그림자를 구멍에 넣어 보자는 교사의 이야기에 물체를 직접 스크린에 붙였다. 놀이에 참여하는 은호와 상비를 보면서 연령에 따른 발달적 특징이 있을 것이라고 생각하지만, 놀이를 진행하면서 자기중심적인 면이 강한 영유아는 자신의 생각을 변화시키는 데에도 시간이 많이 걸린다는 생각을 하게 되었다. 우선은 다른 사람의 놀이나 모습을 관찰하는 것이 힘든 아이들인 것 같다. 은서나 수연이 그리고 혜란이나 성희의 경우에는 건이의 반응에 따라 다람쥐 그림자를 나무 구멍에 넣는 것을 성공했지만, 은호와 상비는 교사의 이야기에도 귀를 기울이지 않고 장난을 치면서 스크린에 물건을 계속 붙였다. 장

난끼가 문제일 수도 있지만, 아직 다른 사람의 이야기를 듣거나 다른 사람의 행동을 관찰하는 부분이나 태도에서 어린 모습을 많이 발견하게 된다. 은호와 상비는 여유를 가지고 꾸준히 이야기하며 기다려 주어야 할 것 같다. 그리고 무엇보다 다른 사람들의 상황이나 행동에 관심을 가질 수 있도록 하는 것이 필요할 것 같다.

(4) 투명한 물체와 불투명한 물체의 그림자의 색

그림자의 색

지난주부터 영유아들은 그림자의 색에 관심을 가지기 시작했다. 교사는 영유아들과 함께 그림자의 색에 대해 알아보기 위해 '그림자는 모두 검은색일까?'라는 질문으로 그림자의 색에 대해 함께 이야기 나누어 보는 시간을 가졌다. 영유아들의 다양한 이야기들이 오고 갔는데, 영유아들의 이야기를 종합해 보면 다음과 같다.

은서: 벽이나 천장에는 검은색이 아니라 연주황색. 그렇게 조금씩 색이 달라요.

건이: 파란색 빛을 주면 파란색 그림자, 빨간색 빛을 주면 빨간색 그림자가 나타나요.

수인: 그림자는 모두 검은색이에요.

승수: 아니요. 파란색으로 가면 파란색, 녹색으로 가면 녹색, 빨간색으로 가면 빨간색이에요.

그림자는 모두 검은색이라는 영유아들의 생각과 바탕의 색에 따라 그림자의 색이 다르다는 영유아. 그리고 그림자가 비치는 장소에 따라 조금씩 그림자 색이 다르다는 영유아 등등 다양한 생각들이 오고 갔다. 영유아들의 생각은 자유놀이 시간으로도 이어져 그림자의 바탕색에 따라 그림자의 색도 달라지는지에 대한 실험이 이어졌다.

그림자의 색에 대한 탐색

영유아들은 미술영역에서 종이에 열심히 색을 칠했다. 건이는 색을 칠한 종이를 다른 물체들처럼 빛에 비추면 그림자에 색이 나타날 것으로 생각했고, 상비와 승수는 색을 칠한 종이를 스크린에 놓아 두면 그림자의 색이 달라지리라 생각했다. 영유아들은 각자의 생각을 실험해 보았고, 실험을 통해 자신들의 생각을 확인하는 시간을 가졌다.

영유아들은 자신들의 생각을 직접 실험해 보며 그림자의 색은 모두 검은색이라는 것을 발견하게 되었다. 그런데, 그 순간 기우가 투명 페트병으로 만든 비행기를 가지고 와 빔 프로젝터의 빛에 비추었고, 영유아들은 그것의 그림자도 검은색일 것이라고 생각하였지만 진짜 발견된 그림자는 검은색이 아니었다. 영유아들은 신기하다면서 또 자신들의 생각을 변화시키기 시작했다.

"테두리는 약간 초록 그리고 그 안은 약간 뿌옇게 보였어요." "오~ 신기하다!"

"옛날에 수연이가 부채 가져왔을 때, 그때도 노란색이 보였어요."

	건이는 색 그림자를 만들기 위해 종이에 색칠을 했고, 이 종이를 빛에 쏘이면 스크린에 색이 나타날 것이라는 기대를 가지고 빔 프로젝터를 향해 색그림 종이를 들어올렸다. 하지만 건이의 생각과는 달리 그림자는 검은색으로 나타났다.
	그림자가 비치는 스크린에 영유아들이 그린 여러 가지 색을 붙여 두고 그 위에 그림자를 비추어 보았다. 영유아들은 처음에는 바탕의 색에 따라 그림자의 색도 달라지리라 생각했지만, 실험해 보니 그림자의 색은 모두 같은 검은색이었다. 하지만 아주 미세하게 그림자의 색이 조금씩 다르다는 것을 발견하기도 했다. 파란색 위의 그림자는 조금 진한 검은색인데, 주황색 위의 그림자는 조금, 아주 조금 연한 검은색이었다.

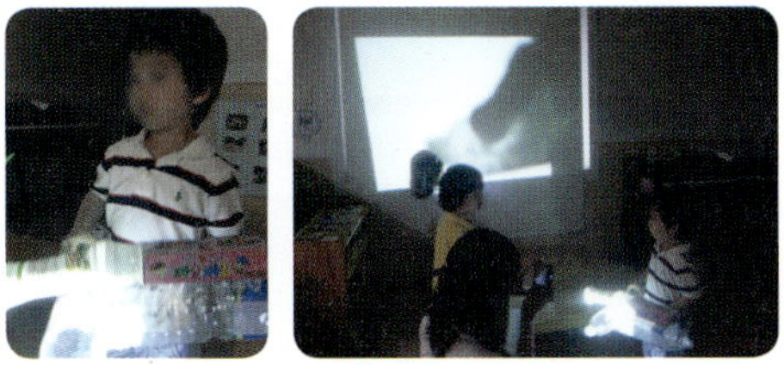

아직은 플라스틱처럼 투명한 물체의 경우 빛을 통과시켜 그림자가 까맣게 나오지 않는 것에 대해서는 잘 알고 있지 못하지만, 우연히 비추어진 플라스틱 통의 그림자가 이전과는 다르다는 것을 발견한 영유아들은 새로운 결과에 신기해했다.

계속해서 투명하게 보이는 것들을 찾아보는 놀이를 진행하고 싶었지만, 곧 정리 시간이 되어 버렸다. 아! 아쉽다. 영유아들은 이 놀이를 통해 동화와 조절 그리고 불평형과 그 불평형 상태를 평형상태로 유지하기 위해 다시 조절하는 과정을 보여주고 있었다. 영유아들이 모든 그림자는 검은색이라는 생각을 가지고 있을 때, 투명한 물건을 제시해 주어 영유아들이 탐색할 수 있도록 하려고 했는데, 정말 적절한 시기에 우연히 영유아들이 발견할 수 있게 되어 더욱더 재미있는 시간이었다.

6) 평가

그림자놀이 평가는 첫째, 영유아의 그림자 개념 발달, 그리고 둘째, 교사의 그림자놀이 운영 평가로 구분하여 살펴본다. 다음의 평가는 그림자놀이를 실행했던 교사에 의한 종합평가 중의 일부이다.

(1) 영유아의 그림자 개념 발달

여러 가지 평가도구 중에 여기서는 그림자놀이에 대해 영유아가 표상하여 포트폴리오에 수집되었던 그림을 제시한다.

가. 빛을 표상하기 시작하는 영유아들

1차 표상

2차 표상

1차 표상

2차 표상

영유아들은 바깥놀이터에서 처음으로 그림자 탐색놀이를 하고 난 후 1차로 표상한 그림에서 빛을 제외한 채 자신들의 모습과 그림자만 그렸다. 그림자에 대한 관심이 늘어나면서 영유아들은 실내에서 전등이나 빔 프로젝터를 가지고 벽에 그림자를 만들며 놀았고, 이후 바깥놀이터에서 다시 그림자놀이를 한 후 2차로 표상한 그림에서는 빛이 표현되는 것을 발견할 수 있다. 실내에서 직접 빛의 근원을 가지고 놀면서 그림자를 만들기 위해서는 빛이 필요함을 알게 되었음을 알 수 있다. 1차 표상에서는 나와 그림자에 대한 관계에만 주력했고 그림자의 근원인 빛을 고려하지 못했지만, 2차 표상에서는 물체와 그림자, 그리고 방향성이 배제된 빛과의 관계가 나타나고 있다.

나. 빛-물체-그림자와의 관계를 생각하며 표상하기 시작하는 영유아들

2차 표상

3차 표상

실내에서 그림자에 대한 놀이와 실험이 반복되면서 영유아들은 빛의 반대편에 그림자가 생기는 것과 빛의 위치에 따라 그림자가 생기는 방향이 다르다는 것을 경험해 가고 있었다. 이제 빛–물체–스크린과의 관계를 알아 가기 시작했고, 이렇게 알게 된 것들을 표상해 냈다.

(2) 교사의 그림자놀이 운영

교사의 그림자놀이 운영 평가는 첫째, 실행–평가–계획을 통한 지원, 둘째, 흥미. 실험, 협동의 놀이 진행, 셋째, 함께 배우고 함께 가르치는 그림자놀이로 구분하여 소개한다.

가. 실행-평가-계획을 통한 지원

교사는 놀이 실행에서 영유아의 반응을 관찰하고 이에 대한 반성적 평가에 따라 다음 놀이의 지원 계획을 수립하면서 순환적으로 실행–평가–계획을 운영해 갔다. 교사는 영유아의 그림자에 관한 사고의 오류를 발견하고 적절한 자료와 질문으로 지원했으나, 실행과정에서 영유아의 흥미와 반응에 따라 이 또한 유동적으로 변형해 가고자 노력했다. 그림자놀이 계획은 일회적으로 그치는 것이 아니라 영유아의 흥미와 관심에 따라 지속적으로 전개되어, 영유아가 충분히 탐색하고 탐구하면서 여러 번 재방문이 가능하도록 했다.

매일의 놀이는 사진, 영상, 작품, 일화기록을 통해 반성적으로 평가되고, 교사의 계획은 영유아의 흥미와 발달에 따라 변형되거나 삭제, 확장되었으며, 이는 반성적 기록을 해 나가는 근거가 되었다. 이러한 기록은 다음 놀이를 계획할 때 중요한 근거가 되어 주었고, 교사뿐만 아니라 영유아들도 자신의 놀이 모습이 담긴 영상을 재방문하며 자신의 모습을 객관적으로 발견하고 조금 더 구체적인 그림자 개념을 형성해 가는 시간을 가졌다. 그러면서도 혹시나 내가 듣지 못하고 지나간 이야기는 없을지, 혹은 교사도 영유아들과 함께 몰입하느라 그 과정을 사진이나 영상 등으로 기록하지 못해서 프로그램 평가에 충분히 반영되지 못한 상황이 있을 것 같아 아쉬운 맘이 들었다.

나. 흥미, 실험, 협동의 놀이 진행

연간계획으로 그림자놀이를 선정하였지만, 영유아들의 자발적 관심과 시작으로 놀이가 진행되었다. 날씨가 따뜻해지며 바깥놀이를 많이 하게 된 영유아들은 놀이 과정에서 우연히 그림자를 발견하게 되었고, 교사는 "어! 저기에 뭐가 있지?"라고 상호작용하며 영유아가 그림자에 더 관심을 가지고 머물도록 도왔다.

그림자놀이 안에서 다양한 과학적 과정이 진행됨과 동시에 각각의 문제를 해결하기 위해 서로 의견을 나누고 다양한 방법으로 기록해 보는 기회를 가졌다. 그림자는 일상생활에서 경험할 수 있지만, 빛의 유무에 따라 보이기도 하고 또 보이지 않기도 하여 영유아가 흥미를 가지고 궁금해하면서 실험하는 대상이 되었다. 더욱이 영유아가 어떤 생각을 하고 그 생각을 행동으로 옮겼을 때 그것에 대한 결과를 바로 확인할 수 있기 때문에, 물리과학적 탐구를 하며 과학적 지식과 태도를 경험하고 알아 가는 기회를 가졌던 것이다.

혼합연령반이라 어려움도 있었는데, 형님들이 무언가 하고자 할 때 동생들의 방해를 받기도 했다. 자유로이 탐색하고 실험하는 과정에서는 많은 갈등이 일어나지는 않았지만, 그림자극을 준비하는 과정에서 동생들이 자꾸만 그림자를 가로막고 장난을 하는 바람에 속상한 상황이 생기기도 했다. 교사도 똑같이 힘들어지기도 했는데, 함께 이러한 갈등상황을 고민하며 동생의 입장을 이해하고 기다려 주는 형님들을 발견할 수 있었다.

다. 함께 배우고 함께 가르치는 그림자놀이

그림자놀이는 유아가 스스로 생각하고 실행해 보며 그 결과를 확인하고 다시 생각해 보는 기회를 갖게 했고, 그 과정에서 교사도 함께 배우는 시간을 가졌다. 그림자놀이는 교사 또한 평소 인식하지 못하고 있었던 빛과 그림자에 대해 관심을 가지고 생각하는 시간을 갖게 했다.

그림자로 이야기를 만들어 가는 놀이를 하면서 영유아들은 자신들이 만든 막대인형을 가지고 그림자 만들기를 계속 이어 갔다. 어제는 그냥 그림자를 만드는 것에만 관심을 보였다면, 오늘은 그림자와 빛 간의 거리를 조절하거나 그림자의 크기에 관심을 보이곤 했다. 그림자에 대한 경험이 없는 영유아들은 스크린에 바짝 인형을 가져다 대고 그림자를 만들어 간 반면, 경험이 있는 영유아들은 그림자와 빛과의 거리를 조절하며 다양한 크기의 그림자를 만들어 갔다. 이 모습들은 다른 영유아들에게도 영향을 미쳐서 곧 빛과 물체와의 거리에 따라 그림자의 크기가 달라질 수 있음을 알게 했다. 처음 그림자에 대해 알아볼 때 교사가 했던 역할을 이젠 경험이 있는 영유아들이 하는 것이었다. 만약 이 과정에서 교사가 "그게 아니지. 이렇게 해야 하지." 혹은 "가까이 가면 안 돼!"와 같이 이야기했다면 영유아들 간에 이런 상호교류는 일어나지 않았을 것이고, 자신의 지식을 조절하고 갈등하는 과정들을 경험하지 못했을 것이다. 바로 영유아들이 다양하게 탐색하고 또 실험해 보며 자기 생각을 조절해 나가는 과정을 통해 배움의 순간을 가진 것이다.

그림자놀이를 진행하는 과정에서 교사 또한 삶 속에서 빛과 그림자의 관계와 빛과 그림자를 이용한 다양한 물건들에 관심을 갖게 된 것을 스스로 발견할 수 있었고, 그러한 것들을 경험하게 될 때 더 의미를 가지게 되었다.

결론적으로 본 그림자놀이는 구성주의 관점의 과학으로 영유아가 빛과 그림자,

그리고 물체와 스크린의 관계에 대해 자발적으로 탐색하면서 자신들의 흥미, 실험, 협동에 몰입하게 만드는 경험을 제공했다고 본다. 따라서 이 구성주의 교실에서 개발된 그림자놀이는 교사와 영유아가 함께 프로그램을 만들어 가고자 하는 유아교실에서 의미 있게 사용될 수 있을 것이다. 물론 앞서도 말했듯이 구성주의 관점은 프로그램이라기보다는 접근법으로써, 이를 참고로 하되 교사는 자기 교실에 모인 영유아와의 교류를 통해 맞춤교육을 하려는 연구노력을 기울여야 할 것이다.

<의견 나누기>

1. 유아가 주도하는 그림자놀이 실행에 대해 이야기해 보시오.
2. 교사와 유아가 함께 만들어 가는 그림자놀이에 대해 이야기 나누어 보시오.

참고문헌

강인애(1997). 왜 구성주의인가?: 정보화시대와 학습자중심의 교육환경. 문음사.

곽노의, 이신영(2014). 누리과정과 연계한 숲체험 교육활동. 서울: 창지사.

곽향림(2011). 자연과 기술이 조화된 유아교육을 위한 방향모색. 유아교육연구. 31(6), 379-399.

곽향림(2014). 자연친화 활동으로서 생명체 돌보기에 대한 구성주의 공동체교실에서의 실행과 반성. 유아교육연구. 34(6), 557-584.

곽향림(2015). 구성주의 유아교육 교수학습법. 서울: 공동체.

곽향림, 최성운(2016). 구성주의 교사의 변화와 성장 들여다보기. 구성주의 유아교육연구. 3(1), 25-53.

곽향림(2017). 구성주의 관점에서 본 숲 유치원 유아의 놀이와 삶. 유아교육연구. 37(6), 191-220.

곽향림(2019). 누리과정에 따른 단위유치원 교육과정설계: 교사와 유아가 함께 만들어 가는 교육과정. 유아교육연구. 39(2), 333-359.

김갑성(2006). 한국 내 다문화가정의 실태조사 연구. 서울대학교 교육대학원 석사학위논문.

김민수(1997). 21세기 한국디자인교육의 대전제. 미술교육논총. 6, 271-282.

김민희(2001). 창의성 계발을 위한 디자인 교육 연구. 숙명여자대학교 교육대학원 석사학위논문.

김상윤(2006). 유아 창의성 교육과 진단. 서울 : 공동체.

김성원(2001). Rudolf Steiner의 유아교육론 연구. 대구가톨릭대학교대학원 박사학위논문.

김원경(1997). 디자인 조형교육에 있어 창의적 조형사고와 독창적 표현 능력에 관한 연구. 인문과학예술문화연구. 16, 357-376.

김영란(2007). 몬테소리교육 프로그램이 유아의 정서 발달에 미치는 영향. 한국외국어대학교 교육대학원 석사학위논문.

김영선(1999). Montessori 유아교육, 감각교육영역 ②. 서울: 학지사.

김옥경(2003). 몬테소리 유치원 유아의 다중지능과 친사회적 행동의 관계연구. 아주대학교 교육대학원 석사학위논문.

김정임(2006). 발도르프유아교육에 대한 이해. 학지사.

김지선(2008). 다문화 도서를 통한 교육활동이 유아의 인종 편견 감소에 미치는 영향. 전북대학교 교육대학원 석사학위논문.

김현경, 이정수(2008). 유아 다문화 교육과 관련한 국내 연구동향에 관한 소고. 아동교육. 17(4), 105-115.

김희연, 정선아(2006). 어린이의 삶의 관점에서 본 유아보육 · 교육과정의 본질: 발달과 교과에 대한 재해석을 중심으로. 유아교육연구. 26(5), 355-376.

김혜숙 외(2014). 생활주제와 통합된 유아 다문화 교육의 이론과 실제. 서울: 양서원.

나귀옥, 김경희(2012). 숲 유아교육기관의 자연적 공간에서의 놀이활동 탐색. 32(6), 139-165.

동풀잎(2008). 디자인 중심의 통합적 미술활동이 유아의 창의성에 미치는 영향. 덕성여자대학교 대학원 석사학위논문.

문금희(1999). 공동육아시설을 위한 환경디자인의 개념과 기준. Korea Society of Design Studies. 12(2), 32-40.
박라미(2007). 현대 디자인 의미를 위한 유아 디자인교육 개선 모색. 미술교육논총. 21(2),241-270.
박은덕(2001). 초등 디자인 기초 교재 및 지도서 개발을 위한 기초 조사. 조형교육. 18, 17-41.
박은덕(2002). 국내 · 외 디자인교육 프로그램의 비교 분석. 조형교육. 19, 59-77.
박은애(2006). 다문화 가정 자녀의 교육 실태 조사 연구- 경상남도 다문화 가정을 중심으로. 창원대학교 교육대학원 석사학위논문.
박은혜, 김희진, 이지현(2002). 레지오 에밀리아 접근법에서 시간과 공간의 의미. 교육학연구. 40(1), 311-328.
박성익, 임철일, 이재경, 최정임(2007). 교육방법의 교육공학적 이해. 서울: 교육과학사.
방인옥, 박찬옥, 이기현, 김은희(2009). 유아교육과정. 정민사.
박찬옥, 김낙홍, 구수연, 이옥임, 노희연, 이선영(2011). 영유아 프로그램 개발과 평가. 정민사.
박찬옥 외(2015). 유아 다문화 교육. 서울: 창지사.
보건복지부, 교육부(2019). 2019 개정 누리과정 해설서. 보건복지부, 교육부.
보건복지부(2020). 제4차 어린이집 표준보육과정 해설서. 보건복지부.
성상환(2010). 미국의 다문화교육과 다문화상담전략. 다문화교육 연구와 실천. 제2권, 1-17.
신은수, 김은정, 유영의, 박현경, 백경순(2011). 놀이와 유아교육. 학지사.
신지연(2013). 숲 유치원 교육과 누리과정의 비교 및 연계성 탐색연구. 생태유아교육연구. 12(3), 151-180.
신화식 · 김헌수(1992). 몬테소리교육모형. 서울 : 양서원.
신화식(1995). 몬테소리교육모형. 서울 : 양서원.
신화식(1996). Montessori 교육의 이론과 실제. 서울 : 양서원.
신화식 · 조인자(1999). Montessori유치원과 일반 유치원의 유아 창의성 비교 연구. 한양여자대학교 논문집, 22.
신화식(2003). Montessori 유아교육과정. 서울 : 양서원.
안경숙(2011). 유아예술교육과 연계된 창의적 극놀이 프로그램 개발 및 효과. 유아교육학논집. 15(6), 145-166.
안경숙(2013). 뇌 기반 연구가 유아 행복에 주는 교육적 시사점. 한국영유아보육학. 80, 1-17.
안경숙(2016). 뇌 기반 학습원리를 적용한 예비유아교사 유아동작교육 수업의 질적 효과 연구. 16(1), 53-78.
유영만(1995). 한국산업교육과 ISD: 성찰과 전망. 교육공학연구. 11(2), 21-36.
유명환, 배윤선(2007). 디자인으로 문화 읽기. 파주: 한국학술정보.
육아정책개발센터(2008). 다문화가정 육아지원 방안 연구. 연구보고 2008-04.
육아정책연구소(2011). 다문화가족 영유아 발달 실태 및 맞춤형 지원 방안. 연구보고 2011-15.
육아정책연구소(2019). 제3차 어린이집 표준보육과정 개정연구. 한국보육진흥원, 육아정책연구소.

보건복지부.

이경민(2017). 새로운 시대 인재상의 유아교육적 함의: 4차 산업혁명시대와 행복교육에서 추구하는 역량의 담론을 중심으로. 유아교육연구. 37(3). 137-156.

이경화, 황해익(1998). 그림동화책의 시각디자인 평가준거 개발을 위한 예비연구. 유아교육논총. 8, 255-280.

이경란, 정기섭(2011). 유아 다문화교육 연구 경향 분석 -2006년부터 2010년까지의 석,박사학위논문을 중심으로. 교육문화연구. 17(2). 5-28.

이경우, 이은화(1990). 반편견 교육과정. 서울: 창지사.

이규선(1996). 초 · 중 · 고 디자인 교육의 현황 및 방향. 사향미술교육논총. 4, 308.

이기숙, 강숙현(2014). 영유아프로그램 개발과 평가. 파주 : 정민사.

이기숙, 이영자(1990). 유아교육 프로그램. 서울: 교문사

이길순(2000). 생활과 디자인. 경북: 대구대학교 출판부.

이명환(2003). 독일의 숲유치원에 관한 연구. 유아교육연구, 23(4), 23-48.

이명환, 김은숙, 최경숙(2008). 새로운 표준보육과정에 의한 최신보육과정. 교육아카데미.

이명환(2008). 숲유치원의 다양한 운영형태에 관한 연구. 생태유아교육연구, 7(3), 47-74.

이영자, 이종숙, 신은숙, 곽향림, 이정욱(2006). 1,2세 영아프로그램의 계획 및 운영. 서울: 다음세대.

이영례(2003). 몬테소리 감각훈련 프로그램이 발달지체유아의 주의집중과 운동발달에 미치는 효과. 대구대학교 특수교육대학원 석사학위논문.

이영희(2006). 디자인 조기교육을 위한 연구1-부모에 의한 시지각 경험 원리와 실제: 유아를 대상으로. 디자인여성학회지. 2(2), 77-94.

이정금(2018). 미래사회 한국 다문화교육정책의 방향 탐색. 교육문화연구. 24(1), 549-567.

이정희(2009). 유아기 시지각 발달과 캐릭터디자인에 관한 연구. 브랜드디자인학회. 7(2), 84-120.

이창미(2017). 뇌발달과 영아의 초기경험, 보건복지부 특별직무교육과정 영아보육과정 중 일부. 에듀케어아카데미.

이효원, 조희숙(2011). 시각디자인 문법으로 읽는 레오 리오니 작품의 집단 역할: 자아성장을 중심으로. 유아교육연구. 31(1). 5-24.

임부연, 박향원(2008). 그림책에서의 심미적 요소 탐색. 유아교육연구, 28(4), 35-59.

임부연, 이정금(2013). 교육공간으로서 유아들이 경험하는 '숲'의 의미. 유아교육학논집, 17(5), 187-208.

임수진, 이혜원(2008). 심미적 접근을 통한 유아교육과정의 재개념화. 교육의 이론과 실천, 13(1), 155-173.

임재택(2005). 생태유아교육개론. 양서원.

임재택, 하정연, 조채영(2005). 선생님 바깥놀이 해요. 양서원.

임재택, 하정연, 이소영, 신주연(2012). 숲활동에서 형성되는 유아들의 관계 탐색: 매일 숲으로

나가는 '어울림숲반'을 중심으로. 열린유아교육연구. 17(4), 119-145.

장영희(2000). 영아교육과정. 양서원.

장영희(1997). 유아를 위한 다문화교육의 개념 및 교수방법에 대한 이론적 고찰. 성신연구논문집. 35, 295-314.

전형배(2009). 다문화 가족 지원의 법과 제도. 법조. 58(10), 65-106.

전경원(2002). 유아 창의적 특성 검사. 서울 : 학지사.

전성수(2005). 디자인 프로세스에 기초한 디자인 수업모형 탐색. 미술교육논총. 19(3). 255-386.

정선화(2017). 미술매체를 활용한 유치원 적응 프로그램 개발 및 적용. 중앙대학교 대학원 박사학위논문.

정은경(2002). 유아기 예술교육의 재이해를 위한 고찰. 미래유아교육학회지. 9(3), 129-148.

정지현, 박선미(2009). 다문화교육 접근법에 따른 그림책 분석: 인종과 타문화에 대한 내용을 중심으로, 어린이미디어연구, 8(1), 91-118.

정선희(1997). 다문화 교육에 관한 유아교사의 인식과 실태조사. 이화여자대학교 대학원 석사학위논문.

전영순(1986). 과학적인 유아 교육 방법. 서울: 목양사

정진옥(1998). 몬테소리 교구의 전통적 제시 방법과 창의적 제시 방법과의 비교, 중앙대학교 교육대학원 석사학위논문.

조성자(2011). 몬테소리 교육철학의 이론과 실제. 서울: 창지사

지성애, 김영주, 엄정례, 조경서(2015). 영유아 프로그램 개발과 평가. 정민사.

지옥정(1998). 프로젝트 접근법과 레지오 에밀리아 접근법 비교. 한국영유아보육학. 16, 217-248.

최재영, 최영숙, 민미경, 이정희(2005). 창의성 계발을 위한 유아 디자인교육에 대한 연구. 미술교육논총. 19(1), 155-176.

최윤경(2010). 다문화 가정의 영유아 보육 교육 서비스 이용 실태. 육아정책포럼. 20, 7-17.

크리스토퍼 클라우더, 마틴 로슨(2006). 아이들이 꿈꾸는 학교.〔*Waldorf Education*〕. (박정화 역). 양철북.

크러스토 프린덴베르크(1998), 슈타이너. 한길사.

편해문(2004). 우리 아이들에게 놀이, 노래, 이야기를 어떻게 만나게 해줄까? 대한 어린이교육협회 하계연수. 8월 21일. 서울: 명지전문대학

하숙녕(2009). 어린이집 유형별 실내디자인 개발 사례. 디자인학 연구. 80(21), 29-36.

한윤숙(2005). The Reggio Emillia 접근법의 적용과정 연구-교사의 사과 과정 변화를 중심으로. 숙명여자대학교 교육대학원 석사학위논문.

홍순옥, 안영혜, 이종길(2011). 레지오 에밀리아 교육에 대한 교사의 내러티브. 미래교육학회지. 18(4), 107-138.

Banks, J. A. (2008). 다문화교육 입문.〔*An Introduction to Multicural Education*〕. (모경환, 최중옥,

김명정, 임정수 공역). 서울 : 아카데미프레스.

Beaty, J. J. (1997). *Building briges with multicultural picture books for children 2-5*. Prentice-Hall, Inc.

Berk, L. E.(2018), 김민희, 김연수, 김지연, 노수림, 맹세호, 이승진, 이정윤 공역(2020). 생애발달1. 시그마프레스.

Berger, A. A. (1989). *Seeing is believing*. NY : Mayfield Co.

Bloomfield, A. (2000). *Teaching integrated arts in the primary school : Dance, drama, music and the visual arts*. Oxon, OX : David Fulton Publishers.

Branch, R. M., & Gustafson, K. L. (2002). *Survey of instructional development models (4th ed.)*. Syracuse University: ERIC Clearinghouse on Information Resources

Briggs, L., J. (1997). *Instructional design: Principles and applications*. Englewood Cliffs, NJ: Educational Technology Publications.

Boutte, G. (1999). *Multicultural education: Raising consciousness*, Wadsworth, Publishing Company. Balmont: CA.

Cain, R. N., & Cain, G. (1990). Understanding a brain-based approach to learning and teaching. *Educational Leadership*, 48(2), 66-72.

Corbin, V. (2008). 10대를 몰입시키는 뇌 기반 수업 원리 〔*Unleashing the potential of teenage brain 10 powerful ideas*〕(이찬승, 김은영 역). 서울 : 한국 뇌기반교육연구소.

Cornett, C. E. (1998). *The arts as meaning makers*. Upper Saddle River, New Jersey : Prentice Hall, Inc.

Connell, J. D. (2008). Brain-based strategies to reach every learner. 뇌 기반 교수-학습 전략(정종진, 임청환, 성용구 역). 서울 : 학지사.

Cresswell, J. W. (1991). *Research design: Qualitative approaches*. Thousand Oak: London, Sage Publications.

Curtis, D., & Carter, M. (2003). *Designs for living and learning*. St. Paul:, MN : Redleaf Press.

DeVries, R., & Kohlberg, L.(1990). *Constructivist early education: Overview and comparison with other programs*. Wahington DC: NAEYC.

DeVries, R., & Zan, B.(1997). 유아를 위한 사회도덕교육〔*Moral classrooms moral children*〕(이은화, 이경우, 곽향림 역). 서울: 창지사(원저 1995 출판).

DeVries, R., & Zan, B. (2012). *Moral classrooms, moral children*. New York: Teachers College Press.

DeVries, R., Zan, B., Hildebrandt, C., Edmiaston, R., & Sales, C. (2007). 구성주의 유아교육교수법 〔*Developing Constructivist Early Childhood Curriculum: Practical Principles and Activities*〕. (곽향림, 허미화, 김선영 역), 서울: 창지사(원저 2002 출판).

Dewey, J.(1913/1975). *Interest and effort in education*. Edwardsville, IL : Southern Illinois

University Press.

Derman-Sparks, L., & the ABC Task force(1989). *Anti-bias curriculum: Tools for Empowering Young Children*. Wahsington: NAEYC.

Derman-Sparks, L. (1993). *Empowering children to create a caring culture in a world of differences*. Childhood Education, 70(2), 66-71.

DeVries, R.(1986). *Children's conceptions of shadow phenomena. Genetic, social, and general psychology monographs*. 112(4), 479-530.

Dick, W., & Carey, L. (1996). *The systematic design of instruction*. Harper Collins.

Dick, W., & Carey, L., & Carey. (2005). *The systematic design of instruction(6th ed.)*. NY: Allyn and Bacon.

Edwards, C., Gandini, L., Forman, G. (Eds.). (1998). *The hundred languages of children: The Reggio Emillia approach-advanced reflections(2nd ed.)*. Standford, CT: Ablex.

Eisner, E. W. (1972). *Educating artistic vision*. London: Collier Macmillian.

Epstein, A. S. (2005). *Thinking about art : Encouraging art appreciation in early childhood setting*. D. Koralek(ed.). *Spotlight on young children and the creative arts*. Washington, DC : NAEYC.

Hall, N. S. & Rhomberg, V. (1995). *The Affective Curriculum: Teaching the Anti-bias Approach to Young Children*. Nelson College Indigenous.

Heath, C. A. (1983). *Ways with words: Language, life and work in communities and classroom*. Cambridge: Cambridge University Press.

Herberholz, B., & Hanson, L. (1995). *Early childhood art*. Dubuque, Ⅱ: Wm. C. Brown.

Goffin, Stacie G.(1994). *Curriculum models and early childhood education: Appraising the relationships*. NY: Macmillan College Publishing Company.

Greene, M. (1991). *Text and margins. Harvard Educational Review*. 61(1), 27-39.

Jensen, E. (1996). *Brain-based learning*. CA : Turning Pointing Publishing.

Jensen(2001). *Arts with the brain in mind*. Alexandria, VA : ASCD.

Jensen, E. (2005). *Teaching with the brain in mind.(2nd ed.)*. Alexandria, VA: Association for Supervision and curriculum Development.

Jensen, E. (2010). 뇌 기반 교육의 원리 〔*Introduction to brain-compatable learning(2nd ed)*〕(정종진 역). 서울 : 학지사.

Johnson, D. J. (2000). *Disentangling poverty and race. Applied Developmental Science*. 4, 55-67.

Lillard, P. P. (1973). *Montessori a Modern Approach*. New York: Schocken Books.

Morrow, L. (1993). *Retelling stories: s strategy for improving young children's comprehen, concept of story structure, and oral language complexity*. The Elementery School Journal, 85, 647-661.

Morrison, G. S. (1998). *Early Childhood Education Today(7th. ed.)*. Merrill, Prentice Hall.

Nelson, H., & Stolterman, E. (2000). *The case for design : Creating a culture of intention. Educational technology*. 2000(40), 29-35.

Piaget (1932/1960). *Moral judgement of the child*. London: Free Press.

Ramsey, P. G. (2012). 유아 다문화 교육론 〔*Teaching and Learning in a Diverse World*〕. (박혜준, 박새롬, 서진실, 이보람 공역). 경기: 교문사(원전은 2004년에 출판).

Selman, R. (1980). *The growth of interpersonal understanding*. New York: Academi Press.

Schiller, P. (2010). *Early braindevelopment research review and update. Brain Development: Exchange*. Nov/Dec, 26–30.

Schirrmacher, R. (2002). *Art and creative development for young children*. Albany, NY : Delmar Publishers Inc.

Seefeldt, C. (2005). *How to work with standards in the childhood classroom*. NY : Teachers College Press.

Standing, E. M. (1962). *Maria Montessori: Her Life and Work*. N. Y.: Menter Omega Books.

저자소개

나은숙

- 덕성여자대학교 유아교육과(학사)
- 덕성여자대학교 대학원 유아교육과(석사, 박사)
- 현) 서일대학교 유아교육학과 교수

곽향림

- 덕성여자대학교 유아교육과(학사)
- 이화여자대학교 교육대학원 유아교육전공(석사)
- University of Northern Iowa 유아교육전공(박사)
- 현) 호원대학교 유아교육과 교수

안경숙

- 덕성여자대학교 유아교육과(학사)
- 덕성여자대학교 대학원 유아교육과(석사, 박사)
- 전) 호원대학교 유아교육과 교수

오애순

- 덕성여자대학교 유아교육과(학사)
- 덕성여자대학교 대학원 유아교육과(석사, 박사)
- 전) 하나푸르니 반포어린이집 원장
- 현) 경동대학교 유아교육과 겸임교수

영유아 프로그램 개발과 평가

초판 1쇄 인쇄 2021년 7월 23일
초판 1쇄 발행 2021년 7월 30일

지 은 이 | 나은숙 · 곽향림 · 안경숙 · 오애순
펴 낸 이 | 김기섭
편 집 인 | 김도언 · 최창숙
펴 낸 곳 | 창지사 www.changjisa.com
08589 서울시 금천구 가산디지털 1로 83 파트너스타워 1차 9층
전화 (02)719-2211~3
팩스 (02)701-9386
등 록 | 1977년 4월 28일 · 제1-421호

ISBN 978-89-426-1457-8 (93370)

값 16,000원